江苏省教育科学"十三五"规划重点课题
"基于ONPSE的地方应用型高校创新创业教育模式研究"(B-a/2018/01/03)研究成果
2022年度江苏省教育科学规划重点课题
"江苏高校毕业生就业空间差异及优化策略研究"(B/2022/01/143)研究成果

职业教育适应性视域下学生创新创业能力培养

张海军　著

华中科技大学出版社
中国·武汉

内容简介

本书以高职院校产教融合为主线,阐明增强职业教育适应性的重要落脚点是产教融合,通过文献及理论研究阐述了高等职业院校产教融合过程中学生创新创业能力的培养。全书共 4 篇 8 章,主要介绍了技能型社会的建设、职业教育体系的构建、产教融合与创新创业文献综述、职业教育适应性视域下产教融合推进、创新创业能力的形成、创新创业教育及学生主观幸福感研究、把握创业机会及自主创业实践等内容。全书特别对高职院校产教融合、创新创业能力构成、立足岗位创新创业以及自主创业实践等部分做了较为全面的撰写,以期能在不断扩大职业教育适应性视域下,助力职业院校开展"广谱式"的创新创业教育和培训,让创新创业理念植根于普通人的心中,并实践之。

本书可以作为高等职业院校创新创业教科研用书,也可作为拓宽视野、丰富知识的自学用书。

图书在版编目(CIP)数据

职业教育适应性视域下学生创新创业能力培养/张海军著. —武汉:华中科技大学出版社,2023.3
ISBN 978-7-5680-9266-1

Ⅰ.①职… Ⅱ.①张… Ⅲ.①创造能力-能力培养-职业教育-教学研究 Ⅳ.①G717.38

中国国家版本馆 CIP 数据核字(2023)第 050480 号

职业教育适应性视域下学生创新创业能力培养 张海军 著
Zhiye Jiaoyu Shiyingxing Shiyu xia Xuesheng Chuangxin Chuangye Nengli Peiyang

策划编辑:	范 莹
责任编辑:	刘艳花 李 昊
装帧设计:	原色设计
责任校对:	王亚钦
责任监印:	周治超
出版发行:	华中科技大学出版社(中国·武汉) 电话:(027)81321913
	武汉市东湖新技术开发区华工科技园 邮编:430223
录 排:	武汉市洪山区佳年华文印部
印 刷:	武汉市洪林印务有限公司
开 本:	710mm×1000mm 1/16
印 张:	15.75
字 数:	325 千字
版 次:	2023 年 3 月第 1 版第 1 次印刷
定 价:	48.80 元

本书若有印装质量问题,请向出版社营销中心调换
全国免费服务热线:400-6679-118 竭诚为您服务
版权所有 侵权必究

前　　言

创新创业教育是我国为实施创新驱动发展战略，推进"大众创业、万众创新"，建设"创新型国家""科技强国"所提出的重大措施，也是深化高校教育教学改革，提高大学生人才培养质量和就业能力的重要途径。习近平总书记强调，职业教育是国民教育体系和人力资源开发的重要组成部分，是广大青年打开通往成功成才大门的重要途径，肩负着培养多样化人才、传承技术技能、促进就业创业的重要职责，必须高度重视、加快发展。对于高职院校来说，如何在高等职业教育中推行创新创业教育理念，培养具有创业意识、创新精神、创造能力的高素质技能型人才，为区域经济、社会服务，是当前的一个重要问题。

2022年5月1日施行的新职业教育法明确提出"国家大力发展职业教育，推进职业教育改革，提高职业教育质量，增强职业教育适应性。"职业教育适应性的内涵可以理解为：职业教育与社会经济发展的关系越发紧密，两者互相支持、相互促进，而增强职业教育适应性的着力点是产教融合，通过深化产教融合，促进职业教育适应全面建设社会主义现代化国家、经济社会转型、行业企业高质量发展以及每个公民实现美好生活的需要。

本书作者为中国矿业大学公共管理学院教育经济与管理专业博士生，就职于江苏财经职业技术学院，具有多年企业实践工作经验，不但对教育与经济社会发展规律有系统的了解，同时还对职业教育实践有着深切体会，理解企业对学生职业素养，特别是创新创业能力的诉求。在新时代"技能型社会"的发展、职业教育适应性不断增强的大背景下，本书研究了增强职业教育适应性、技能社会的工匠精神、深化产教融合过程中学生创新创业能力培养，系统地论述了学生创新创业能力培养及创新创业实践，同时对高职学生在创新创业活动中的应对方式和主观幸福感进行了实证调查研究。希望以此为起点，将创新创业教育理念渗透至高职院校教育教学的全过程，在不断增强职业教育适应性视域下，开展"广谱式"创新创业教育，从而引导高职院校不断更新教育理念；结合职业教育产教融合的发展、产教融合型企业对学生职业素养的提升作用，论述学生创新创业能力的构成和提升，紧贴大学生的岗位创业、自主创业需求，具有现实指导意义。需要说明的是，本书主要基于企业与高等职业院校合作的角度来分析产教融合和高职学生创新创业能力培养，故得出的结论也仅限于高等职业教育有关的领域。

本书可以作为高等职业院校创新创业教师的科研用书，也可作为在创新创业方面意欲尝试人员的参考用书。全书在撰写过程中,参阅了大量的国内外文献资料和许多专家学者的研究成果,在此对这些作者致以诚挚的谢意。书中也引用了一些同类书籍或网络的资料,对这些编著者表示感谢,若未能一一做好引注深表歉意。由于作者水平有限,书中难免有错漏或不妥之处,对理论和方法的研究还带有一定的探索性,敬请读者和同行批评指正。

作　者

2023 年 2 月

目 录

第一篇 职业教育的大发展

第一章 建设技能型社会 …………………………………………（3）
 第一节 新时代的呼唤 ……………………………………（3）
 第二节 大国工匠的培养 …………………………………（8）
第二章 职业教育体系构建 ………………………………………（14）
 第一节 发达国家工业化与职业教育 ……………………（14）
 第二节 构建我国高质量职业教育体系 …………………（17）

第二篇 产教融合增强职业教育适应性

第三章 文献综述与理论基础 ……………………………………（27）
 第一节 产教融合相关文献综述 …………………………（27）
 第二节 创新创业相关文献综述 …………………………（38）
 第三节 理论基础 …………………………………………（45）
第四章 职业教育适应性视域下产教融合推进 …………………（52）
 第一节 增强职业教育适应性的文化认知 ………………（52）
 第二节 职业教育适应性背景下产教融合的研究热点 …（62）
 第三节 产教融合型企业参与创新创业项目治理 ………（73）
 第四节 产教融合型企业助力高职学生职业素养 ………（83）

第三篇 创新创业能力培养及主观幸福感研究

第五章 创新创业能力的形成 ……………………………………（93）
 第一节 创新与创业概述 …………………………………（93）
 第二节 创新创业人才的人格特质及核心素质 …………（106）
 第三节 创新创业能力的界定和逻辑构成 ………………（112）

第四节 高职学生创新创业应对方式研究…………………………(117)
第六章 创新创业教育及学生主观幸福感研究…………………………(131)
 第一节 国内创新创业教育概述…………………………………………(131)
 第二节 岗位创新创业与工匠精神培养…………………………………(135)
 第三节 高职学生创新创业主观幸福感研究……………………………(140)
 第四节 众创空间与创新创业能力提升…………………………………(152)

第四篇 开启你的自主创业之旅

第七章 众里寻他千百度——创业机会…………………………………(165)
 第一节 创业机会是什么…………………………………………………(165)
 第二节 如何识别创业机会………………………………………………(171)
 第三节 创业机会的评价准则与方法……………………………………(182)
第八章 绝知此事要躬行——创业实践…………………………………(190)
 第一节 商业模式的设计与创新…………………………………………(190)
 第二节 创业计划书的内容与撰写………………………………………(201)
 第三节 目标市场的选择与企业创办……………………………………(216)

参考文献…………………………………………………………………………(236)
后记………………………………………………………………………………(245)

第一篇

职业教育的大发展

第一集

周恩来的青年出路

第一章 建设技能型社会

第一节 新时代的呼唤

一、职业技能大赛

2020年12月10日,中华人民共和国第一届职业技能大赛在广东省广州市开幕。中共中央总书记、国家主席、中央军委主席习近平发来贺信,向大赛的举办表示热烈的祝贺,向参赛选手和广大技能人才致以诚挚的问候。习近平强调,大力弘扬劳模精神、劳动精神、工匠精神,激励更多劳动者特别是青年一代走技能成才、技能报国之路,培养更多高技能人才和大国工匠,为全面建设社会主义现代化国家提供有力人才保障。

这是国家新时代的召唤,是对广大劳动者、技术工人队伍的殷切关怀。经国务院批准,人力资源和社会保障部从2020年起举办全国职业技能大赛。首届大赛以"新时代、新技能、新梦想"为主题,设86个比赛项目,有2500多名选手、2300多名裁判人员参赛,是新中国成立以来规格最高、项目最多、规模最大、水平最高的综合性国家职业技能赛事。[1]

在国家层面举办职业技能大赛,营造有利于技能人才脱颖而出的良好环境,必将极大提升广大技能人才的荣誉感、责任感和积极性、创造性,激励更多青年一代走技能成才、技能报国之路。在推动中国制造向中国创造、中国速度向中国质量、中国产品向中国品牌转变的新时代,制造业转型升级与国家工业强国战略,呼唤更多的高技能人才和大国工匠。

打造制造强国,离不开技能人才,尤其是高级技能人才和大国工匠。近年来,我国加快技能人才培养进程,先后出台一系列政策制度,如将"工匠精神"写入政府工作报告、高职院校大规模扩招,以及大规模开展职业技能培训等,不断扩容产业生力军"蓄水池"。在第45届世界技能大赛上,我国取得金牌榜、奖牌榜、团体总分第一的佳绩,就体现了我国技能人才培养的成效,彰显了我国技术工人的实力。在他们背后,有着大批身怀绝活的高素质技能人才,在平凡岗位上默默奉献、孜孜以求,为打造大国重器做出了独特的贡献。

"真正的大国重器,一定要掌握在自己手里。"回望"十三五",从C919首飞成功到北斗三号部署完成,从首艘国产航母下水到光量子计算机问世,从"嫦娥"奔月到

"奋斗者"潜海,从港珠澳大桥飞架三地到京张高铁风驰电掣……大国重器、超级工程的诞生,离不开工匠们执着专注、精益求精、一丝不苟、追求卓越的精神,离不开广大技能人才立足岗位、心无旁骛、锐意进取、接续奋斗的实干,充分展示了"新时代、新技能、新梦想"。[2]

党的十九届五中全会提出,加强创新型、应用型、技能型人才培养,壮大高技能人才队伍。全国职业技能大赛,为广大技能人才搭建了一个展示才华、切磋技艺、交流学习、脱颖而出的平台。奋斗新时代、锤炼新技能、创造新辉煌。广大劳动者特别青年一代要增强学习技能、投身技能、提升技能的积极性;各级党委和政府要完善技能人才培养、使用、评价、激励机制;全社会都应关注技能、尊重劳动,营造劳动光荣、人才宝贵的新风尚。

二、中国制造,技能先行

1.《中国制造2025》的主要内容

2015年第十二届全国人民代表大会第三次会议首次提出"中国制造2025"的宏大计划,随后国务院召开常务会议,部署加快推进实施"中国制造2025",实现制造业升级,审议通过了《中国制造2025》。

《中国制造2025》的主要内容,可以概括为"一二三四五五十"的总体结构。

"一"就是从制造业大国向制造业强国转变,最终实现制造业强国的一个目标。

"二"就是通过两化融合发展来实现这个目标。党的十八大提出了用信息化和工业化两化深度融合来引领和带动整个制造业的发展,这也是我国制造业所要占据的一个制高点。

"三"就是要通过"三步走"的一个战略,大体上每一步用十年左右的时间来实现我国从制造业大国向制造业强国转变的目标。

"四"就是确定了四项原则。第一项原则是市场主导,政府引导。第二项原则是既立足当前,又着眼长远。第三项原则是全面推进,重点突破。第四项原则是自主发展和合作共赢。

"五五"就是有两个"五"。第一就是有五条方针,即创新驱动、质量为先、绿色发展、结构优化和人才为本。还有一个"五"就是实行五大工程,包括制造业创新中心建设的工程、强化基础的工程、智能制造工程、绿色制造工程和高端装备创新工程。

"十"就是十个领域。十个领域包括新一代信息技术产业、高档数控机床和机器人、航空航天装备、海洋工程装备及高技术船舶、先进轨道交通装备、节能与新能源汽车、电力装备、农机装备、新材料、生物医药及高性能医疗器械等10个重点领域。

《中国制造2025》提出,通过"三步走"实现制造强国的战略目标:第一步,到

2025年迈入制造强国行列;第二步,到2035年中国制造业整体达到世界制造强国阵营中等水平;第三步,到新中国成立100年时,综合实力进入世界制造强国前列。[2]

2. 中国制造的复兴之路

伴随着新中国的成长,特别是改革开放以来,中国制造经历了飞跃性的发展,对中国经济乃至世界经济都做出了巨大的贡献。过去提起中国制造,往往是和廉价、粗劣联系在一起的。如今,随着中国经济的腾飞而发展崛起,中国制造业的美名早已享誉海外。目前中国已成为世界制造业高、中、低端产业链条相对比较完善的少数国家之一,很多世界知名品牌都是在中国生产的。标注中国制造的产品已经成为一道亮丽的风景线,在世界各地的舞台上散发出独特的光彩。中国制造了世界上最快的超级计算机,把航天员送进了太空,并研发出北斗卫星导航系统,"有中国特色的创新"已经在国家发展进步中发挥了主导作用。[3]

目前中国是世界制造大国,但还不是制造强国。中国制造如何实现向中国创造的转变,中国速度如何向中国质量转变,中国产品如何向中国品牌转变,中国制造大国如何最终成为制造强国,成为中国面临的重大课题。

3. 学好技能,助力中国梦

实现中国梦需要有千千万万个普通劳动者来支撑,从"制造大国"向"制造强国"转变,更需要有默默坚守、孜孜以求、追求职业技能的完美和极致的大国工匠。

作为新时代的高职学生,需要掌握良好的技术技能,通过不断汲取工匠们身上最朴素的力量,向他们学习这种坚持不懈的精神,以他们为榜样,使自己不断成长,争做国家的栋梁。对待学习,要一丝不苟,持之以恒;对待问题,应细心严谨、精益求精;面对枯燥的知识,我们要耐得住寂寞、经得住诱惑、沉得下心思,努力学好专业知识和专业技能,掌握过硬本领。

高职学子要勇敢肩负起时代赋予的重任,树立梦想从学习开始、事业靠本领成就的观念,注重学习新知识、掌握新技能、增长新本领,不可志大才疏、眼高手低,要努力做到站位高、视野宽、脚步实、本领强,让勤奋学习成为青春远航的动力,让增长本领成为青春搏击的能量。用"两个一百年"的目标激励自己顽强拼搏、不懈努力,敢于担当、勇于追求,积极投身于中国特色社会主义事业伟大实践,才能为实现"中国梦"发挥生力军作用,用"青年梦"托起"中国梦",在实现中国梦的伟大征程中,不断加强自我修炼、自我提升,为实现中华民族伟大复兴做好素质和能力储备,力争早日成为能担重任的栋梁之材,为实现中国梦贡献自己的青春与才智。[3]

三、技能型社会

技能型社会作为一个演化生成的社会化概念,其出现有其历史必然性。当前,我国正在经历从学历型社会向技能型社会转型,内含着以不同理念为主导的社会教育体系的重要转变。只有深刻理解技能型社会的内涵、特征,把握技能型社会的价值意蕴,才能更好地认识技能型社会建设中国家教育支持体系的功能作用。

1. 技能型社会的内涵

在国内,技能型社会的概念自2021年全国职业教育大会提出以来,已然成为学术界特别是职教界探讨的热点话题。不少学者基于对大会精神和文件的解读,从经济学、教育学、人类学、社会学等不同侧面对技能型社会内涵进行了探讨和界定:一是从人的本质属性出发,肯定技能是人类的特有属性,认为技能型社会是由人组成的以掌握并熟练运用技术为特征的集合体。二是从技能形成理论角度,认为技能型社会体现出国家在技能形成上的一整套制度安排,以此促成产业工人技能形成的效率提升。三是从劳动经济学的角度,提出技能型社会就是推动劳动者从初级劳动市场进入次级劳动市场,帮助劳动者更牢固把握自己,促进自我生涯发展。四是从社会教育理论的角度,将技能型社会与学历型社会作比较分析,认为从学历型社会向技能型社会转变是经济社会发展到特定阶段的必然。五是从社会演化理论角度,强调技能型社会是技能形成体系的社会化,技能个体通过在学校的技能知识学习和在企业的技能经验累积,结合自身的经验、价值和观念来影响组织载体,进而促成技能社会的建构。

技能型社会的概念虽然由我国最早提出,但在国外,特别是西方发达国家,在实践层面的技能型社会建设早已开展。以德国为例,19世纪末20世纪初,德国在西方工业化和现代化转型浪潮中就开始探索学徒制的现代化转型,并将其作为稳定的制度安排,进而形成一种重要的技能形成体制。可以说德国制造产业在全球市场的强势表现,与其支撑国家累积型创新的技能制度优势有莫大关系。[4]

基于上述学者不同视角的阐释及其所揭示的共性特征,本书认为技能型社会是一种以相应的机制与手段促进和保障技能教育与技能学习的社会,是经济社会发展到特定阶段的一种新型社会形态,这种社会要求技能开发对象覆盖全体劳动力,技能开发项目贯穿劳动力的全生命周期,技能开发内容囊括社会全部产业链。因此,深刻认识技能型社会内涵不仅有助于我们全面把握技能型社会建设的要求,也为进一步明确职业教育在技能型社会建设中的功能作用奠定了基础。

2. 技能型社会的基本特征

技能型社会是更突出能力本位的社会,与学历型社会强调的"唯学历""唯文凭"特点不同,技能型社会有着迥异于学历型社会的基本特征。2021年5月,教育部原部长陈宝生在《光明日报》刊文提出"加快建设国家重视技能、社会崇尚技能、人人学习技能、人人拥有技能的技能型社会"的论断,不仅赋予了技能型社会建设丰富的内涵,也生动揭示了技能型社会的基本特征。

1) 以国家重视技能为前提

技能型社会建设是一个循序渐进的过程,同时也是一个由"外力牵引"到"内力自律"的过程。政府作为一个国家政权体系中依法享有行政权力的组织体系,具有强大的公共服务职能,在技能型社会建设中发挥着主导作用。一方面,政府以国家政策与制度作为"外力牵引",谋划技能型社会建设的蓝图,制定促进技能形成的相关法律法规,统筹协调各方资源,打破技术技能人才的资历、身份等条件限制,创新技能人才评价使用机制;另一方面,政府通过资金投入,不断加大财政教育经费,加强服务全面技能教育的基础设施建设,探索构建技能成本分担机制,形成个人、用人单位和政府分担成本的技能习得保障制度,实现技能型社会建设的协同联动和发展共赢。国家重视技能表达了技能型社会建设的制度诉求。

2) 以社会崇尚技能为基础

环境是孕育社会变革与创新的土壤,技能型社会建设有赖于良好社会环境提供的重要支持。在思想观念方面,技能型社会要求摒弃传统"劳心者治人,劳力者治于人"的社会偏见,破除当前社会中"重知识轻技能"的观念,转变学历型社会中"唯学历"和"学历至上"的倾向,积极营造崇尚技能、尊重技能、发展技能的社会文化氛围。在选人用人方面,技能型社会强调要充分认识和肯定高素质技术技能人才对当前我国经济社会发展、产业结构转型升级的重要价值,破除社会对技术技能人才培养、选拔、使用和评价等方面壁垒,不断完善技能人才激励机制,稳步提升技术技能人才收入水平和社会地位,让技术技能人才既有"里子"又有"面子",既能"登台出彩"又能"破圈出道"。社会崇尚技能彰显了技能型社会建设的价值诉求。

3) 以人人学习技能为途径

公民是技能型社会的建设者(直接参与者),也是技能型社会建设的直接受益者。技能型社会发展的主观内在动力源于人们对幸福美好生活的不懈追求。在技能型社会建设中,需要充分发挥公民的主体性作用,其中包含社会成员个体自我发展的需要觉醒和能力提升两个核心要素。首先,个体必须认识到技能是满足生理(尤其是生存)需要的最根本手段,是其他一切需要的基础;明白多掌握一门技能,多一些就业机会,人生才多一种选择可能的道理。其次,个体基于对技能的深刻认识,主动创造条件,不断学习技能、熟练掌握技能,练就稳定的谋生本领,在对技能的精雕细琢中,不断提升自我、完善自我,进而实现"个人的全面而自由的发展"。人人学习技能明晰了技能型社会建设的方法诉求。

4) 以人人拥有技能为归宿

技能是强国之基、立业之本。从个人层面,人人拥有技能强调社会个体按照"新手—初学者—胜任—熟练—能手—精通—实践智慧"的技能发展逻辑,不断精进技能,以此胜任所从事的生产性或服务性职业活动,铸就立业之本;从国家层面,人人拥有技能意味着国家技能人才既有数量基础又有质量保证。一方面,实施教育提质扩容,让更多的年轻人加入技能人才队伍中,使技能人才"总量不足"问题得到解决;另一方面,着力培养一批产业急需、技艺高超的高素质技术技能人才,解决技能人才"结构不优"问题,使高技能人才占比达到发达国家水平。与此同时,健全人才培养与产业发展联动机制,更好地引导技术技能人才向急需紧缺行业聚力,解决技能人才培养结构问题。人人拥有技能体现了技能型社会建设的目标诉求。

第二节 大国工匠的培养

执着专注、精益求精、一丝不苟、追求卓越的工匠精神,既是中华民族工匠技艺世代传承的价值理念,也是我们开启新征程,从制造业大国迈向制造业强国的时代需要。2016年,政府工作报告首次提到工匠精神。2017年印发的《新时期产业工人队伍建设改革方案》明确指出,造就一支有理想守信念、懂技术会创新、敢担当讲奉献的宏大的产业工人队伍。党的十九大报告指出,建设知识型、技能型、创新型劳动者大军,弘扬劳模精神和工匠精神。2020年,党的十九届五中全会中《建议》指出,实施知识更新工程、技能提升行动,壮大高水平工程师和高技能人才队伍。

工匠精神落在个人层面,就是一种认真精神、敬业精神。其核心是:不仅仅把工作当作赚钱养家糊口的工具,而是树立起对职业敬畏、对工作执着、对产品负责的态度,极度注重细节,不断追求完美和极致,给客户无可挑剔的体验。将一丝不苟、精益求精的工匠精神融入每一个环节,做出打动人心的一流产品。现实中,产业工人绽放光芒的舞台愈加广阔。从更多中国技工参加世界技能大赛到各类技能赛事和培训遍地开花,从深化职业教育改革到加大对技能人才的奖励表彰,呼唤更多高技能人才、能工巧匠、大国工匠成为时代交响。

作为培养技术技能人才及现代工匠重要阵地的职业教育领域,对工匠精神展开了深入的研究和实践。国家和各级地方政府结合深化产教融合、校企合作及现代学徒制试点等部署,强调"推进产教融合人才培养改革,将工匠精神培育融入基础教育""着力培养学生的专业精神、职业精神和工匠精神,提升学生的职业道德、职业技能和就业创业能力"等,诸多职业院校结合技术技能人才培养的特点、规律和方向等,将工匠精神从不同维度加以融入,不断创新职业教育人才培养模式,取得了许多研究和实践成果。2019年初,《国家职业教育改革实施方案》更是明确提出"把发展高等职业教育作为优化高等教育结构和培养大国工匠、能工巧匠的重要方式",并要求"培育和传承好工匠精神"。可以说,在当前及今后一段时间内的职业教育改革创新发展的历史时期,工匠精神不仅成为推动我国经济转型和产业升级的重要工具,也成为推动我国职业教育领域进行系统性变革的关键内生力量。

一、职业教育在大国工匠培养中的功能定位

1. 人力资源开发功能

我国职业教育自成立之初,就有着多重的功能维度,只不过在不同的社会历史时

期,随着经济社会发展需求的变化,职业教育功能承载的重点有所不同,但无论何时,服务经济、促进就业是职业教育区别于普通教育功能的重点维度。特别是进入社会主义市场经济建设期后,市场主导的经济发展功能在现代职业教育中凸显,职业教育承担的为社会经济发展输送劳动力的职能愈发重要。党的十八大以来,尤其是2019年国务院颁布《国家职业教育改革实施方案》以来,我国职业教育改革发展走上提质培优、增值赋能的快车道,职业教育面貌发生了格局性变化。

根据2021年教育事业统计数据,我国共有职业学校(包括中等职业学校、高职专科学校和本科层次职业学校)8812所,开设1300余个专业和10余万个专业点,在校生2915万人,建成了世界上规模最大的职业教育体系,培养了一大批支撑经济社会发展的技术技能人才。全国职业学校基本覆盖了国民经济各领域,有力支撑我国成为全世界唯一拥有全部工业门类的国家。从行业分布来看,在现代制造业、现代服务业和战略性新兴产业等领域,新增一线从业人员70%以上来自职业院校。可以说,党的十八大以来,职业院校毕业生成为我国产业大军的主要来源,成为支撑中小企业聚集发展、区域产业转型升级和城镇化发展的主力军。与此同时,"职教一人,就业一个,脱贫一家",职业教育成为阻断贫困代际传递见效最快的方式,也是大批退役军人、下岗失业人员、新产业工人获得一技之长的重要途径,职业教育在服务就业、改善民生等方面发挥出越来越重要的作用。

2. 价值传播功能

技能型社会建设的宗旨是促进社会全体公民学习并掌握一技之长,最终实现人力资本的外部效益与溢出效应,从而推动经济社会的高质量发展。从价值指向来看,技能型社会关涉整个社会和教育体系的文化和价值重构。建设技能型社会,就是要激发广大人民群众爱技能、学技能、用技能的热情,形成国家重视技能、社会崇尚技能、人人学习技能、人人拥有技能的社会氛围,这需要全社会的共同努力,也需要高质量的职业教育。职业教育承担着为我国现代化建设培养高素质技术技能人才、能工巧匠、大国工匠的重要使命,其职责使命与技能型社会主张的价值理念一脉相承,职业教育自身的功能属性决定其在传播技能型社会理念的过程中具有很大的优势,理应成为传播和践行技能型社会价值理念的主窗口。

一方面,职业教育在我国经过多年发展,已经深深嵌入到我国经济转型、产业升级、技术提升之中,与国家经济发展命脉紧紧相融,与国家教育改革紧密相连。职业教育赋予学生锻造品行、塑造灵魂、培育生命的教育理念与技能型社会对技能人才的要求也一脉相承,各类形态的职业教育机构对国家技能型社会体系建构理念及制度实施等方面最为敏感,对相关制度的落实具有引领效应。另一方面,职业教育作为一种类型教育,不仅包括学校形态的初等、中等和高等职业教育,以及应用型本科、专业硕士和专业博士等专业教育,还泛指基础教育之后的,应用科学知识、原理和规律等以解决生产生活等领域中实际问题的各级各类学校教育和社会培训。这意味着职业教育有着全国最为庞大的技术技能人才培育受众,其教育活动应用场域多样,是广大青年成长成才及千千万万劳动者技能习得的重要途径,职业教育自然可以利用这些优势,借助各类职业院校平台,大力传播技能成才、技能利民、技能兴邦的技能型社会理念。

3. 技术技能传承功能

技术技能积累是指在长期的学习生产和创新实践中所获得的技术知识和技术能力的递进。促进国家的技术技能积累与创新,需要持续的政策支持,推动政府、学校、行业、企业的多方联动。其中,要强化职业教育的技术技能积累作用,2014年国务院发布的《关于加快发展现代职业教育的决定》明确提出"推动职业院校与行业企业共建技术工艺和产品开发中心、实验实训平台、技能大师工作室等,成为国家技术技能积累与创新的重要载体"。技术技能积累既包括技术知识积累,也包括技术能力积累。其中,技术知识如参数和实验结果等,可通过文字、符号等方式复制获得,其积累相对比较容易;但包括独家技术、技术秘诀等在内的技术能力由于难以结构化表达,其积累却相对困难,通常只能以言传身教等方式传承,代表着拥有该技术企业(或个人)的软实力。职业院校就是承担这一功能、实现技能传承的重要平台。职业教育通过正规化、制度化的学校教育,积极探索现代学徒制,在传统技艺、技能的传承创新以及新工艺的创新传播等方面承担了重要的中介和桥梁作用。一方面,职业院校通过组建"大师工作室""名师工作坊"等跨专业组织,以技术技能大师为核心,充分发挥技能大师在攻关、传艺、研发和职业精神等方面的示范作用,实施"大师工作室+项目+产品"的工学结合、现代学徒制人才培养模式,促进学习者在长期的生产、学习和创新实践中获得技术技能的递进、积累和传承。另一方面,当前职业教育深入开展的人才培养、课程教学内容改革更加强调和重视基于现实行业和企业的需求,职业院校通过深化校企合作将企业纳入技术积累与创新协作体系,校企协同开发技术推广体系、人才培养体系等方式,实现技术人才传承与技术产业化的同步发展。

4. 服务公民终身学习功能

终身教育主张现代教育体系建设应着眼于创造一个适合于终身学习的社会,满足不同年龄段受教育者的教育需求。终身教育体系囊括了诸如学校教育、工作场所教育、社会教育、网络教育、职业教育等各个系统。其中,唯有职业教育贯穿个人职业生涯的始终。当今世界,科学技术的发展已经远远超乎多数人的预期,劳动者的职业发展受到了极大挑战,乃至威胁其职业生存。面对技术的日益更新,劳动者靠已有的专业知识和技能难以适应时代发展变化的需要,必须不断补充新的知识和学会全新的技能,以适应新的劳动分工和经常发生的职业变动,这进一步强化了技能型社会建设中职业教育终身化的要求。

职业教育终身化正是基于技能社会的发展性和人力资源的时效性与能动性,为个体的职业生涯发展提供融学历教育与非学历教育、职前教育与职后教育等多种教育形式于一体的系统安排,必然要求采用多样的组织形式和功能满足技能人才继续学习、时刻学习、终身学习的需求。职业教育助力服务技能人才的终身学习突出表现在职业教育是"面向人人",实施开放化办学的教育。任何有学习需求的个体,不管有无经历过正式教育或正规教育,都有权利向终身化职业教育机制寻求帮助;职业教育通过不断完善"人人共享"的学习资源,构建线上、线下多元的学习空间,帮助更多的学习者去描绘不一样的发展路径和构建终身学习的场景;另外,职业教育正在积极推进国家"学分银行"建设,为普通职业教育和终身教育搭建互通融合的立交桥,将学习成果和经历累计互换,最大限度地满足不同层次人们对教育公平和教育效率的需求。

二、职业教育工匠精神培育的推进路径

(1) 以1+X证书为契机,改革技术技能人才培养模式,更新现代工匠成长理念。当前,我国职业教育领域所培养的人才社会适应性不高,与社会需求存在较为明显的脱节,造成复合型技术技能人才供需结构失衡。究其原因,在于人才培养理念依然没有脱离普通教育"重课程教学、轻实践能力"的窠臼。为了改变这种状况,教育部于2019年上半年面向职业院校、应用型本科高校启动了1+X证书制度试点工作,旨在推动学历证书"1"与若干职业技能等级证书"X"之间的书证融通,以培养高素质复合型技术技能人才为最终归宿,强调在专业素养培育过程中更加注重技能培养和技术培训,全面提高人才培养质量和职业素养,增强毕业生就业创业能力和本领。在这个意义上讲,职业教育人才培养与工匠精神培育是相辅相成的,具有内在逻辑一致性。首先,职业院校应面向"技能社会"建设的新任务新要求,在职业教育大改革大发展背景下深化对"培养什么人"的思考,更新职业教育人才培养理念和现代工匠成长理念,将职业教育视作烙印工匠精神的基本阵地,明确将工匠精神纳入人才培养目标体系及规格要求,融入考核学生在知识、能力等方面的综合素质水准及要求之中,围绕1+X证书制度体系优化现有的人才培养评价标准体系及评价机制,把对工匠精神的培育贯通于人才培养的全要素、全过程。其次,职业院校应瞄准人才培养模式改革创新,深化"技教相融、德技相融"的培养,将工匠精神培养与职业技能培养培训有机对接并深度耦合,将新技术、新技能、新工艺、新规范等纳入教学标准并融入教学场景,将高素质复合型技术技能人才培养过程打造成新时代工匠精神传承发展的过程、能够创造高效劳动价值的"现代工匠型"人才成长过程,在实现基于1+X证书的"一专多能"培养的同时造就富有现代工匠精神的高素质复合型技术技能人才。

(2) 以"三教"改革为主线,优化职业教育人才培养体系。培养复合型技术技能人才已成为支撑我国产业结构调整升级的重要保障,也是职业教育领域改革发展的主要目标。为了充分适应新时代经济形态发展的内在需求,职业教育领域应立足于所肩负的培养大国工匠之历史重任,在"三教"改革中全面有效融入工匠精神培育要素,并将之作为育人工作的牵引,着力打造高水平人才培养体系。首先,职业院校应

围绕立德树人根本任务,以"三教"改革作为变革教育教学制度体系的突破口,将现代工匠精神的价值主张、内涵特质和培养元素有机融入专业知识和技术技能培养的每一个环节,重构教学组织场域,面向专业知识掌握、职业技能获取、职业信念锻造、职业素养提升、职业道德养成等,不断创新教育教学模式,将之作为破解职业教育发展难题、提升人才培养质量的关键途径。其次,职业院校应深刻把握新时代经济发展和产业结构变迁规律,主动推进供给侧结构性改革,从专业建设布局和课程体系设置入手,基于内外兼修的培养理念,破解工匠精神融入专业人才培养的现实困境全面深化专业教学改革、修订人才培养方案、优化课程体系、推进课堂内外的教学模式改革,潜移默化地涵养学生的现代工匠精神,培养能够适应产业转型升级的个性化复合型高素质技术技能人才。最后,职业院校要深刻理解教师职业与工匠精神的密切联系,一方面要充分发挥我国丰富的传统文化资源优势,以"崇德"和"尚技"为内核的工匠精神涵养职业教育教师的优良师德师风,着力推进教师队伍形成兼具"专家"和"工匠"的复合特质;另一方面要将工匠精神嵌入教师队伍建设的制度体系、目标体系及培养培训过程,并着力推动各类教师深度参与学生现代工匠精神的培育过程。

(3) 以产教融合为路径,打造校企合作的命运共同体,夯实工匠精神养成载体。工匠精神是技术技能人才培养过程中不可或缺的元素和内容,在某种程度上决定着职业教育毕业生的就业竞争力和职业发展力。有鉴于现代职业教育的特殊性,产教融合与校企合作必然是推动职业教育发展的重要途径,而重视工匠精神的养成也是其本质要求和内在属性。事实上,产教融合与校企合作的深度和广度直接影响着现代工匠精神培育的水平,强化工匠精神培育又会反过来推动产教融合与校企合作的发展,二者之间具有显性的内在关联性和耦合性。首先,职业院校要认识到,工匠精神的培育是一个系统性工程,需要政府、院校、行业、社会组织等多方协同参与。在遵循产教融合从发展理念、办学实践走向制度安排的过程中,要搭建有力的产教融合协同育人平台,切实形成多方协同推进的体制机制,尤其要将职业院校的培养过程与产业或行业的积极配合有效耦合起来,既为学生提供现代工匠精神培育的现实载体和职业发展场景,也通过对理论与实践的结合和强调,为即将步入社会的技术技能人才更好地适配特定产业或行业的工匠精神,更好地提升推动产业转型升级的能力。其次,职业院校要认识到和行业企业形成命运共同体是职业教育的内在本质规定,也是在现代集中化校园教育模式下培育工匠精神的基本着力点和重要载体。要基于新时代工匠精神的内在诉求和培育目标,通过与企业深度合作结成命运共同体,在有效的利益共同体、办学共同体、实践共同体等基础上,共同构成培养富有工匠精神的高素质复合型技术技能人才的主体结构,建构工匠精神培育的协同互动机制并增强多方之间的内生动力,让更多的技术专家、优秀工匠参与到职业教育人才培养中来,通过大力推进现代学徒制和工作场景训练,有效继承、弘扬和发展工匠精神。

(4) 以制度建设为关键,完善新时代的顶层设计引领,营造现代工匠生长环境。

造成我国工匠精神式微的原因之一便是职业声望的降低,这是我国职业价值导向体系失衡所造成的不良后果,也与劳动者的劳动价值回报体系因现代机器化大生产对传统手工技能的解构而被打破有着密切关系。这既是市场作用的结果,也是制度选择的结果。首先,要将现代工匠精神纳入国家核心价值观系统,推动工匠文化的挖掘、融合、普及与传播,凝聚"技能宝贵"的社会共识,形成"创造伟大"的时代风尚,营造建设"技能社会"的良好氛围,让工匠精神培育与国家发展、社会进步、技术演化相合拍,成为劳动者在工作学习生活中均要自觉遵循的价值准则。其次,在推动经济社会高质量发展的背景下,站在国家治理体系和治理能力现代化基础上,面向新时代对劳动价值的内在需求,构建合理的职业回报体系和不同职业之间的价值沟通机制,让"劳心者"和"劳力者"都能凭借出色的工作质量获得较高的社会声望与地位,让优秀工匠拥有较高的收入报酬、职业荣誉感和社会获得感,不断提升工匠的职业声望和职业吸引力。最后,要通过建立纵向贯通、横向衔接的国家资历框架,实现职业教育学历证书和职业技能等级证书的融通互认,消除教育制度和劳动制度之间的体制性障碍,建立科学合理的工匠职业发展与上升通道,同时还要完善技术技能人才评价激励机制,设计多元评价方式和激励手段,激发工匠人才的能动性和创造力。在此基础上,职业院校要以工匠精神的培育作为高素质复合型技术技能人才培养的切入点和制高点,着力从精神文化、制度文化、物质文化、行为文化等不同维度深化基于现代工匠精神的校园文化建设,提高自身文化软实力,让其成为学生成长成才的内生动力和无形力量。

第二章 职业教育体系构建

第一节 发达国家工业化与职业教育

职业教育在不同的国家和地区有不同的存在形式,不同国家职业教育的地位和作用是不同的。现代职业教育是伴随着工业革命而产生的。因此,产业发展对技能人才需求始终是职业教育改革发展的基本动力。一般而言,越是工业化发展水平高的国家越重视职业教育,其体系制度设计也更为完善,更加适应国家的经济发展要求和社会文化特点。主要工业化国家职业教育的成功,最为根本的原因是形成了产业与教育的良性互动机制,为经济社会的发展提供了强有力的人才支撑,成为产业发展中的重要环节。研究工业化国家的职业教育发展规律,必须与其工业化的进程结合起来。德国、日本和美国三个国家工业化程度高,其职业教育发展历程始终是在服务国家工业化进程中伴随着产业发展而不断调整和完善的。三个工业化国家职业教育发展的阶段特点与其工业化发展阶段是高度拟合的,呈现一定的规律性。

一、工业化国家职业教育发展阶段

(一)工业化初期职业教育的产生

由于机器化大生产的到来,社会生产的科学技术水平显著提升,要求劳动者必须掌握相应科学和技术知识以适应新的生产方式。同时,机器化大生产扩大了生产规模,细化了劳动分工,要求劳动者必须根据自己的岗位要求提高技术技能水平,原有的"师徒制"已不能满足技术技能人才培养要求,必须设立独立于普通教育之外的学校以满足产业工人培养要求,现代职业教育应运而生。这一时期,或由自发形成,或由政府干预,诞生了最初的职业学校并初步形成了职业教育制度。如18世纪初德国的工业学校和实科中学;日本在1872年《学制令》首次将职业教育以法律的形式提出,规定了对国民实施职业教育;美国在19世纪50年代兴起的职业学校和极具美国特点的"赠地学院"等。

以德国为例,19世纪反新兴工业职业教育推广的代表是手工业行会。行会作为一个前工业化生产力的代表,是工业化的对立面。德国政府通过《工商条例》立法,不断限制行会的旧学徒训练权,并改造、加强进修学校这一现有教育机构来推进新工业职业教育的扩张。通过不断立法,行会垄断的前工业化学徒训练权逐渐自由化,国家开始建立新的工业化职业教育,义务制"职业学校"确立。19世纪至20世纪初,是德国职业教育迅速发展时期,以"职业学校实训工场"为主的培训取代传统"师傅—徒弟"培训,职业教育体系随着工业化的进程逐步完善。在工场手工业向机器大工业过渡中,新生产方式对新技能提出要求,行业星期日学校在德国城市出现并逐步建立起来。在工业革命高潮来临之时,普鲁士也开始把技术课程引入这类学校,行业进修学校得以推广。

(二)工业化中期职业教育的兴盛

进入工业化中期阶段,第二产业的比重迅速上升,技术水平不断提高,大量劳动人口从第一产业进入第二产业,由于工业人口迅速增加、对职业教育的需求剧增,促进了职业教育发展壮大。这一时期,工业化国家职业教育的特点主要表现在规模扩张和层次提升,一方面职业教育规模随着产业规模的扩张急剧扩大;另一方面,职业教育的专业随着产业技术的进步迅速增加,开始提升人才培养层次,出现了高等职业教育。这一时期,各国政府也普遍开展了职业教育模式探索,并逐步建立起适应各自经济和文化特点的职业教育制度。例如,德国在1953年《手工业条例》规定的"师博"考试、多科技术学院的兴起和凯兴斯泰纳"国民教育理论"和"劳作学校理论"形成,美国在1913年的"普杜之辨"、1914年《史密斯—莱维尔法案》和1917年《史密斯—休斯法案》,日本在第一次世界大战之后重化工业的学校和专业急速增加及企业人才培养制度的形成等。

以日本为例,在第一次世界大战中,日本确立了作为近代帝国主义经济基础的垄断资本主义,继美国的垄断资本主义之后,有了显著的发展。第一次世界大战之后,日本产业急速发展,职业教育也进入扩充阶段。1919年,文部省恢复了实业学务局,并确立其领导全国职业教育最高专门行政机构的地位,通过改革,重点促成了各级各类职业学校数量上的扩充。日本政府将重点放在了发展初等职业教育和高等教育之上。为发展职业教育,日本政府颁布了《改正实业学校令》《青年训练所令》《工厂法实施令》,推动职业教育规模急速发展,使学校数量在1914年至1930年间,中等职业学校数量由536所增加到974所,各种实业专门学校增加到51所,实业补习学校数量由8343所增加到15248所。

(三)工业化后期职业教育的成熟

工业化后期,第二产业的增长趋缓,技术水平显著提升,经济增长模式由以数量扩张为主的外延式发展向以结构调整与技术进步为主的内涵式发展转变,人力资源的作用明显提升,对从业人员人才的综合职业能力要求明显提高,人力资源需求逐步转为质量提升和结构完善。工业化国家的职业教育也随着产业变革呈现新的发展特点。一方面,随着第二产业发展速度放缓,职业教育规模随之波动;另一方面,随着对人力资源要求的提高,职业教育开始由规模扩张转向提高质量和改善结构。经过发展主要工业化国家职业教育与产业部门已经高度融合,与其他类型教育的关系也基本稳定,体系制度趋于完善,形成了适应社会文化传统的独特体系,如德国《联邦职业教育法》的颁布、行业组织管理职能的法律化、"双元制"职业教育体系的逐步完善,日本在1951年的《产业教育振兴法》、20世纪60年代的职业教育整顿和独具特色的企业内部人才培养的制度,美国在1963年的《职业教育法》及1968年的《职业教育法》修正案和"社区学院"等。

以德国为例,1969年8月14日,德国公布了《联邦职业教育法》,该法第一次将德国企业培训的各种分散的法规汇集在一起,取消了短期培训职业和熟练工职业的区别。此后的教育改革计划进一步将普通教育与职业教育联系在一起,以拓展双重制职业教育继续深造的途径。为了实施《联邦职业教育法》,联邦主管部门还颁布了企业宪法法规、青年劳动保护法修订法案以及培训岗位促进法等一系列实施法规。德国职业教育的学习场所逐步多样化、稳定化,跨企业培训车间开始出现,企业培训教师的质量提升以及设立了职业基础教育,建立了高等专科学校(应用科技大学)等。德国职业教育在纵向的基础教育、中等职业教育、高等职业教育体系逐步完善,横向的职业教育与普通教育边界逐步打通,职业教育发展进入成熟阶段。

二、工业化国家职业教育发展的共性特征

从三个发达国家工业化历程可以看出,职业学校教育制度的产生源于机器化生产对产业工人培养要求的提高,但技术技能人才的培养绝不是仅靠发展学校教育就能解决的,必须将学校和产业部门有机结合起来,根据产业技术基础和职业变化要求实施有目的的人才培养。技术技能人才培养离开了具体技术基础和岗位要求,也就失去了基本方向。从这个意义上讲,职业教育不能独立于决定其职业属性的产业部门之外。例如,德国的职业教育将学校和企业两个人才培养主体的优势相结合,实现了"双元制"人才培养模式,德国职业教育重视发挥行业企业作用,将代表产业部门的行业组织作为职业教育的管理机构并写入《联邦职业教育法》(2005年,第71条),将企业作为职业教育的学习地点(2005年,第3条);日本虽未订立独立的职业教育法,但订立了单独的《职业训练法》,将技术技能人才培养与企业职工培训制度衔接,充分发挥企业作用,实现了校企衔接的系统化培养;美国的高中教育普及率高,通过综合高中提供部分职业教育课程,职业与技术课程是综合高中开设的八大类课程之一,高中后的技术技能培养由"社区学院"实施,同时,通过法律(《卡尔·D.帕金斯职业教育法案》及数次修订)方式支持职业教育机构和相关行业企业部门间的合作,并与产业部门合作成立了多种职业咨询委员会,在人才培养方面发挥了重要作用。

在总结比较国内外工业化与职业教育关系之后发现:不论是哪个国家,不论什么体制,职业教育必须走产教融合、校企合作道路,才能培养出适应产业发展需要的高

质量人才,这是世界职业教育领域的共识。三个国家的经济和社会文化环境不同,职业教育制度也大相径庭,自成体系,但职业教育发展的资是与产业发展密切联系的,无一不体现着"产教结合""校企合作"的基本办学范式。三个国家职业教育的发展历程,深刻体现了职业教育必须与经济发展和产业进步相适应,必须与国家战略和技术发展相统一。同时,不同国家的职业教育还必须与自身的社会文化传统相适应,才能探索出适合国情的发展道路和制度体系。

第二节 构建我国高质量职业教育体系

2021年4月12日至13日,全国职业教育大会在京召开。习近平总书记对职业教育工作做出重要指示强调,要坚持党的领导,坚持正确办学方向,坚持立德树人,优化职业教育类型定位,深化产教融合、校企合作,深入推进育人方式、办学模式、管理体制、保障机制改革,稳步发展职业本科教育,建设一批高水平职业院校和专业,推动职普融通,增强职业教育适应性,加快构建现代职业教育体系,培养更多高素质技术技能人才、能工巧匠、大国工匠。总书记的指示为我们奋力构建高质量职业教育体系指明了方向。

党的十八大以来,尤其是《国家职业教育改革实施方案》出台以来,职业教育走上了提质培优、增值赋能的快车道,迎来大改革大发展的新阶段,职业教育面貌发生了格局性变化。1.13万所职业院校、3088万名在校生,世界最大规模的职业教育体系有力支撑了"中国奇迹",职业教育在助力脱贫攻坚取得全面胜利,推动中国经济高质量发展中顺势而为、应势而起,居功至伟。

一、我国高质量职业教育体系的概述

高质量职业教育体系是职业教育新发展阶段的标志,更是实现职业教育现代化的基础性工程。建设高质量职业教育体系,是国民经济高质量发展的需要。实现经济增长方式由粗放型转向集约型,推进产业基础高级化、产业链现代化,改造提升传统产业,发展壮大新兴产业,促进服务业繁荣发展,加快形成现代产业体系,都要求职业教育深化供给侧结构改革,高质量供给技术技能人才。建设高质量职业教育体系,是优化社会文化氛围的需要。由于"劳心者治人、劳力者治于人"的影响根深蒂固,职业教育"低人一等""二流教育"的观念在一些地方仍然存在。扭转这种观念,营造良好的社会氛围,要求我们必须建设高质量职业教育体系以提高技术技能人才待遇和社会地位,营造尊重技能、崇尚技能的社会环境。

建设高质量的职业教育体系,完善层次是基础。没有完善的职教层次,谈不上体系,更谈不上高质量。只有建立完备的体系层级,才能具备与普通教育对话的身份与资格,建立平等交流、对话的前提条件。在职业教育体系中,要稳步发展本科层次职

业教育和专业学位研究生教育。

建设高质量的职业教育体系,横向融通是目的。与其他教育类型相互沟通、顺畅衔接,搭建人才成长的立交桥,是高质量职业教育体系的最终旨归。与普通教育、继续教育实现专业、课程互选,学分、学习经历互认,架起学历教育与非学历教育之间的桥梁纽带,打通学校教育和社会教育之间的围墙壁垒,构建网络化、数字化、个性化、终身化的教育体系,最终实现"人人皆学、处处能学、时时可学"的目标。

建设高质量的职业教育体系,开放办学是手段。高质量的职业教育体系要"面向人人、面向社会",向所有人开放,要覆盖高中和中职应往届毕业生、退役军人、新产业工人、下岗职工、在岗职工以及高考落榜考生等人群,将"有教无类"的教育理想变为现实。高质量的职业教育体系要向行业、企业开放。深化产教融合、实施校企合作,将学校围墙内外衔接起来,将生产现场的实践知识和隐性知识引进校园,把不熟悉生产实践的学生送进企业一线摸爬滚打,工学结合。高质量的职业教育体系要向国际社会开放。在将世界上先进的职业教育发展模式、经验和课程教材等"引进来"的同时,还要"走出去",向国际社会讲好中国职业教育的故事,打造中国职业教育的品牌,提升中国职业教育的影响力。

高质量的职业教育体系,整体上是纵向贯通的、层次完善的、学制完备的。当前,我国职业教育体系打破了专科层次的"天花板",贯通了中职、专科和本科3个学制层次。下一步,要进一步在横向融通、纵向贯通上下力气。坚持打开门来办学,与普通教育、继续教育相融合,与基础教育相对接,使职业教育体系更加开放、更具活力。要进一步在学历层次上逐渐完善,拉长专业供应链,不断延伸人才供应链,以更好适应于现代产业供应链和创新链,在社会经济发展过程中无疑会更有作为,做出更大贡献。

从世界最大规模的职业教育体系向高质量职业教育体系迈进,我们必须坚持以人民为中心发展教育的立场,坚持改革创新,以时不我待、只争朝夕的紧迫感,认真学习贯彻落实习近平总书记关于职业教育的重要指示要求,奋力推进高质量职业教育体系建设,在办好人民满意教育,服务中国经济高质量发展的征途中,续写新的辉煌。

二、加快构建我国现代职业教育体系

"打造纵向贯通、横向融通的现代职业教育体系",是全国职业教育大会提出的主要任务。落实这一任务,一方面要树立系统观念,处理好普职关系、产教关系、校企关系、师生关系、中外关系;另一方面,要聚焦现阶段重点难点,加大制度创新和供给。

(1)保证职业教育办学方向根本在党建。要以"把方向、揽全局、抓思想、建队伍、促党建"为总要求,把党的建设和思想政治工作优势转化为发展优势。一方面,要坚持和完善党委领导下的校长负责制,发挥好院系、师生基层党组织的战斗堡垒作用,把党的教育方针全面贯彻到学校工作各方面、人才培养全过程;另一方面,要落实立德树人根本任务,探索符合职业教育特点的思想政治工作体系和方法,把德育融入课堂教学、技能培养、实习实训等各环节,促进思政课程与课程思政有机衔接,提高思想政治教育的实效性。

(2)构建现代职业教育体系基础在中职。解决不好中职的基础性问题,高质量的职业教育体系就无从谈起。要总体保持职普比大体相当的战略定位不动摇,加强省级统筹和分类指导,使中职学校与普通高中办学投入、培养质量、学生受益大体相当,通过职普协调均衡发展,进而实现职普规模大体相当。要完善一体化职业学校体系,改善中职学校办学条件,打造一批优质中职学校和专业,巩固中职的基础地位;推进专科高职提质培优,实施好"双高计划",巩固专科高职的主体地位;坚持高标准、高起点,严把质量关,稳步发展职业本科教育,发挥好引领作用。同时,要推动各层次职业教育在专业设置、培养目标、课程体系、培养过程上有效衔接贯通,可把高职阶段的一些内容下移到中职,给中职教育增值赋能;中职学校要发挥区位优势,拓展办学功能,提高办学质量,为高职教育打好基础。

中等职业教育是我国高中阶段与普通高中教育同等重要的类型教育,与普通高中教育不同,它肩负着就业与升学的双重使命。20世纪80年代中期,中等职业教育作为独立的教育形态,其主要任务是为地方或区域培养中初级技术技能人才。20世纪90年代,中等职业教育才逐渐承担起为高职教育培养人才的使命,但其主要任务依然是就业而不是升学。进入21世纪,新建地方本科高校的应用型转型和职业本科教育的有序发展,专业学位研究生教育培养规模的不断扩大,使现代职业教育学校体系框架已初步形成。

无论是中等职业教育还是普通高中教育,都属于我国学制系统中高中阶段的教育。高中阶段教育作为基础教育的高阶阶段,其使命是培养学生具有扎实的科学文化知识,为专业教育奠定良好基础。普通高中主要是为普通高等学校输送人才,而中等职业教育也应为职业高等学校的人才培养打好基础,在不久的将来,职业高考或将成为与普通高考并列的高考类型,中等职业教育的使命不再仅仅是为地方培养中初级技术技能人才。与此同时,中初级技术技能人才的内涵也将随着智能化时代的推进和产业迭代的加速发生改变,宽厚的人文科学基础将为技术技能人才适应职业更替、不断学习新技术技能奠定可能性,在一定意义上,这也是职业教育公平的当代体现。美国没有沿用英国"双轨制"而实施"综合中学"制度就在于给所有学生提供基本相同的接受国民基础教育的机会,又给不同职业取向的学生提供职业教育选择,并在国家资格框架制度下实现普职融通。我国义务教育后的学生分流政策本质上不同于英国的"双轨制",我们今天主张加强中等职业教育的基础性,也非完全等同于美国的"综合中学"制度,而是基于国情尤其是现代职业教育体系建设的需要,对已有中等职业教育的地位与功能进行再认识,这是对中国特色现代职业教育制度的新思考、新探索。不是否定中等职业教育存在的合法性与合理性,而是通过重新认识中等职业教育的基础性,确立其在国家现代职业教育体系建设中不可动摇的地位,提高其社会地位,增强其吸引力,使职业教育真正成为备受尊重的类型教育而非次等教育,进而实现职业教育公平。

为此,有必要对当前我国中等职业教育办学定位中的人才培养方案进行调整。一方面要继续坚持中等职业教育为地方培养技术技能人才的使命与担当,这也是国家全面乡村振兴战略中,中等职业教育服务于乡村人才振兴的特殊使命,即为乡村振兴培养有知识、懂技术、会经营的新型农民等乡村人才;另一方面,要做好为职业高等教育培养有扎实人文社科基础并初步了解技术科学基础知识的人才,为学生掌握高阶技术奠定基础,弥补国家在技术技能人才培养过程中的短板。

要实现上述目标,中等职业学校在继续推进工学结合、校企合作、产教融合、"双师型"教师队伍构建、实践实训基地建设的同时,应该加强学生语文、数学、外语等人文社会科学的基本训练,加强技术科学基本知识的学习,而不仅仅是让学生学习某种技术或技能,以免影响学生终身学习能力的形成,降低其社会流动的竞争力。

确立中等职业教育的基础性地位,其核心是要明确中等职业教育在我国现代职业教育体系中的基础地位,坚定不移地发展中等职业教育;其要义是要进一步明确中等职业教育的双重使命,彰显其作为基础教育阶段的本体价值,提升中等职业教育吸引力,实现职业教育公平。

(3)增强职业教育适应性支撑在产业。产教融合是职业教育的本质特征,也是基本路径。基于产业链来谋划发展职业教育,才能让职业教育内生于经济社会,形成教育链、人才链与产业链、创新链共生共荣的生态系统。在时间上,要在服务国家战略、维护国家安全和发展利益面临的重大课题中找准位置、发挥作用,紧盯"最后一公里",为攻克关键核心技术"卡脖子"问题做出贡献。在空间上,要加快推进职业教育创新发展高地建设,着力推进职业教育区域化、区域职业教育产业化、产业职业教育集群化,走与当地产业需求对接的路子。

我国是一个发展中的大国,由于各区域间的经济水平具备较大的差异,因此各地区之间的发展水平存在的差异也很大。哪些地区适合哪一类新兴产业发展,应当如何去发展,才能具备更好的核心竞争力,突出当地的产业特色,这些都需要地方领导根据当地的现有的经济发展水平和发展基础,以及现在已经形成的一定的产业结构做出一定的调整,而不应该盲目跟风,随波逐流。

职业教育只有依托产业,结合地方经济特色进行差异化发展,才能培养出适应性较强的毕业生,这是增强职业教育适应性的一个表现,也是人才培养供给侧改革的方向。从职业教育的本质属性上看,职业教育的是指受教育者获得生产劳动或职业发展所需要的职业知识、职业技能与职业道德的统称,是一种具有鲜明企业行为与经济行为的教育形式。推动实现职业教育与产业的协同发展,符合了职业教育自身科学发展的内在需要,是职业教育特殊性的表现和本质属性的理性回归,是职业教育遵循经济社会发展规律、主动适应时代需求和社会发展进步做出的必然选择。二者的协同发展能够有效增强职业教育人才培养目标的指导性与针对性,使人才培养模式与市场需要、企业需求相互对接,进一步强化职业教育服务区域经济社会发展的基础功能,为受过职业教育的学生实现高质量就业创造必要条件,持续增强职业教育的生命力和吸引力。

在经济发展过程中,人力资源扮演着十分重要的角色,区域经济的协调发展与产业升级需要职业教育为其提供强有力的智力支撑和人才支持。首先,"双循环"经济发展新态势要求职业院校的专业设置与产业链发展高度匹配。当前,我国正处于深化供给侧改革的关键时期,对实践型、应用型、专业型人才的需求已发生结构性改变,特别是随着新能源、信息技术、节能环保、生物医学、新材料等新兴产业的兴起,对于应用型人才的需求日益迫切。新科技、新技术、新工艺的应用能够显著提升产业的发展效率,对人力资源的职业素养、专业水平、素质能力等方面提出了新的要求,由此带来的产业链的迭代更新与再造对职业院校的专业设置提出了更高的要求,专业设置只有与区域产业链需求相配套,才能更有利于发挥其服务产业转型升级的作用。其次,推动区域经济产业转型升级需要职业院校培养更多具有市场竞争力的人才。技术创新是推动产业转型升级的核心,目的在于通过对落后科技不断进行创新和完善,打造出一套适应时代发展需要的全新产业升级体系。所以,推动产业升级必须要与专业技术人才培养、劳动力再就业培训、企业员工培训等紧密结合起来。这样一方面可以缓解部分传统制造业出现的专业技术人员用工紧缺情况,另一方面也可以通过利用产业转型升级的契机,重新构建或大力调整行业用工结构,扩大对技术型劳动者和高端智力服务人群的市场需求,推动建立更为科学完备的人才培育机制,从而针对性加强对市场需求旺盛人才资源的培养。由此可见,职业教育与产业的协同发展既能够帮助企业解决区域性人才瓶颈问题,满足各类企业对高技能、应用型人才的巨大需求,又可以降低企业在人才招聘过程中花费的大量财务、精力和时间成本,提高成功性和有效性,进而推动区域产业经济平衡健康发展。

(4)培养高素质人才依托在企业。校企合作是职业院校办学的基本模式。要通过引企入校、引校入企,把学校办成企业的培训基地,把企业办成学校的实践基地,把企业需求及时、有效地转化为学校育人的标准和方案。一方面,要针对校企合作层次低、表面化等问题,创新"金融+财政+土地+信用"的组合式激励政策,解决好多主体办学当中办学性质、产权归属等政策瓶颈,让企业愿意干,让学校放心干;另一方面,要发展中国特色现代学徒制,让学校像企业、教室像车间、课堂像工段、教师像师傅、学生像学徒、教案像图纸、作业像产品,让校企合作成果反哺教学,让学生在合作中学到真本事。

2022年新修订的《中华人民共和国职业教育法》明确规定推动企业深度参与职

业教育,鼓励企业举办高质量职业教育;企业可以设置专职或者兼职实施职业教育的岗位;企业开展职业教育的情况应当纳入企业社会责任报告。在育人模式上,强化教学、学习、实训相融合,鼓励以工学结合的方式进行学徒培养,鼓励行业组织、企业等参与职业教育专业教材开发,将新技术、新工艺、新理念纳入职业学校教材,共同建设高水平、专业化、开放共享的产教融合实习实训基地。在价值追求上,营造人人努力成才、人人皆可成才、人人尽展其才的良好社会氛围,把学业证书、培训证书、职业资格证书和职业技能等级证书作为受教育者从业的重要凭证,强调提高技术技能人才的社会地位和待遇。

(5)优化职业教育结构动力在市场。习近平总书记提出"不求最大、但求最优、但求适应社会需要",就是要求我们拆掉职业教育和市场之间的"隔墙",面向社会办学。在专业布局上,要推行产业规划和人才需求发布制度,动态调整专业目录,通过差异化投入和政策项目引导等方式,鼓励学校更多开设符合市场需求的紧缺专业。在层次结构上,要瞄准技术变革和产业升级方向,及时调整人才培养规格,建设高水平、高层次技术技能人才培养体系。

市场调节是职业技术教育产业化与劳动力市场需求相互之间产生互动效应的客观因素,以高等职业技术教育为例,在市场经济体制下,高等职业技术学校毕业生就业市场和高等职业技术教育市场之间将形成一个不断变化的供求循环体系,一方面是受过高等职业技术教育的劳动力追逐工资绩效最大化和追求就业岗位具有事业可持续的发展空间;另一方面是需求方对高等职业技术教育所提供的"产品"提出更高的质量要求。高等职业技术教育同时面临市场、资金、环境、政策等多重压力,未来高职教育的生存与发展是一个迫切需要探索的重大问题,需要从观念、体制、政府职能、办学模式等层面进行变革和创新。

办学主体的观念与经营意识。办学市场观念与意识确定办学市场行为。职业技术教育办学主体首先要确立市场观念和市场经营意识,以围绕传授知识为中心的传统教育理念而形成的办学思维、观念和方法必须转变。职业技术教育的生存与发展取决于市场需求方的价值追求,从市场经营角度看职业技术教育办学主体同时面对市场两方面的需求压力,一方面是来自招生市场受教育者选择教育机会的价值取向;另一方面是劳务市场需求方对职业技术教育最终产出"产品"的价值认同。因此,职业技术教育办学主体需要从思维和观念上提升市场经营的竞争意识、服务意识和"产品"质量意识。

办学体制改革与政府行为。目前政府对教育资源的垄断形成了职业技术教育的"体制性短缺",发展职业技术教育产业,核心问题是坚持市场取向的教育体制改革,采取科学的产业化市场运作方式。按照"政府统筹,政策推动,多方参与,市场运作"的思路,整合社会教育培训资源。由于体制障碍巨大的社会资金难以进入,在公办性质的前提下,引入企业资本参与学校改制,逐步形成职业技术教育投资主体多元化是市场运行机制的必然选择。比如对部分管理规范、专业优势明显的高等职业技术学院,通过引入社会资本进行股份合作制改造。其体制改革的意义是:一方面通过引入资本投入解决办学经费不足,并从根本上形成"自我约束、自我发展、自主办学"的市场化运行机制;另一方面从体制上增强办学主体的市场观念,变被动的"奉命办学"为主动适应经济社会发展的需要;变"等、靠、要"为主动适应市场变化而进行教学改革和创新,以提高市场经营意识,并逐步形成具有全国影响力的高等职业技术教育特色品牌。在现行制度环境下,促进办学体制改革,减少冗员冗政,建立社会资本参与的市场化管理,不仅可以有效地降低教育成本和提高效益;也是在市场环境下改善职业技术教育品质、完善教育公平的重要途径。

教育培养模式的变革。以市场岗位需求为导向确定培养目标、以应用能力培养为中心构建教学体系,是职业技术教育培养模式的改革方向。职业岗位目标定位是职业技术教育市场化运营的基础,它应体现在市场有需求、专业有特色、理论有基础、"产品"有技能、就业有优势、发展有空间。围绕综合职业能力培养模式的教学体系主要应在实用性、技能性、职业性三个方面的改革与创新,充分体现素质教育的要求,把市场需要和学生个性发展需要相统一,把学文化和学技术相结合,为学生预备就业和心理准备提供全方位、个性化和多样化的教育服务。

在市场经济体制下,"特色与水平、质量与创新"应成为高等职业技术教育办学的永恒主题。高等职业教育培养的是适应企业第一线需要的应用型技术的专业人才,既不同于普通高等教育学术型、工程型人才培养,又不同于一般中等职业教育的技能型人才教育。因此,必须构建具有高等教育基础与职业教育特征相融合的高等职业教育特色体系,体现在培养方向的职业针对性、培养目标的技术应用性、办学形式的开放性、教学过程的实践性和师资队伍的复合性。尤其在"校校联合""校企合作"办学模式上探索新的途径。

(6) 实现可持续发展生命在就业。职业教育是为就业服务的。研究表明,职业教育招生数占比每提高1个百分点,第二、三产业吸纳就业的比重上升约0.5个百分点。要继续把发展职业教育作为缓解就业结构性矛盾的关键一招,解决好"技工荒"、大学生结构性就业难、高技能人才供不应求等结构性就业矛盾问题。同时,通过技能型社会建设,提高技能人才待遇水平,加快从"好就业"转向"就好业",让广大青年主动选择接受职业教育。

(7) 加大人力资本投入资源在社会。没有行业企业参与办不好职业教育。要加快由"办"职业教育向"管"职业教育转变,形成政府统筹管理、行业企业积极举办、社会深度参与的多元办学格局。一方面,要创新政策措施"四两拨千斤",支持国有企业办职业教育不动摇,支持民办职业教育不动摇,支持行业办学不动摇,只要符合国家标准的,都应予以承认并纳入职业教育体系;另一方面,要提高职业教育开放水平,有序吸引境外高水平职业院校来华合作办学,探索"中文＋职业技能"的国际化发展模式,支持职业院校伴随中国企业走出去,打造具有国际竞争力的中国特色职业教育。

(8) 改变职业教育形象关键在自己。能否下好职业教育"一盘大棋",最终要看能否打好办学质量的"翻身仗"。要坚持德技并修、育训结合,统筹推进专业设置、人才培养方案、课程教材、课堂教学和实习实训等环节改革,切实提高质量;要用好培养、引进、选育三大主渠道,加快"双师型"教师队伍建设;还要用好评价"指挥棒",建立一套符合类型特点的评价体系,为学生接受高等职业教育提供适合的入学方式,引导职业院校积极培育各自的特色和核心竞争力。

第二篇

产教融合增强职业教育适应性

第二章

おおお

第三章 文献综述与理论基础

增强职业教育适应性,加快构建现代职业教育体系,是职业教育提质培优的内在要求,是当前和今后一段时间职业教育高质量发展的重要走向。江苏省教育厅厅长葛道凯强调要增强职业教育的适应性,就是要坚持服务国家大战略,增强职业教育的系统适应性;就是要坚持服务经济主战场,增强职业教育的主动适应性;就是要坚持服务人民高期盼,增强职业教育的协同适应性。要实现这些,其着眼点要在深化产教融合、创新培养机制上下功夫;要契合企业成长和人才提升需要,提升职业教育面向企业的适应性上下功夫;要在提升学生创新创业能力,促进就业上下功夫。[5]可以看出,高职院校在增强职业教育适应性的过程中,一个重要的落脚点就是深化与行业、企业的产教融合,达到提升学生的创新创业能力的目的。因此本书将围绕产教融合来研究职业教育适应性及学生的创新创业能力培养。

第一节 产教融合相关文献综述

一、国内研究现状

(一)产教融合研究综述

以"职业教育、产教融合"或"产教融合、治理"为主题在CNKI数据库进行查询,文献数量为7198篇和381篇(见表3-1),发文量基本趋势如图3-1和图3-2所示。

表 3-1 文献数量统计

区分		2013年	2014年	2015年	2016年	2017年	2018年	2019年	2020年	2021年	2022年(知网预测)
查询主题发文数量	职业教育产教融合	12	162	265	286	398	826	876	1387	1675	1967
	产教融合治理	0	5	5	7	11	30	34	80	127	141

1. 产教融合的内涵

产教融合源于产学合作,而后者的实质是产学研等主体基于资源互补性,通过契约形式满足双方人才培养、技术攻关、科技成果转换等方面的需求。王文静等人

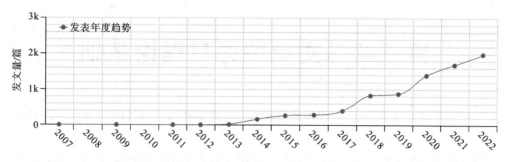

图 3-1 "职业教育、产教融合"主题的发文趋势

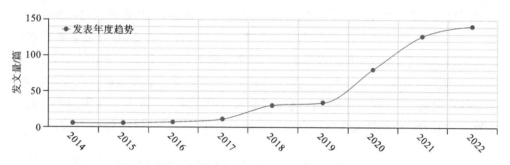

图 3-2 "产教融合、治理"主题的发文趋势

(2019)从知识耦合视角,认为产学合作本质上是产学研等主体通过知识交易共同构建了创新系统,并且验证了产学合作的知识溢出效应。产教融合是产学研相互嵌入、深入合作的结果,由于产教融合本质上是产学研相关主体之间的资源交易,每种资源都有相应的供应方、需求方和交易合同三大要素,其合作具有跨界流动、产权分享、主体多元、合作协同与效益分享五大特征,也决定了产教融合必然出现产权界定、利益分成、风险分担等问题。[6]程晓农等人(2018)从新工科建设视角来分析,认为产教融合是专业知识、工程素养、实践技能、科学思维、创新能力的"全素质链"人才培养模式。由于产教融合较产学合作更能促进产学研主体之间的相互嵌入,即在资源共享的基础上更能真正实现利益共同体,相对更能体现优势互补基础上的协同效应。[7]数字经济时代,高晟星(2022)明确产教融合数字化内涵建设"连接""数据""智能"三大核心要义,以产教内外全方位"连接"为基础,推动产教"数据"的极大扩容,实现产教融合系统的"智能化"发展,从而形成产业与教育共荣共生的良好生态。[8]

2. 产教融合模式

产教融合模式即产学研主体推进产教融合的具体形式。王玲玲(2015)聚焦高职教育的产教融合,认为工学交替、顶岗实习等产教融合模式有助于优化课程结构和教学过程,下一步需要建设以资产为纽带的产教融合利益共同体。[9]胡昌送等人(2019)从知识生产方式视角分析,探讨以共同生产知识产品的产品型合作将取代以特定资源获取和依赖关系形成的资源型合作,从而成为产教融合的主要合作模式。[10]马良(2019)总结了英国职业教育的现代学徒制,认为中英技术合作计划有助于推进产教融合型企业发展,对于解决当前经济转型升级背景下的人才供给侧改革具有现实意义。[11]王洁琳(2022)对产教融合协同创新生态系统人才培养模式构建研究,提出了在区域和行业内构建多主体协同共生的创新生态系统是推动产教深度融合的重要方向。[12]事实上,产教融合还有产学合作基础上形成的订单班、校中厂、跨企业培训中心、产业学院、校企共建实验室等多种形式,这种以生产、教学二者有机结合在一起实现人才培养目标的全新教育模式越来越得到产学研主体的推崇。夏雯婷(2021)提出高职院校可以通过 KPO(knowledge process outsourcing,知识流程外包)的方式服务行业发展和地方经济,顺应产业转型升级的时代需求,促进人才质量的内涵式提升,以此提高产业链与专业链的对接度。[13]KPO 是服务外包的一种重要表现形式,是指把那些需要运用领域专长的知识密集型业务流程转移给其他企业承担的行为。为了确保高职院校顺利参与企业 KPO,校企双方需要共同消除组织壁垒,共同治理,避免产生知识产权风险,建立起相应的绩效考核和教学评价制度。

3. 产教融合机制

产教融合,产学研协同育人整体仍然呈现"学校热、企业冷"的格局,必须通过机制创新进一步推进产教融合。吕海舟等人(2017)以艺术设计人才为例,总结出联盟、基地、项目、团队、平台五个要素是推进地方高校与行业企业产教融合的关键所在,为此需要建立促进创新要素流动、资源要素匹配、利益成果共享的机制。[14]李玉倩等人(2020)研究指出,由于资源的多方投入导致了产权交融,不可避免地引起利益纷争,由此可能诱发协同育人的集体主义困境;因此需要通过契约、声誉、资产等纽带,持续界定产教融合共同体的产权。[15]高锡荣等人(2020)提出了产教融合创业型大学的新概念,并采用扎根理论方法总结了英国华威大学的成功案例,据此提出建立产教融合意识培育、实践探索、能力提升、环境营造的机制模型。[16]贺书霞(2022)在职业教育产教融合多中心治理机制研究中,建立健全高职教育产教融合的制度体系、运行机制、行为规范、绩效考核,促使"产""教"围绕人才供需"同频共振"。通过构建配套的公共政策及其协调机制、推进基于多主体多中心的互联互通、强化多主体治理的多中心协同、完善产教融合的绩效评估体系。[17]可以看出,产教融合有助于填补产学研主体之间的空白地带,产生协同创新效应;但产教融合不可避免地面临公共部门、产业部门的目标诉求冲突,不可避免地面临日常业务操作权的争夺,必须探索组织架构、业务操作、成果共享、风险分担、行为约束等各种治理机制。

(二)产教融合型企业研究概述

以"产教融合型企业"为主题,在中国知网(CNKI)进行查询,总发文量为454篇(学术期刊349篇、学位论文34篇、会议论文2篇、报纸13篇、特色期刊56篇),主要集中在2019年以后(见图3-3),学科集中在职业教育领域(见图3-4),这主要源于2019年国家发展和改革委员会、教育部发布《建设产教融合型企业实施办法(试行)》。

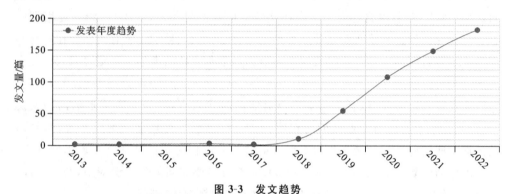

图3-3 发文趋势

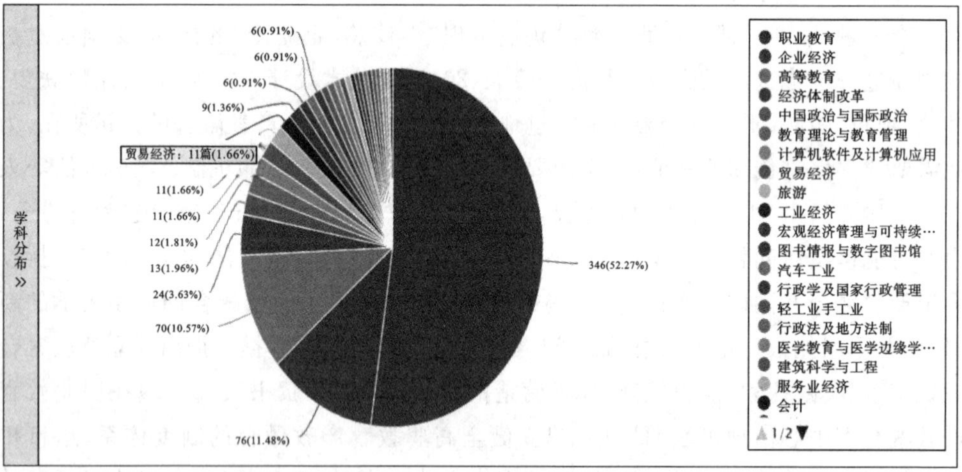

图3-4 学科分布

产教融合型企业作为新兴的研究命题,梳理已有研究成果,主要聚焦以下几个方面(见表3-2)。

表 3-2 产教融合型企业的研究成果

聚焦内容	主要观点
产教融合型企业内涵与特征的阐释	周凤华(2019)指出产教融合型企业是指具有较强带动引领示范效应,通过评审认定并经政府授权,深度参与产教融合的企业。并认为产教融合型企业具有以下特征:一是参与育人全程性,二是产业资源教育性,三是成果共享共赢性,四是业内示范推广性。[18] 欧阳河等人(2019)以"种差＋属"形式逻辑的方法辨析,认为企业是属概念,是上位概念;将商品生产经营服务和从事人才培养培训两种功能融为一体是种概念,也是下位概念。而产教融合型企业则为将商品生产经营服务与相关联的人才培养培训功能融为一体的企业。[19] 刘晓等人(2019)认为产教融合型企业是具备良好的资质基础,能够独立举办或参与举办教育事业,整合多方资源,是经政府和相关权威机构审核认定的有引导性、推广性和示范性的各类企业,他强调"企业主体行为＋资质"认定,明确了产教融合型企业所需要承担的实施任务和具体的融合方式。[20] 曹靖(2020)从企业生产要素的视角出发,认为产教融合型企业的属性介于传统商业企业与传统非营利性组织(NPO)之间,需要平衡在传统商业企业中表现为矛盾的绩效目标,即妥善处置经济价值获取和社会价值创造之间的关系,且要顾及多元利益相关者差异化的诉求[21]
产教融合型企业遴选或评定标准建设的探讨	周凤华(2019)将企业投资额作为认定的标准之一,即产教融合型试点企业对职业教育投入的货币性资产和非货币性资产。货币性资产应当按照投入的金额计算;而非货币性资产,应当以其公允价值计算。也就是说,认定企业对职业教育的投资额应是确定企业享受优惠政策的依据和核心。[22] 刘晓(2019)认为应充分考虑行业因素,在产教融合型企业遴选认定上,应对接行业与企业需求,依据行业标准细化企业遴选标准,使标准具体化、指向化。[23] 滕颖(2020)认为在量化遴选标准中,应关注企业的经营状态量化标准和企业的社会责任承担量化指标。企业的经营状态量化标准包含盈利能力指标、经营能力指标、偿债能力指标等项目;社会责任承担量化指标包括企业参与社会公共服务项目、公益事业和慈善事业等的参与度指标。[24] 崔发周(2019)从现代学徒制的视角提出产教融合型企业基本评价标准,将其分为内涵评价标准和外显评价标准。其中内涵评价标准是指企业内部的人员、设备、技术、信息、管理、文化等资源的先进程度和丰富程度,是判断产教融合型企业功能的内在依据。外显评价标准是指企业的历史行为表现,看企业是否在校企合作人才培养中取得了良好的外部效果[25]

续表

聚焦内容	主要观点
产教融合型企业建设培育实践的总结与分析	王辉、陈鹏(2019)基于教育部先期重点建设培育的产教融合型企业建议名单进行分析发现,产教融合型企业的分布存在明显的地区差异,多集中在中东部地区。[26] 李克(2020)以吉林省产教融合型企业培育为样本,发现在产教融合型企业实践中,企业参与职业教育校企合作形式内容单一,多集中在参与组建职业教育集团和接收实习实训,涉及较深层校企合作形式的企业数量较少,而且在建设过程中"重入库、轻培育",建设培育工作缺少长效机制。[27] 杨广俊、周凤华(2020)对广东、浙江等地企业调查发现,在产教融合型企业培育实践中国企和特大民企参与比例较高,企业投入较低,且以人力资源等软投入为主。[28] 甄佳君(2020)以嘉兴市教育型企业培育为样本,指出嘉兴市产教融合型企业制度设计逐渐规范,资金支持逐渐增长,制度环境逐步改善,培育体系逐步形成,但在政策执行的精准度、政策实施效果评价等方面还存在问题。[29] 刘林山(2022)从布迪厄的实践理论出发,基于"场域——惯习——资本"框架,指出产教融合型企业存在产教融合场域不完善,企业缺乏认证制度基础,行业协会组织介入程度不高,行动者惯习消极,动力不足,需要将企业由参与育人提升到充分参与的位置,文化资本供需不对接等问题。[30]
产教融合型企业培育与建设路径的探索	滕颖等人(2020)认为应拓展《建设产教融合型企业实施办法(试行)》明确列出的必备条件以外,各地方还需要根据区域职业教育和产业经济发展的实际情况制定更加细化、更加本地化的遴选标准,并将标准量化,增强产教融合型企业遴选的科学性、可行性和权威性。[24] 潘建华(2019)认为按照各区域的实际情况,在不低于国家标准的情况下尽快制定出省级职业教育产教融合型企业标准,出台省级职业教育产教融合型企业建设与管理办法,是一种更具操作性与可行性的重要方式。[31] 董树功等人(2020)对产教融合型企业的影响因素进行表征分析,强调行业组织作用,通过行业组织需协助政府,保证产教融合型企业具备良好的任务执行进度和建设实施效果。[32] 多淑杰(2022)从企业参与产教融合行为受到国家制度逻辑、企业制度逻辑的二元影响进行研究,在国家制度逻辑下,企业参与产教融合行为主要受政府制度压力、激励诱导等外源性动力驱动。在企业制度逻辑下,企业参与产教融合行为主要受企业认知和内部发展需求等内源性动力驱动[33]

二、国外研究现状

在 Web of Science 中输入检索式"industry-education integration"或"cooperative education"或"industry-education cooperation"且以"governance"为主题,搜索 SSCI(2002 年至今)、SCI(1998 年至今)与 CPCI-S(2000 年至今)会议三大引文数据库,可获得主题检索结果共 4223 篇。相关记录从 1998 年的 32 篇到 2022 年 304 篇,占总发文数量百分比从 0.758% 上升到 7.199%,发文数量自 21 世纪以来呈现急速上升的趋势,数量及所在领域统计如图 3-5、图 3-6 所示。

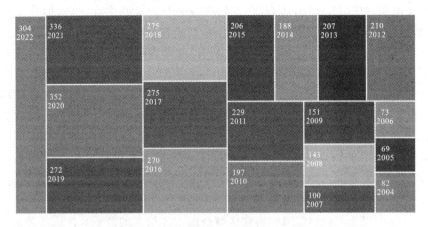

图 3-5 "产教融合、治理"主题的发文数量统计

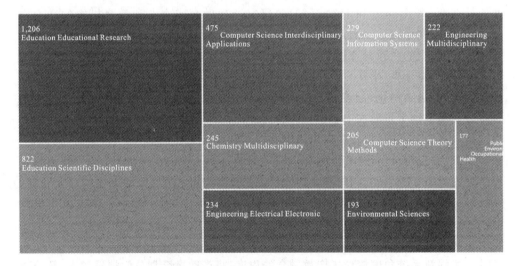

图 3-6 "产教融合、治理"主题的文献领域统计

国外学者主要从产教融合的内涵与特征、组织与制度、治理与发展等开展研究。

1. 产教融合的内涵与特征研究

关于产教融合的内涵和特征,Whittle 和 Hutchinson(2012)认为教育发展与社会发展之间存在着教育与整个社会发展趋势相结合、职业学校与产业部门相依存、职业学校与学校自身发展相依赖等三个层面的关系。因此,产教融合的内涵应从教育与社会经济发展相协调、职业学校的办学体制和教学模式的"宏观—中观—微观"层次上进行把握。[34]Green(2012)将产教融合定义为高等教育和产业界之间的一种高度参与的关系,为了在实践中学习技能,加强和丰富教育过程,也为了让产业界获得一定的人力资源和智力支持,高校和产业界建立合作关系,开展合作活动。[35]经济合作与发展组织(OECD,2010)认为,官方的产教融合定义是多样化的,但是整体上而言,产教融合比较强调在认可的职业岗位中,初始技能培训的长期、系统安排。培训必须是可转移的、综合的。它包含一个契约合同,合同的一方是学生(学徒)及其法律责任人,另一方是私人或公共雇主、劳动力或管理者培训委员会、行业组织、公共或半公共培训组织,或其他有组织的培训实体。Ilya S.(2015)探讨了高等教育机构与机械制造企业的融合问题,运用案例实践证明了高等学校与企业的产教融合具有显著的溢出效应,能够提高科研、开发、教学、研究生的专业水平,也有助于制造企业的技术攻关。类似地,Ren等人(2018)认为产教融合在欧洲高等教育已经非常普遍,以地质专业学生培养为例,发现深度的产教融合有助于提高本科生的就业质量和创新能力。

2. 产教融合的机制与制度研究

Chanapai 和 Suttawet(2018)构建区域技能人才培养的公私合作伙伴关系(PPP)模式,分析职业教育中 PPP 模式的发展和演化机理,提出需要通过 PPP 模式克服企业的外部性。[36]Franco 和 Haase(2015)研究产教融合中企业和教育机构的动力机制,并提出面向主体互动的产教融合制度体系。[37]O'Connor 和 Harvey(2001)的研究显示,爱尔兰的产教融合逐渐发展成为基于标准的,而非单纯的时间要求的学习项目,以保障所有学生(学徒)可以获得一定水平的技能和行业的理论基础。其发展到现代阶段,更具结构化、制度化。Lee(2000)指出,很多国家在治理职业教育时通常是将行业组织的力量放在中心位置,同时强调国家质量控制及相关政策激励,概括来说包括以下四点:一是以行业组织为中心搭建利益相关者互动的平台,沟通与联结企业雇主、地方政府及学校、其他教育机构之间的关系,依托此平台研究地方职业教育与培训的策略;二是确立国家职业技能标准,并采取措施使这些标准得到行业企业、学校等部门的广泛认可;三是政府出台必要的干预措施,对于校企合作给予经济激励,鼓励校企采取集群行动;四是建立对学生职业生涯发展的支持和指导制度,企业雇主积极帮助学生查找不足,弥补短板,实现其既定的就业目标。[38]Albina 等人(2015)从创新系统角度探讨了产教融合的程度,将产教融合划分为情景融入、部分融入和深度嵌入三种类型,认为利益共享、风险共担机制是关键影响因素。

3. 产教融合的治理体系与模式研究

欧洲培训基金会认为,对于校企合作的治理,关键是要建立治理模型,这个模型包括目标、实施、监控等要素,要让所有层次的利益相关者都参与进来,而在共同治理过程当中,则需要加强透明度、保持一致性,这样才可以提高治理的效率和效益。瑞士教育、研究与创新部认为,在职业教育校企合作治理体系当中,将政策、机构和人力资源整合起来是至关重要的,其目标就是建立一个由多个主体构成的协商共同体,通过协商来平衡各主体间的利益并制定可行的对策,以应对外界环境的变化。澳大利亚技能署(2008)在题为《国家职业教育与培训体系的未来治理》的报告中提出,构建有效的职业教育校企合作治理体系需关注四个关键点:一是形成明确的国家目标和政策领导力,建立国家标准,明确区域协同发展路径;二是引入信息化要素,建立数据监测体系,为国家决策提供数据基础;三是基于技能需求分析建立经费拨款框架,提高公共经费使用及配置效益;四是吸收行业和消费者参与治理,加强优异性、一致性和无缝的规范管理。Pengal 和 Wu(2016)提出,在政府、教育机构、社会合作伙伴、劳动力市场的组织场域内,根据相关主体间的利益协调及交流方式,可形成多种治理模式,如自由治理模式(与政府联系弱)、计划治理模式(与政府联系强)、参与性治理模式(利益相关者之间建立特定的交流与作用机制)、协调治理模式(雇主或工人利益组织驱动职教创新)。其中,参与治理模式和协调治理模式更加注重社会合作伙伴的参与,并强调交流、有效、透明、灵活、开放等治理要素。[39]德国波恩大学的研究者基于资格空间与组织空间这一视角对发达国家职业教育校企合作治理的运行体系进行了比较,最后指出:治理运行体系的效率是决定治理能力的关键指标,在这些国家的校企合作治理运行体系当中,以瑞士和德国为代表的双元制校企合作治理运行效率是最高的。其之所以运行效率高,主要得益于五个方面:一是校企合作的各层次利益相关者都参与课程开发,保证了课程内容的社会适切性;二在学校、雇主、劳动力市场之间建立起持续的反馈机制,保证了人才培养过程与社会需求的对接;三是引入市场化手段在职业教育机构间创立了竞争机制,竞争机制的引入使得各职业教育机构争先提升质量,吸引学生就读;四是建立了系统完善、监管严格的职业资格认证和质量保障体系,保障了人才培养质量;五是为学生搭建了一个逐级晋升和有效转换的教育路径。Afonso 指出,国际社会在职业教育及其校企合作治理体系的开发过程中都致力于设计出更为明晰、精确并更富政策意义的治理指标。治理指标主要分为两类:一是评估"纸面上的"法律或法规的指标,即规则性治理指标;二是评估法律法规在"现实中的"应用或结果的指标,即结果性治理指标。[40]Lambrechts 等人认为欧洲特别是德国大学的产教融合促进了高校的可持续发展,高校需要积极与行业企业开展共同研究、专利许可、咨询与合同研究、培训以及衍生企业等多种形式的融合,才能可持续提升学生的知识、技能和工作能力。[41]Shaidullina 等人(2014)以俄罗斯高等教育为例,发现实践型教育、科学与制造一体化模式打破了封闭的高校人才培养模式,模式是基于相互教育、研究和制造过程的渗透、教育机构、专业教育水平、教育项目内容、培训和教育技术、组织和行政形式、财政和经济资源和制造过程的整合。[42]

4. 产教融合型企业研究

美国比较典型的企业产教融合模式有美国辛辛那提大学工程学院(University

of Cincinnati)的赫尔曼·施奈德（Herman Schneider）教授提出的 Co-op 合作教育（cooperative education），该模式以体系化的课堂理论学习与结构化的企业工作实践交替进行，将课堂学习与有计划、有督导和有报酬的工作实践结合起来，培养既具有理论知识，又具有实践经验的高级工程师。通常，Co-op 合作教育项目通常有三个衡量指标：① 高校师生要与企业开展正式的项目合作，学生要正式到企业上班；② 企业的全职人员要参与到高校的教学过程中；③ 参与项目的师生要从企业或有关部门获得工资和保险金。德国双元制职业教育体系是一个跨学习与就业、跨教育界与企业界、跨公共部门与私有部门的复杂体系。《职业教育法》及其相关法规约束了所有参与职业教育的主体的权责和权限，并对双元制企业入选条件、企业经费来源、实习薪酬发放标准、学徒制参与退出机制、技能等级证书与法定文凭衔接方式等涉及的双元主体人才培养细节进行了详细而具体的规定。关于产教融合存在的问题及发展对策，Tsukamto 等人（2009）研究发现，一些企业由于不确定学生的专业水平能否符合要求，参与产教融合的积极性不高。应调动企业行业参与学校培养应用型人才的积极性。建立各行业的专门指导委员会，对社会岗位进行预测，并参与学校的专业设置与教学模式等重大问题的决策。[43] Iskander(2007) 和 Fien 等人（2009）研究发现，高职院校所开设的课程与企业要求不相符，导致学生在企业中需花大量时间进行磨合。高职院校与企业联合办学，有利于学校获取企业支持，根据企业要求调整专业设置和教学模式，提高人才培养质量。Yager、Cole、Laine 等学者提出，学校应该根据自身的优势专业，创办与专业相应的产业，并依托校办产业，为教师和学生提供实验基地与实习岗位。企业提供的职业培训因职业群和行业以及就业岗位的不同而不同。一般来说，以年轻人为主的就业岗位、公共部门的就业岗位、对职业资格证书有要求的就业岗位，提供的培训机会更多。[44]

三、国内外研究评析

综观当前的研究文献，学者们分别从产教融合型企业及产教融合的内涵、组织、制度、困境、模式、路径展开了研究，形成了一些比较一致的意见。

（1）产教融合型企业是我国职业教育产教深度融合发展到一定历史阶段的产物，其产生与发展有着鲜明的时代背景，也体现着迫切的时代需求。可以说，这一概念的提出具有鲜明的中国特色和时代特征。对于"产教融合型企业"的研究无论从理论还是实践层面都处于不断摸索的起步阶段。综观现有的研究成果，数量不多且研究的焦点相对比较集中，主要是对产教融合型企业内涵的认识，以及在实践中如何有效培育和建设的路径与策略探讨。同时，产教融合型企业培育是一项系统工程，涉及政府政策、行业组织、企业利益和学校助力等多个方面。目前，研究者们对产教融合型企业培育的建议多集中在遴选标准制定方面，在培育实践中也更多是对企业的诉求。而企业作为经济基本组织，与教育是隔行的，它的逐利性甚至是与教育的公益性是相悖的,因此更需要职业院校的辅助。但从现有研究来看,行业组织和职业院校在对产教融合型企业的培育过程中缺位明显,这应是未来研究的重点。

(2) 产教融合主体的多元化。产教融合的参与主体不仅仅包括产业部门(企业)和教育部门(学校),而且包括政府和社会组织。产教融合单纯依靠市场机制驱动是行不通的,必须将政府放回校企合作的框架中间。当然,政府在产教融合中的定位也是有变化的,现有的研究普遍认为,政府的作用是推动,市场的作用是主导。纯粹依靠政府的力量,那是"拉郎配",最终导致企业和学校貌合神离;纯粹依靠市场利益的驱动,容易导致企业和学校合作行为的短期效应。总体来看,我国现阶段企业作为重要办学主体,行业组织在职业教育中的指导作用虽已获得政策认同,但是,由于企业行业组织的法律身份并没有完全落实,行业指导职业教育的能力尚不足、程度还不高,校企合作中也存在一些实际问题有待解决。

(3) 产教融合过程的协同化。产教融合需要各方同步规划、同步设计、同步发展,其核心途径是转化资源要素、创造利益共同体和实现价值共享。产教融合过程,不仅包括合作动机的激发、合作契约的形成,还包括合作利益的分享、合作风险的分担。现有的研究对于产教融合的动力机制、合作机制、保障机制做了比较充分的研究,普遍认为利益共享、信息共通、信任共促、风险共担是实现产教融合过程协同的重要标志。

通过梳理文献,我们也发现当前的研究存在一些不足之处,这是下一阶段研究需要重点关注的问题。

(1) 较少关注产教融合型企业的合作项目治理,特别是创新创业项目。研究者们对产教融合型企业培育的建议多集中在遴选标准制定方面,在培育实践中更多的是对企业的诉求。而企业作为经济基本组织,与教育是隔行的,它的逐利性甚至是与教育的公益性是相悖的,因此更需要高职院校的辅助。而企业作为产教融合主体,其参与产教融合不可避免地存在制度性交易成本,诱发机会主义行为。但从现有研究来看,高职院校在与产教融合型企业的合作项目治理上的研究缺位明显。

(2) 缺乏产教融合的创新创业项目形成过程的机理分析。现有的研究重点关注了产教融合的组织、制度和模式等问题,而将产教融合的过程作为一个"黑箱"。事实上,学校、企业、政府、社会组织等主体在产教融合过程中的协同动机、行为,直接影响产教融合的成效。因此,通过文献研究或质性研究,找出产教融合型企业的合作驱动因素,构建产教融合形成过程的理论模型,使用相关实证方法验证理论模型,从而对产教融合型企业的合作机制进行系统研究,将成为产教融合理论研究新的课题。

(3) 较少有关于产教融合型企业参与高职创新创业项目治理的实证研究。现有的研究主要是对产教融合的内涵、特征、模式、问题和对策做了理论层面的反思和总结,也有研究者结合案例介绍了一些职业院校产教融合的成功经验。但总的来看,现有的关于产教融合的研究,主要还停留在逻辑思辨层面,缺乏实证研究的支持和验证。实证研究是检验和发展理论的重要途径,采用调查法、案例研究法等研究方法,加强对产教融合问题的实证研究也是一个重要趋势。从现实角度来看,截至目前,江苏省已公布了四批产教融合型试点企业名单(共 365 家),本研究已调研的 8 所(苏南 5 所、苏北 3 所)高职院校产教融合项目主要合作企业共 236 家,而合作企业中产教融合型企业仅 10 家(占比不足 5%),产教融合型企业参与率低,有悖于其建设初衷,将其引入到高职产教融合创新创业项目治理的研究范畴显得尤为必要。

第二节 创新创业相关文献综述

以"创新创业"和"产教融合"为主题,在中国知网(CNKI)进行查询,总发文量为 1425 篇(学术期刊 1156 篇、学位论文 19 篇、会议论文 15 篇、报纸 10 篇、特色期刊 225 篇),主要集中在 2018 年以后(见图 3-7),学科集中在职业教育领域(见图 3-8)。

图 3-7 发文趋势 1

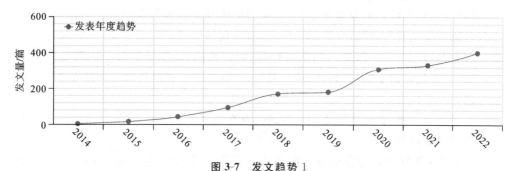

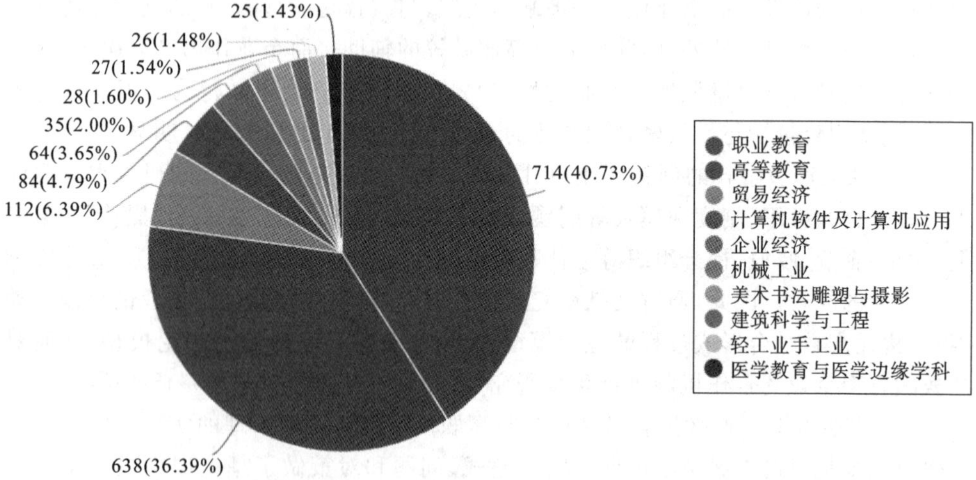

图 3-8 学科分布

以"创新创业"和"产教融合型企业"为主题,在中国知网(CNKI)进行查询,总发文量仅为24篇(学术期刊15篇、学位论文6篇、会议论文1篇、特色期刊2篇),主要集中在2020年以后(见图3-9),这与产教融合型企业相关政策的出台有关,此研究领域也是具有新意的领域。

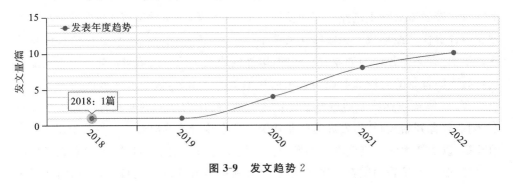

图3-9　发文趋势2

一、国外研究现状

(一) 创新创业能力培养

哈佛商学院于1947年开设的"新企业管理"课程,标志着美国创业教育的开端。1970年,普渡大学召开第一次创业学术会议,探索了大学教育在推动创业发展中的作用。1973年,加拿大多伦多举行了第一届国际创业研究会议。专家们根据案例探讨了大学创业研究与创业教育之间的双向关系。随后在曼谷会议上,正式提出了大学生创业教育的开展实施,在泰国、菲律宾和其他国家进行实验。[45]美国百森商学院,创设了首个创业研究中心,学生在1979年可以进修主要的创业课程。美国管理学院,把创业教育研究纳入管理学科的子领域是在1987年。[46]创业教育家杰弗里·蒂蒙斯教授在1990年,提出了一套系统的创业理论和实践理论。他和小史蒂芬妮著作了《创业学》,后来该书甚至成为世界范围内创业教育的标准。杰拉尔德·海尔认为三个重要因素影响着创业教育:教育目标,管理,课程开发。[47]此外,创业教育已被美国国家教育系统吸收其中。2001年发布的《国家创业教育国家标准》中,清楚地阐明了其课程单元的含义和每个单元的能力标准。Beránek、Ladislav(2015)认为大学生对专业创业技能培养的态度在各个大学的经济学和管理学课程中能够清楚地表现出来,教育课程的重要目标之一是发展和提升学生的创业技能。[45]它通常通过各种面向项目的任务来完成。学生创业技能的培养也是课程的主要目标,它是通过理论与实践同时进行的方法下,采用端链模型和层次价值图方法进行创业教育。这项研究的结果表明,学生不仅能够更好地适应危险的商业竞争环境,而且创业技能也可以得到发展。然而,冒险倾向是成功企业家的基本特征之一。因此,我们未来的努力将着眼于修改我们的教育内容。我们将更加重视如何教育学生接受竞争环境,这种环境风险很大,而且大部分是不能够预测的。[48]自21世纪初以来,欧盟及其成员国相继出台了针对大学生的一系列创业教育政策,促使创业教育进一步发展。[49]第一,各个国家比较看重大学生创业教育的发展。第二,政府,高等学校和其他对社会负责的创业教育责任已经形成了积极的互动关系。第三,拥有成熟的本科创业教育课程体系。第四,有各种各样的创业教育教师,国外创业教育的一大鲜明特征是努力建立一支具有不同背景的全职和兼职的多元化教师团队。第五,大学有足够的资金支持创业教育。[50]欧美发达国家通过金融信贷等方式,支持大学生创业教育的发展。在日本,创业教育开始较晚,但发展速度非常快。日本政府连续出台了一些关于创业教育的政策,以支持大学生创业教育的发展。他们是通过政府和学校协作的模式推广创业教育,取得了显著的成就。现在,已有202所高校和123所高校,分别面向本科生和硕士生进行创业教育培养。日本大学于1994年开设了"综合学科"课程,而"工业社会与人民"则是必修的创业课程。德国政府认为,大学生创业教育可以孕育一大批企业家。在澳大利亚,大学生创业教育已有超过40年的骄人发展史。1986年在《国家教育政策》中,"自谋职业所需的态度,知识和技能"被规定为大学的发展方向。肯尼亚技术培训和技能发展部规定:"每所合格的职业学校都必须建立一个创业教育研究实验室和一个小型商业中心。"在国外,创业教育中的职责分工明确,具有一定的良好社会基础。[51]在美国,是通过政府指导,社会和学校援助创业教育的责任模型,"美国大学生创业教育,通过合理设计创业课程,内容丰富,涉及领域广泛,覆盖了很多领域的知识和技能。除了具有高荣誉和杰出成就的专职教师外,美国大学的创业教育讲师还雇用成功的企业家,投资者以及公司,政府机构和社会组织的政府官员进行企业家精神教育。美国政府创业教育基本目的是激发大学生创业积极性。另外,关于大学生创业资金帮扶的还有其他相关的社会组织。英国政府通过设立创业研究中心,促进支持大学生创业教育的发展。此外,还通过高等教育学院和高等教育基金理事会,积极推动变革创业教育的教育模式、方法和态度。"德国大学生就业是通过学校和社会共同完成的。在这个过程中,政府、学校和社会各任其职,政府是主导作用,社会是对其补充,这是对中介机构和私人咨询机构竞争的补充。澳大利亚创业教育包含基础、工业、业务发展和远程教育等四个方面的课程,并取得一定成效。它是通过在原有的基础教育体系中,增加创业教育,进一步完善教育体系结构而实现的。在青年创业计划中,英国采取的是创业债券基金政策,并在2011年开启了高校创新基金,该基金的重点是为各种技术网络建立资金,而且为教师提供支持。总体而言,国外创业教育通过六十多年的探索和发展,已形成一系列的理论体系,并成功地运用到创业教育和实践当中,创业教育已融入大学生教育当中,并且政府、学校和社会也参与其中各司其职,发挥着积极促进作用。同时,随着大家对创业教育的认识更加深入,它在理论研究和实践发展中形成了相对稳定的特性。

(二)创新创业能力构成

1. 将创新创业能力概括为创业者的特质

Ghina A(2014)认为创新创业能力是创业者与生俱来的,属于个人特质,如机会识别能力、特定的知识、基因遗传、自我形象、社会角色,[52]其中机会识别能力是影响创业过程最重要的因子,社会环境也发挥了影响作用,但其作用远不如个体层面的因素明显,成功的创业者拥有识别和抓住这些机会的能力,基因遗传是另外一个个体特质对人们成为企业家倾向影响很大的因素。[53]

2. 将创新创业能力界定为创业过程能力的总和

Bulgacov Y L M(2014)认为创新创业能力是包含资源整合、机会识别、创业管理以及风险控制等创新创业过程能力的总和。[54]Morris(2013)认为大学生创新创业能力包括从事相关创新创业活动能力的总和,比如创新、开发、生产和服务等能力。而且创新创业能力也不是一成不变的,是随着时间的推移而发展的,在整个创新创业过程中个人需要对机遇持开放的态度,将创造力、创新和冒险精神付诸实践,以及为实现创新创业目标的管理能力。[55]

3. 创新创业能力的维度构成

学者们从不同的视角对大学生创新创业能力的维度构成进行研究,虽然构成内容有所不同,但已形成丰富的研究成果,具有很强的借鉴意义,具体的构成如表3-3所示。

表3-3 创新创业能力的维度研究成果

研究者	维度数量	构成的内容
Man[56]	6	机会能力、组织能力、关系能力、战略能力、概念能力、承诺能力
Ahmad[57]	5	战略能力、概念能力、机会能力、学习能力、关系能力
Morris[55]	5	汇聚资源、识别机会、创业实施、创业管理、风险控制等能力
Koryak[58]	3	机会识别、资源整合、机会开发等能力

现有关于创新创业能力结构模型的探讨主要基于人格理论、胜任力理论和行动理论。其中,人格理论认为人格常表现于个体的行为中,创新创业行为与创造性人格、冒险精神、自我效能感等联系紧密。因此,可通过相关人格特质的测量预测个体的创新创业行为。胜任力理论则在人格理论的基础上进行了延伸和拓展,侧重将人

格和行为结合起来进行综合分析,并论证了创新创业能力的可测性。行动理论则认为创业的本质是行动,个体在创新创业不同阶段的能力需求不一样,这为探讨创新创业能力结构所应蕴含的行动逻辑提供了理论支撑。

二、国内研究现状

(一)创新创业能力培养

我国创新创业教育经历了从1989年开始到1998年的初级阶段,然后三年的兴起阶段,从2002年开始进入传播阶段。[59]在这个过程中,我国的学者提出了许多关于创新创业教育发展的思路。2000年教育部出台了关于创业教育的政策,在校大学生和研究生在校创业期间满足一定条件时,可以申请保留学籍,进行创业。这一政策的出台,对大学生创业起到了催化作用,一大批在校学生开始涌入创业的大军。此后一年,经教育部批准,成立了15个大学生创业园,为大学生创业提供服务支持,促使大学生创业教育进一步快速发展。2002年4月,清华大学、北京航空航天大学、黑龙江大学等九所高校,在教育部的支持下正式启动大学生创业教育。[60]陈先强(2015)提出,大学生创业教育分别由教育目标,学科建设,教育环境,基础教育体系结构和实践平台构成,实践教育是重要环节。[61]邓淇中、周志强(2014)认为,大学生创新创业教育培养目标不明确,缺乏创新的思维模式,专业师资短缺,是我国在创新创业教育中存在的主要矛盾。[62]万力(2017)认为创业教育体系应该从课程体系、保障体系和评价体系三个方面共同发力。首先,创新创业教育中,在以培养职业素养的基础上,完善课程体系。然后,要坚持理论课教育主渠道作用。最后,政府要发挥主导作用,为大学生创业教育提供有利的条件。[63]谭晓辉、张建智和关小舟(2015)认为,在创新创业型人才培养方面存在许多问题。其主要表现如下:首先,创新和创业教育的受益者仍然只是学生人数的一小部分。许多学生不关心创新和企业家精神,而且他们的参与还不够。其次,大学的各种学科竞赛已全面展开,但是,学校的重视度不够,导致学生缺乏一些培训的机会。最后,一些大学生的创业项目只是简单的生意。该活动与国家创业教育精神相违背,并且没有创新精神和专业特色。[64]赵会利(2016)认为,应该响应国家号召,深化教育改革,促进创新创业教育的发展。教师工作是一种专注于学生创新和创业实践发展的手段。推进学校人才培养模式和课程体系改革,根据学生的不同情况,实施创新创业教育分级教学,并融入培养计划中去。高等院校创新创业教育应遵守以下原则:全面教育,系统化工作和科学管理项目。充分利用社区资源筹建学生交流平台,和建设实践平台,并建立创新创业项目库,自然形成一种良好的创业环境,并重视创业的理论研究。[65]赵丽和陈曦(2016)认为,大学生创业教育的目的是,激发创业意识,获得一定的创业素养、创新能力和创业能力以及创业所需的其他能力等,以便于在创业过程中在了解创业所处环境后做出正确的选择。[66]

(二)创新创业能力构成

创新创业能力构成的研究,相关学者的研究成果如表 3-4 所示。

表 3-4 创新创业能力构成研究成果

研究者	维度数量	构成的内容
唐靖等[67]	6	机会识别、机会开发、组织管理、战略、关系、承诺等能力
王占仁[68]	6	把握机会、终身学习、领导管理、社会合作、心理调控、创新思维等能力
高桂娟[69]	3	专业能力、方法能力、社会能力
杨道建[70]	6	机会发掘、组织管理、战略决策、资源整合、创新创造、挫折承受等能力
杨晓慧[71]	4	创业人格、基本创业能力、核心创业能力、社会应对能力
金昕[59]	4	核心创业能力、基本创业能力、创业人格、社会应对能力
刘畅[72]	6	个人特质、机会开发、管理经营、团队合作、专业知识应用、创新等能力
王洪才[73]	7	目标确定、行动筹划、果断抉择、沟通合作、把握机遇、防范风险、逆境奋起等能力

创新创业能力结构中,王洪才(2022)描述第一个构成要素是目标确定能力创新创业能力;第二个构成要素是行动筹划能力,它是指对行动过程该如何组织、行动资源该如何筹集调配、行动过程该如何控制的设计,它反映的是行动主体思虑的缜密性、行动设计的逻辑性、行动设计的灵活性;第三个构成要素是果断抉择能力,它反映的是一个人在关键时刻采用什么样的思维方法、是否具有冒险的品质;第四个构成要素是沟通合作能力,它反映的是一个人的社会理解能力和社会交往能力;第五个构成要素是把握机遇能力,这也是人们能否成功或能否尽快成功的关键环节;第六个构成要素是防范风险能力;第七个构成要素是逆境奋起能力,它主要考验的是个体的抗压性如何,特别是考验个体在危机面前的沉稳性和灵活性。[74]

(三)产教融合与创新创业能力研究

当前,我国经济转向高质量发展阶段,产业加速迭代创新,亟须培养大规模的创新创业人才队伍。徐美燕(2022)通过剖析影响创新创业人才培养的深层问题,结合全国创新创业典型经验高校的实践案例,提出了"产教融合、专创融合"双轮驱动的创新创业人才培养实施路径。[75]王雪梅等人(2020)以培养适应传媒产业发展的创新型传媒人才为逻辑起点,在构建资源共享、梯次有序的"产教融合"格局中,同步体现传媒教育"人才培养、科学研究、服务社会和文化传承"的功能,以此加强传媒人才创新创业能力的培养。[76]专创融合既是知识经济时代的需要,也是教育综合改革的要求。卢卓(2020)从理念认知、课程改革、实践平台、师资队伍、体制机制等方面分析了当前专创融合的主要困境,并指出高职院校应以创为核心,在人才培养目标、课程、专业、实践、教师、组织目标等方面实现六大转变,促进高等职业教育的价值重塑和改革转型,引领高职院校在不断深化产教融合的过程中向"创业型大学"迈进。[77]创新创业人才作为服务产业升级的重要人力资源支撑,在建设创新型国家、技能型社会的时代背景下应成为高职院校的重要研究对象。廖彩霞等人(2022)认为高职院校应在规划定位、师资团队、课程与专业群建设等方面进行全面改革,培养出一批理念先进、知识广博、技术扎实、乐于创新的复合型人才,提出从国家层面、教育层面、社会层面三个视角对技能型社会建设的价值进行辨析,并在此基础上研究了高职大学生创新创业能力面临的关键挑战及能力提升路径。[78]

(四)创新创业与大学生幸福感研究

幸福作为人类的永恒追求,也是教育的终极目标。创新创业教育在推动人才培养范式深刻变革的同时,必须回答"教育如何给予人的幸福"相关涉及的问题,以提升人的教育获得感和幸福感。李颖(2020)认为创新创业教育之所以关涉幸福,是因为其激发个人幸福、促进社会幸福、倡导奋斗幸福,明确教育的幸福指向;创新创业教育之所以能切入人的幸福,是因为其秉承德育为先、坚持"以生为本"、重视个体发展,引导人正确理解、准确把握幸福;创新创业教育之所以能对人的幸福有所作为,是因为其讲求"道明""法当""术精",极大改善个体生存和发展的外在条件,有助于人对幸福的追求。[79]赵策等人(2022)从农村创业者的主观幸福感是否会影响农村创业企业的创新行为,认为农村创业者主观幸福感能够有效地提升企业的创新水平。农村创业者主观幸福感主要通过激发企业社会责任的履行,进而促进企业创新水平的提升。农村创业者主观幸福感对企业创新的促进作用,并不因创新类型、地域、行业的不同而存在明显差异,但男性创业者的主观幸福感对创新水平的影响作用比女性创业者更为积极。[80]相关研究数量还比较少,未发现从高职学生创新创业角度来研究主观幸福感。

三、国内外研究评述

纵观现有研究成果,关于创新创业能力的研究主要集中在培养方式、创新创业内涵、维度构成、影响因素等四个方面。学校负责创新创业理论教育,政府提供政策支持,并联合企业给学生提供创新创业实践平台,实现理论和实践完美结合。在相当一部分高校中,还缺乏具有重视性的创新创业教育和比较完善成熟的框架体系。尽管近年来高校进行了创新创业教育地展开工作,但培养目标不够明确,功利性思维仍然存在。关于大学生创新创业能力内涵和维度构成的研究,学者们更倾向于认为创新创业能力是一种基于创业过程视角的综合能力的研究。关于大学生创新创业能力培养的研究,首先是培养理念,主要存在两种不同的观点,一是为了培养大学生的综合素质;二是为了解决现实问题,以创业促进就业;三是培养现状和问题研究,目前大学生的创新创业能力水平参差不齐,问题比较突出,大学生自身素质、创业氛围、创业课程、师资队伍、实践管理平台等方面均存在问题。

关于创新创业能力的研究为后续研究者做进一步的思考提供了理论依据,但还有很大的研究空间值得我们去探索。首先,我们与国外研究相比,起步较晚,理论基础和培养体系不够完善,后续研究力图结合中国实际,从中国国情出发,构建一套适合我国特点的创新创业能力体系,从根本上夯实创新创业能力的理论基础。其次,创新创业能力最早的研究对象更多的是针对企业家展开的,关于大学生的很少,特别是针对高职学生创新创业能力的研究更显不足。近年来,由于大学生就业压力日益严峻,国家、高校和社会方面提出各种惠民政策鼓励和支持大学生创新创业,关于大学生创新创业能力的研究越来越受到重视,但是学者们的研究大多是参考国外的研究展开的,而国外关于大学生创新创业能力的研究更多的是企业家,我们直接拿来研究大学生群体,得出的结论会有偏差。这就需要我们深入探究高校学生群体的特点,"广谱式"创新创业教育则更是适合学生的创新创业能力的培养,"岗位创业"则更是接地气的创新创业模式,在国家不断强调职业教育适应性及深化产教融合的大背景下,立足岗位的创新创业应是研究的重点。同时,在创新创业活动中,对于学生的满足感和幸福感的研究明显偏少,而在创新创业过程中的满足感和幸福感会不断激发学生的学习和实践兴趣,提升其主观能动性,这明显有利于创新创业能力的提升。

基于此,本书将从高职院校产教融合工作展开,以高职院校学生创新创业能力提升为主线,在第4章阐述职业教育适应性文化认知,从而进一步探讨产教融合的研究热点,并从实践角度研究产教融合型企业参与高职院校创新创业项目治理;在第4章从创新创业的基本概念入手,介绍创新创业能力的构成,同时,以高职学生在创新创业过程中的主观幸福感为研究主体,对调查结果进行研究分析,并提出措施;接着在后续篇章中提出创新创业活动的新视角并从实践角度讲述创新创业具体内容。

第三节 理论基础

产教融合是职业教育的基本理念,校企合作是核心办学的形式,但是当前职业教育中的产教融合度不深、校企合作积极性不高等问题是制约我国职业教育高质量发展的瓶颈性问题。破解这一问题需要对职业教育发展的外部环境及自身属性等方面进行统筹考虑。这些方面包括职业教育与社会经济的关系,职业院校与行业、企业等组织的关系,职业教育的治理等内容。产教融合型企业的出现,改变了传统的职业教育与产业的关联模式、职业院校与企业的合作方式,并提出了新型职业教育机构治理结构的构建等现实命题。这些改变是否具有合理性这些改变能否适应产教融合、校企合作的要求这些问题的回答需要回归到理论可行性。

本节根据产教融合型企业及创新创业能力所涉及的基本理论问题,选取供需理论、利益相关者理论、治理理论及计划行为理论,尝试构建产教融合型企业的理论基础,从而为产教融合型企业的理论改革和学生创新创业能力的提升的理论依据。

一、供需理论

需求和供给是经济学的基本要素,两者之间的相互作用直接影响了市场运行情况并决定了整体经济的发展状况。在微观经济学中,任何商品的价格都是由商品的需求和供给这两个方面的因素决定的。商品的需求是指消费者在一定时期内,在各种可能的价格水平下愿意而且能够购买的该商品的数量。供给是生产者在一定时期内的各种可能的价格下愿意而且能够提供出售的该种商品的数量。

(1)马克思的供求理论。马克思供求理论是马克思主义政治经济学的重要组成部分,立足于劳动价值论。马克思从经济本质关系的角度,对供给与需求关系的性质、相互联系及其他经济范畴的关系做了解释,并提出了供求关系在经济关系中的重要地位。马克思供求理论不仅对资本主义经济运行中市场供求特点和规律做了分析,还从一般市场角度分析任何经济条件下供给和需求的本质、特点及其相互关系作用。马克思供求理论从微观角度界定了供给和需求,研究了市场供求与市场价值、市场价格、市场竞争之间的关系,也从宏观角度研究了社会总产品供给和需求、社会总供求平衡及失衡,并且专门考察了资本主义经济危机的成因和出路等问题,从而形成了马克思的宏观供求理论。该理论提出,供求关系是商品经济的基本关系,商品经济的许多范畴都可以统一到供求关系之中供给和需求只是一个问题的两个方面,它们都是由生产产生的,处于对立地位的供给和需求彼此很难分清;供给和需求虽然同由生产决定,但二者在量上没有必然的联系,二者真正的联系是社会必要劳动时间;供求关系不决定价值,但决定价格的波动等观点。

(2)凯恩斯的有效需求理论。20世纪20年代,西方社会爆发了历史上空前严重的经济大危机,宣告了新古典经济学的破产,自由放任的经济政策不再被信任。约翰·梅纳德·凯恩斯从整个经济总量分析入手,论证了20世纪30年代的经济大危机是投资水平显著下降的结果,大量失业反映了总需求不足的状况,提出了有效需求决定论;需求会自动创造供给,供给是需求的函数,有效需求总量决定了产出量和就业量的总水平。当社会对生产资料和消费品的有效需求不足时,会导致严重的经济危机出现。而造成有效需求不足的主要原因是三条基本心理规律,即边际消费倾向递减规律、资本边际效率递减规律、流动偏好规律。凯恩斯强调需求在国民经济中的重要作用,有效需求的变动会直接影响国民收入的均衡水平。有效需求对于国民收入的均衡水平具有决定性的作用,应该将其作为经济政策的着重点。整个社会的生产水平,或者说国民收入和就业量,取决于"希望消费什么和希望对什么进行投资",即消费和投资两大要素。依据有效需求决定理论从需求侧提出政策主张,实行国家干预经济,在刺激消费需求和投资需求方面采取措施,扩大有效需求。这些改革对于解决经济危机带来的经济衰退和经济秩序的破坏起到了积极效果。

(3)供给学派理论。1980年里根上台,内外交迫使美国不得不重新思考凯恩斯主义的合理性,从而为供给学派的"时兴"提供了机会。供给学派否定了凯恩斯"需求决定供给"的需求理论,提出了供给理论,强调财政政策的作用不是影响需求,而应该是影响供给,以此来促进私人储蓄和投资。他们认为,"供给创造自身的需求"的"萨伊定律"才是正确的,促进经济的重点应该是刺激生产,在供给方面着力,强调"供给第一",提出要"回到萨伊定律那里去"。创造需求的唯一可靠源泉应该是供给,需求取决于供给,没有供给带来的收入,也就不会有用来购买商品的支出。改善宏观经济运行的最好手段,是增加商品和劳务的总供给,而大幅度减税是增加总供给的最有效措施。供给学派也主张减少政府干预,更多发挥市场主体的作用。该理论强调要让市场机制充分发挥作用,而不能由国家去干预私人经济活动,这种情况下产品过剩和失业现象就不会出现。市场机制自发的调节作用应更加突出,让企业自主经营,从而可以充分发挥企业家的积极性。

诚如供给与需求是经济学的两个基本概念,供需理论也伴随着经济学发展的全过程。本研究所选取的三个具有代表性的理论流派,呈现了供给与需求互动、需求决定论、供给决定论的理论要点。无论是供给还是需求,都是经济活动及其他社会活动的基本要素,在不同的经济条件与社会环境中,二者所扮演的角色具有明显的差异性。当前,我国职业教育改革体现出明显的经济领域倡导的"供给侧结构性改革"的特征。供给学派理论提供了当前职业教育供给侧结构性改革的理论依据,有助于政府统筹、企业参与的职业教育改革有序推进。但是,任何理论都有其局限性,我国职业教育改革需要立足职业教育发展实际,在"需求""供给""需求+供给"等多元理论体系中寻找科学、可行的理论依据。

二、利益相关者理论

利益相关者理论产生于20世纪60年代"股东利益至上论"盛行时期,来源于公司治理领域,是用来阐释"谁是企业所有者"的理论之一。该理论关键之处在于,它认为随着时代发展,物质资本所有者在公司中地位呈现逐渐弱化趋势,即是对"股东利益至上论"的质疑。20世纪60年代末期,在现实经济中奉行"股东至上主义"的英美等国经济遇到前所未有的困难,而企业经营更多体现在利益。在利益相关者理论看来,企业中并不是只有股东才承担了剩余风险,工人、债权人、供应商、社区都可能是剩余风险的承担者。可以说,"利益相关者"理论的出现既是理论发展的必然,也是对原有的经济学理论的修正。利益相关者理论进入20世纪80年代后期影响迅速扩大,促进了企业管理方式的转变,并开始成为影响欧美等西方国家治理模式的重要理论。

利益相关者的概念在其理论体系建构中不断走向完善。1959年,彭罗斯在《企业成长理论》一书中针对企业发展提出了任何企业规模的成长都是利用企业资源与经济资源的结果、企业是人力资产和人际关系的集合等观点。这些观点为利益相关者理论体系建构奠定了基石。1963年,斯坦福大学研究所明确地提出了利益相关者的理论概念,即利益相关者是对企业来说存在这样一些利益群体,如果没有其支持,企业就不可能生存。这一概念具有明显的理论局限性,但它让人们认识到,除了股东以外,企业周围还存在其他的一些影响其生存的群体。此后,埃里克·瑞安曼(Eric Rhenman)提出了比较全面的定义,即利益相关者依靠企业来实现其个人目标,而企业也依靠他们来维持生存。这一定义使得利益相关者理论成了一个独立的理论分支。弗里曼(Freeman)提出了利益相关者的经典概念,认为企业利益相关者是指那些能影响企业目标实现或被企业目标实现所影响的个人或者群体。

随着利益相关者理论体系的完善,利益相关者的分类理论也呈现出多元化的趋势。弗里曼根据利益相关者拥有资源的不同,对企业产生不同影响,划分为三类利益相关者:所有权利益相关者,即持有公司股票的一类人;经济依赖性利益相关者,即与公司有经济往来的相关群体;社会利益相关者,即与公司在社会利益上有关系的利益相关者。弗里德里克(Frederick)从利益相关者对企业产生影响,划分为两类利益相关者:直接的利益相关者,即直接与企业发生市场交易关系的利益相关者,主要包括股东、企业员工、债权人、供应商、零售商、消费商、竞争者等;间接的利益相关者,即与企业发生非市场关系的利益相关者,如各级政府、社会活动团体、媒体、一般公众等。查克汉姆(Charkham)按照利益群体与企业是否存在交易性合同关系,划分为两类利益相关者:契约型利益相关者、公众型利益相关者。克拉克森(Clarkson)根据利益相关者群体在经营活动中承担风险的方式,将利益相关者分为主动利益相关者和被动利益相关者,又根据利益相关者与企业关系的紧密程度分为主要利益相关者和次要利益相关者。前者决定企业的生产,后者对企业运作有间接影响或受到企业的间接影响。威勒(Wheeler)根据社会维度的紧密性差别,相关群体是否具备社会性以及与企业的关系、是否直接由真实的人来建立,将利益相关者分为四类:主要的社会性利益相关者,具备社会性和直接参与性两个特征;次要的社会利益相关者,通过社会性的活动与企业形成间接关系;主要的非社会利益相关者,对企业有直接的影响,不作用于具体的人;次要的非社会利益相关者,不与企业有直接的联系,也不作用于具体的人。米切尔(Mitchell)和伍德(Wood)于1997年提出米切尔评分法,将利益相关者的界定与分类结合起来。卡罗(Carroll)根据利益相关者参与公司关系的正式性,分为直接利益相关者和间接利益相关者。前者由于契约和法律承认的利益而能直接提出的索取权的人或团体;后者是基于非正式关系的利益团体,对公司的影响是次要的;将利益相关者分为核心利益相关者、战略利益相关者和环境利益相关者。核心利益相关者是对企业生存直接相关的人或团体;战略利益相关者是企业在面对特定的威胁或机会时才呈现重要性的人或团体;环境利益相关者则概括了企业存在的外部环境。

利益相关者理论弥补了"股东利益至上"理论观点存在的明显不足,回应了企业作为社会存在的本质属性,为与企业有直接或间接关系的个体或群体系参与企业治理提供理论支撑。企业是由利益相关者组成系统,有责任为所有利益相关者创造财富和价值,其利益相关者也有责任直接或间接地参与企业治理。虽然,理论上关于利益相关者的界定尚无定论,其分类也尚未形成体系,但最终可以归为狭义和广义两个方面。狭义的概念沿用斯坦福大学研究所的思路,基于企业的立场对利益相关者进行界定,将利益相关者界定为在企业活动当中占有重要位置的集团和个人;广义的概念则是基于弗里曼提出的,从利益相关者参与企业双向的视点进行的界定,既包括对企业价值实行有益的利益相关者,也包含不利的利益相关者。

三、治理理论

治理原意为控制、引导和操纵,指的是在特定范围内行使权威。它隐含着一个政治进程,即在不同利益共同发挥作用的领域建立一致或取得认同,以便实施某项计划。而当下对治理的研究也覆盖了经济学、政治学、管理学等众多学科领域。

在经济学领域,治理问题的出现主要来源于所谓的"经理革命"现象,即所有权与控制权分离导致股东与管理者的冲突。传统的公司治理是以保护股东的利益为宗旨,现代股份公司的股权日益分散,所有权与控制权分离,形成了"委托人"(投资人、外部人)与"代理人"(管理者、内部人)之间的委托代理关系。但委托人与代理人的目标不同,一般认为代理人有可能会采取有损委托人利益的行动,所以需要一套制度安排来解决这一问题。奥利弗·伊顿·威廉森将这一制度安排称为企业的治理结构。他认为,经济组织的许多难题引发了对事后治理机制的考察和阐释,治理关注的是各种形式的合约风险的鉴别、解释和缓解。治理是一项评估各种备择组织模式(手段)功效的作业,其目标是通过治理机制实现良好秩序。因此,治理结构可以被视为制度框架,一次交易或一组相关交易的完整性就在这个框架中被决定。

在公共管理领域,治理理论产生于政府和市场的双重"失灵"。在自由主义与新公共管理运动中,研究者在社会资源的配置中既看到了市场存在失灵的可能,又看到国家存在失效的危机,主张用治理替代统治。市场在限制垄断、提供公共产品、约束个人的极端自私行为、克服生产的无政府状态、统计成本等方面存在着内在的局限,单纯的市场手段不可能实现社会资源的最佳配置。市场的失灵使人们看到了市场机制的缺陷,也为政府全面干预经济和社会公共事务提供了空间。在政府职能扩大进程中,政府越来越失去与公民社会的联系,公民无法对公共管理过程实施有效监督,政府也难以预测自己的行为后果,几乎丧失了行政能力,导致了政府失灵。这使得传统上的"政府—市场"二分模式已不能满足公共事务管理的需要,迫切需要培养和扶持第三种力量来参与社会公共事务管理,这就为政府和市场之外的各种非政府组织和非营利组织大量涌现提供了发展空间,这些组织通常被称为"第三部门"。第三部门作为独立于政府和市场之外的一股中间力量,具有一定公益性、自组织性和独立性的特点,它的出现使得社会公共事务管理领域出现了利益相关主体共同参与的制衡体系,突破了原有的"政府—市场"两极结构模式而建立起了"政府—市场—社会"三位一体的多元结构模式。[81]

总的来讲,治理的基本内涵就是由多元权力主体代替单一权力主体,实质则在于权力的转移与重新分配,它是一个相对模糊和复杂的概念。其实质也体现为不同主体之间利益协调的过程,强调利益相关者"共治",联合国全球治理委员会提出的治理的特征进一步验证了这一论断。该机构认为,治理不是一套规则,也不是一种活动,而是一个过程;治理过程的基础不是控制,而是协调;治理既涉及公共部门,也包括私人部门;治理不是一种正式制度,而是持续的互动。职业教育属于社会准公共产品,政府在其中是制度保障者,也是不同主体共同参与其中的动力助推器,而随着我国职业教育产教融合程度的加深,传统的以政府为主导的治理方式难以满足当下职业教育的发展需要。因此,以"治理"替代"统治"的治理理论为职业教育产教融合、校企合作中的政府、行业、企业、学校共同参与职业教育治理提供了切实的理论依据,尤其是为企业参与职业教育治理以及职业教育治理中的政府角色转变提供了理论行动框架。

四、计划行为理论

1963年,Fishbein首次提出了创业信念决定创业态度,进而对创业意愿产生直接影响的"多属性态度理论"(TMA)。随后,Ajzen和Fishbein在该理论的基础上进行了拓展,创新性地提出了以个体行为好恶为核心,认为其他因素均是通过个体态度和主观规范对行为意愿产生间接影响,并在个体行为意愿和采取实际行动中产生中介效应的理性行为理论(Theory of Reasoned Action,TRA)。[82]理性行为理论由个体的实际行为、行为意向、行为态度和主观规范四个理论构成,其内在含义及影响因素如表3-5所示。

表3-5 理性行为理论的变量基本含义及影响因素

变量	基本含义	影响因素
态度	个体对于实施某类行为的好恶程度的心理评估	行为信念的强度、行为结果的评估
主观规范	个体在判断是否实施某类行为时受到的社会约束压力	规范信念、顺从动机
知觉行为规范	个体感知实施某类行为时的难度	控制信念、知觉强度

1991年,Ajzen在《计划行为理论》中对理性行为理论进行了思想凝练和深入研究,由此提出计划行为理论,这标志着计划行为理论走向成熟。计划行为理论指出个人创业意向的强烈程度直接影响其创业实际行动的产生。计划行为理论的基本假设:个体是否有动力采取某一行为时直接取决于个体意向。Frese对该理论的内在含义做出了进一步阐释,认为行动是其研究重点,"计划"这一思想体现在个体行动整体"认知"与"行动"过程中,其主要观点如表3-6所示。

表3-6 理性行为理论的变量基本含义及影响因素

观点	内容
行为态度、主观规范及知觉行为控制	个体态度积极性、来自他人支持力度、直觉行为意向均呈现显著的正相关关系
TPB视角	个体行为受到了意志力和非意志力两方面的限制,在条件不充分的场景下,容易受到意志力和非意志力共同限制,而在条件充分的场景中,仅取决于个体意志力强弱
知觉行为控制	控制条件不清晰的情况下,知觉行为控制可作为替代测量指标
行为信念	个体行动信念强弱受到调节的约束,是其行为认知的基础
影响因素	个体独特的属性和特征通过"行为信念"间接影响个体行为意愿和实际创业行为

计划行为理论将个体实际行动与行为意愿进行无缝对接,强调行为是可以通过引导而被准确预测的。学者Ajzen将个体行为态度、主观规范及知觉行为控制作为评判个体行为意向的三个决定性因素,并被之后的研究学者以定性和定量相结合的方式进行表达和测量,解决了定量分析个体行为的研究难题。

第四章 职业教育适应性视域下产教融合推进

第一节 增强职业教育适应性的文化认知

"增强职业教育适应性"于2020年10月在《中共中央关于制定国民经济和社会发展第十四个五年规划和二〇三五年远景目标的建议》中首次提出。习近平总书记在2021年全国职教大会上再次强调"增强职业教育适应性",同年10月,中共中央办公厅、国务院办公厅印发《关于推动现代职业教育高质量发展的意见》,在职业教育高质量发展的指导思想中,明确提出"切实增强职业教育适应性"。高等职业教育作为高端技术技能人才的培养主体,越发成为重要的教育类型。"增强高职教育的适应性"是社会发展提出的时代命题,这是遵循社会需求的内在逻辑,也彰显了新时代中国特色社会主义办学价值。[83]在增强职业教育的适应性的实践中,高职院校持续推进校企合作、产教融合。然而,企业与高职院校的联盟关系存在模糊性高的现象,是合作伙伴关系还是客户关系,有时难以确定,而企业参与合作的目标存在自我中心性,导致合作紧密性不强、持久性不高、积极性不足、信任度较弱。[84]如何解决校企合作,剃头挑子一头热,调动企业参与高等职业教育的积极性?要推动企业深度参与高等职业教育,高职院校和企业树立教育"共同利益"理念显得尤为重要,教育向"共同利益"转变的理念已于2015年由联合国教科文组织正式提出,这一理念的推进和革新也势在必行,"增强职业教育适应性"是高职院校和企业"共同利益"的目标指向,而对"增强职业教育适应性"的文化—认知则指导着行为人的活动。因此,要明确高职院校与企业之间的合作关系,使"职业教育适应性"向纵深及可持续性发展,有必要以"共同利益"理论视角研究"增强职业教育适应性"利益攸关方的文化—认知。

一、相关概念的内涵

(一)职业教育适应性的内涵意蕴

要探讨增强职业教育适应性,前提是要准确理解职业教育以及适应性的内涵,职业教育是培养复杂职业能力的教育,是一种需要在更高学制层次的教育,是需要多层次培养体系的教育。"适应"解释为"适合",这是《现代汉语词典》的解释,《辞海》对"适应"的解释则有:"恰巧应验;适合客观条件或需要;生物在生存竞争中适合环境条件而形成一定性状的现象,是自然选择的结果;个体随环境的变化而改变、调节自身的同时,又反作用于环境的互动过程"。可以看出,这些解释阐明了适应的本质即"主客体的共存和互动的关系。共存关系不仅需要关注自身,还要关注其所处的外部环境;互动关系则是考虑适应整体的系统性以及关系的和谐性,此时已经不是单方面的'适'与'应',而是'适应'的更高层级的发展"。从社会学角度来看,现代功能结构主义的创始人帕森斯认为"适应"强调的是系统对环境的适应和互相影响性,即"在环境造就的'现实要求'面前,系统必须顺应其要求并有积极的改造情境",在现实表现上,"适应具有维持性适应、动态性适应、改造性适应或前瞻性适应等多层意蕴"。

2022年5月1日新修订的职业教育法明确提出"国家大力发展职业教育,推进职业教育改革,提高职业教育质量,增强职业教育适应性"。"增强职业教育适应性"可以有力地促进建立健全适应社会主义市场经济和社会发展需要、符合技术技能人才成长规律的职业教育制度体系。目前,高等职业院校通过多种形式与企业合作深化产教融合,加强对高素质技术技能人才的培养,高职院校所培养毕业生的社会适应性,体现了职业教育的适应性。要突出社会需求对高职教育人才培养的指引作用,推进高等职业教育面向社会、产业、企业办学,使高等职业教育"成为经济活动的内生变量,成为构成产业链发展变化的重要因素"。可见,增强高等职业教育增强适应性的过程,就是高等职业院校与企业加强合作不断深化产教融合的过程,是随着经济社会不断发展的过程。

(二)职业教育共同利益的意蕴

从词义上来看,"'共同利益'在《牛津高阶英汉双解词典》的解释是 common interest 和 general interest,指影响所有人或绝大多数人的事物"。解释中的"所有人",在现实中是具备边界性的,指向的是"有着相同生活空间的群体,他们的日常互动和交流组成了这样一种共同的利益"。2015年由联合国教科文组织提出了"教育"是全社会全人类的"共同利益"理念,"高等职业教育"作为"教育"的重要组成部分,它的发展将促进其面向的组织及个体得到发展,这种发展不是简单的经济利益或是社会利益,而是一种普惠性的人类福利,且根本无法简单测量。高等职业院校和企业不论是从组织层面还是从组织内的个体成员层面,需树立"增强职业教育适应性是其共同利益"的理念,并内化到文化—认知层面,是发自内心地认为"理所当然"!

二、"增强职业教育适应性"文化认知的研究设计

(一)方法及理论

本节从"公共利益"视角以高职院校和企业为切入点,依据组织分析的新制度主义理论文化—认知要素类属,采用半结构访谈和扎根理论相结合方法探讨增强职业

教育适用性的文化—认知要素,总结高职院校和企业实际行动中的悬浮表征及路向选择。组织分析的新制度主义学者对制度的范围是这样界定的,除了法律、法规等正式制度以外,还包括非正式制度比如文化和认知,这些都将规范或是引导着个体的行为。[85]斯科特(W. R. Scott)提出了制度中所包含三种类型的制度要素,即"为社会生活提供稳定性和意义的规制性、规范性和文化—认知性要素,以及相关的活动与资源"。[86]第一类是必须遵守的法律和规章等制度形态属于规制性制度要素;第二类是行为者应当遵守的规范、义务和责任等制度形态则属于规范性制度要素;第三类是文化—认知性制度要素,主要包括认为理所当然的知识和信念,同时也包括看待特定问题的认知图式及思维方法。组织分析的新制度主义理论强调文化—认知性制度要素同样会影响组织和个体的行为。

(二)样本选取

案例样本选取应尽可能涵盖增强职业教育适应性研究情境的校企各领域,本文选择了江苏省属的2所高职院校以及与其合作的10家企业(每所院校5家)企业为案例。其中一所高职院校是国家骨干高职院、国家"双高计划"建设单位,另一所是省级示范性高等职业院校、江苏省中国特色高水平高职学校,两所高职院校都高度重视"增强职业教育的适应性"的推进工作。选择的访谈企业与高职院校合作多年,被访谈人是校企合作、产教融合工作中的相关人员,对此项工作有较多的认识和工作经验,企业类型主要是制造业和现代服务业,企业性质有国有企业也有民营企业,以提高理论研究的饱和度。

(三)数据收集

为了提高收集资料信度,本研究采用三角检定法多渠道收集数据资料,保证数据资料的三角来源验证。资料来源方式主要有:第一部分,高职院校校企合作部门负责人、二级学院院长、专业建设负责人、实习指导老师等的半结构化现场访谈;第二部分,企业负责产教融合项目的高管、人力资源部经理、企业师傅等的现场或电话访谈,访谈对象共26人(具体人员及内容编码见表4-1);第三部分,对案例学校及企业的《2021学年度高等职业教育质量年度报告》《企业参与高等职业教育人才培养年度报告》、新闻报道、前人研究文献等数据进行了收集,形成全面、充实的数据资料。

访谈大纲主要涉及学校及企业产教融的现状、"共同利益"视角下校企增强职业教育适应性的收益及动力因素、增强职业教育适应性举措、创新创业教育对增强职业教育适应性的推动作用、在增强职业教育适应性工作上的制约因素等。对26个访谈文本导入NVivo11质性分析软件,对访谈内容的词频进行分析,访谈词汇云(前30)及访谈聚类分析图(前10)如图4-1所示,可以看出要增强职业教育的适应性,访谈者最为关注的是"企业""职业""变化""教育""合作"等因素,这也证明了访谈内容是紧紧围绕研究主题进行的。

表 4-1 访谈对象明细表

样本单位 名称(性质)	访谈对象	访谈文本 编号	样本单位 名称(性质)	访谈对象	访谈文本 编号
XA 高职院 (省级示范)	校企合作办主任 二级学院院长 专业建设负责人 实习指导教师	XA01 XA02 XA03 XA04	XB 高职院 (国家骨干)	校企合作办主任 二级学院院长 专业建设负责人 实习指导教师	XB01 XB02 XB03 XB04
QA 企业 (食品加工)	项目高管 人事经理 企业师傅	QA01 QA02 QA03	QF 企业 (食品加工)	项目高管 人事经理 企业师傅	QF01 QF02 QF03
QB 企业 (网络科技)	项目高管 人事经理 企业师傅	QB01 QB02 QB03	QG 企业 (药品制造)	项目高管 人事经理 企业师傅	QG01 QG02 QG03
QC 企业 (智能制造)	项目高管 人事经理 企业师傅	QC01 QC02 QC03	QH 企业 (酒店餐饮)	项目高管 人事经理 企业师傅	QH01 QH02 QH03

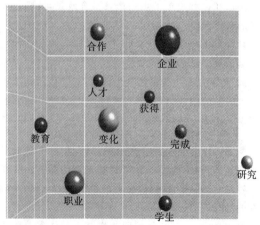

图 4-1 NVivo11 访谈词汇云及聚类分析图

(四)数据资料分析

采用程序化扎根理论三级编码方法,对访谈文本信息进行提炼分类和编码(开放编码、轴心编码和选择性编码)。开放编码就是将谈话中的语句分解并提炼成相关概念,形成相应范畴;轴心编码阶段,对上一步形成的范畴进行分析,归纳出主范畴;最后一步是进行选择性编码,对主范畴间的关系进行比照和分析,确定选择性编码,也就是核心范畴。按上述编码方式,最终得出"合作动机"文化—认知图式、"自我身份"文化—认知图式、"创新创业"文化—认知图式核心范畴。这三个认知图式是基于"共同利益"视角,归纳出被访谈者对"增强职业教育适应性"的文化—认知要素,体现了访谈者对"增强职业教育适应性"的内在理解是由外在的制度、环境所塑造。为了保证编码效度,即提升研究结果与实际情况相符程度,本研究邀请了本领域专家进行了有效性检验,部分编码示例如表 4-2 所示。

表 4-2 编码示例

访谈内容 (原始片段)	开放编码 (相应范畴)	轴心编码 (主范畴)	选择性编码 (核心范畴)
企业转型升级对高素质技能人才提出了强烈需求; 企业能得到合适人力资源且成本很低,同时企业通过对实习生的指导,可以强化其培训能力,有利于技能师傅的培养; 我们和学校联合申报现代学徒制项目,企业获得政府补贴	企业压力、技能人才需求、低成本、内部培训、政府补贴	经济利益	"合作动机" 文化— 认知图式
国家和省市颁布了系列产教融合政策,鼓励企业开展校企合作; 社会责任的驱使,企校合作让公司完善了人性化管理的理念; 通过实习,学生能得到现场锻炼,对于以后的工作有个提前的适应过程,学校人才培养就能与地方经济发展相适应与企业需要相适应	产教融合政策、响应政府、社会责任和义务、地方经济发展	社会利益	
职业教育的发展符合大家的共同利益,不是的单纯的经济利益,而是一种可持续发展的能力。共建产教融合集成平台,提高企业的科研能力,这也是潜在的利益; 提供高质量、有特色的职业教育正是体现着职业教育的适应性,这也提升了人们生活质量; 职业教育的发展符合全社会的利益	教育共同利益理念、职教共同体、职业教育与美好生活需求	职教普惠	

三、"增强职业教育适应性"文化认知图式的内容

(一)"合作动机"文化—认知图式

1."合作动机"文化—认知图式的现实表现

合作动机是校企双方进行产教融合、增强职业教育适应性的起点和基础,本研究发现"合作动机"文化—认知图式现实表现主要有经济利益、社会利益、职教普惠三个方面。NVivo软件对访谈文本编码的矩阵编码查询结果显示,企业人员对合作动机的认知以经济利益为主(编码参考点比重达到53.9%),把职教普惠作为合作动机的比重仅为11.92%。高职院对合作动机的认知以社会利益为主(编码参考点比重达到66.38%),把职教普惠作为合作动机的比重为21.62%,编码参考点数量分布如图4-2所示。教育是人类社会共同利益的体现,不仅是经济利益和社会利益。提供高质量、有特色的职业教育正是体现着职业教育的适应性,这也提升了人们生活质量(XA01)。

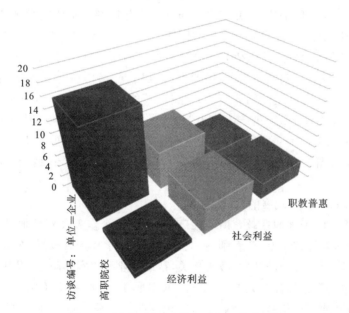

图4-2 "合作动机"文化—认知图式统计图

职教普惠的内涵体现着教育是人类共同利益的理念,基于教育是全球共同利益的基点上,包括职业教育在内的各类教育,在教育共同利益理念上,应不遗余力地推动。

2.悬浮表征:职业教育的"结构嵌入"

嵌入理论由匈牙利经济学家波兰尼在分析经济活动与社会关系时提出,认为经

济是嵌入在社会、宗教以及政治制度之中的。延伸到社会科学领域,嵌入存在着不同的阶段,简单来说,就是从"结构嵌入"向"关系嵌入"发展,若嵌入主体在社会经济领域仅是"结构嵌入",则合作表现常为低水平"貌合神离",只是维持了合作的结构,缺少深层次的互动。这在很大程度上可以解释校企合作中的不同动机对职业教育存在的适应性影响。作为社会子系统的职业教育,肩负着培养技术技能人才的重任,坚持面向市场是其办学特征之一,从人才培养的起点到终点都与社会经济发生着各种关系,是一种嵌入模式。为增强职业教育的适应性,产教融合、校企合作是高职院校及合作企业的重要抓手,合作的动机影响着合作的行为,而低层次的经济利益动机仅带来了职业教育的结构嵌入,结构嵌入强调社会网络的整体功能和结构,但主体间的亲密程度低、互动的持续时间短。

(二)"自我身份"文化—认知图式

1. "自我身份"文化—认知图式的现实表现

自我身份认知决定着个体在不同环境或是场合下的行动,同时解释自己为什么这样做、我的本职工作是什么,并把自己与其他人相区别。本研究发现,"自我身份"文化—认知图式现实表现主要有命运共同体、企业员工、学校教师三个方面。NVivo软件对访谈文本编码的矩阵编码查询结果显示,企业高管及学校合作办主任"自我身份"文化—认知以命运共同体为主(编码参考点比重达到100%);人事经理对"自我身份"文化—认知为"命运共同体"及"企业员工"的比重为49.76%和50.24%;二级学院院长对"自我身份"文化—认知为"命运共同体"及"学校教师"的比重分别为65.75%和34.25%;而企业师傅的"企业员工"的身份认知比重为100%,学校专业建设者及实习指导老师的"学校教师"的身份认知比重为100%,编码参考点数量如图4-3所示。

2. 悬浮表征:合作发展的"齐心协力"

表面上看,在"增强职业教育适应性"背景下校企合作轰轰烈烈地进行着。企业高管这样表述,实施校企专家、教师"互兼互挂"制度,学校选派教授、博士等高层次人才进驻企业,联合开展新品开发、技术攻关,帮助企业解决实际问题,提升自身实践能力和科研水平,校企联合开发培训项目,承担职工轮训,提升企业员工整体素质(QG01)。但延伸到单位基层,企业参与的积极性并不是太高,我们学校进行专业建设以上级评审要求进行建设,学校是专业建设的主导也是主体,企业参与多是形式或是文件这样要求的(XA03)。可以看出,本位主义是"自我身份"认知—图式的本质,如教师认为"我的身份是老师",我的本职工作是做好教学工作;再如企业师傅认为"我是企业员工",我的责任是完成企业生产。这些认知—图式在一定程度上阻碍了校企资源共享。学校和企业的合作发展看似"齐心协力",实则合力不足,合作双方从领导层到基层的思想也未统一起来,影响了校企合作效果、阻碍了增强职业教育适应

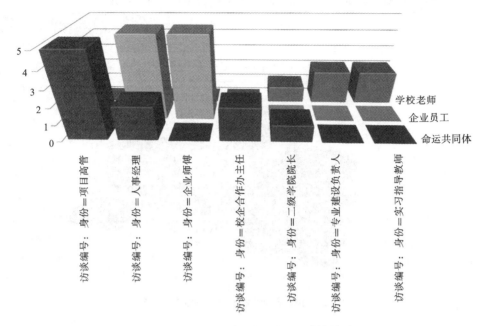

图 4-3 "自我身份"文化—认知图式统计图

性行为的实施。

(三)"创新创业"文化—认知图式

1. "创新创业"文化—认知图式的现实表现

目前,创新创业(以下简称"双创")教育已经成为高职院校大学生的必修内容,"双创"教育已是我国高等教育实现内涵式发展关键,主动适应经济发展新常态,推进教研与实践相结合,提升学生的创新创业能力,是创新创业教育的核心,并以此作为突破口不断推进我国高等教育改革发展,几乎每所高校都建立了大学生"双创"实践基地,并且积极参与国家、省举办的大学生"双创"大赛,"双创"教育已经成为高校一种新的学术风气。然而"双创"教育在推进中依然面临着如何融入教育教学全过程的难题、如何增强社会适用性的困惑,究其原因主要是人们在思想上还没有完全认同,且认识差异大。创新创业能力培养从根本上来讲应是一个育人系统,研究对象不再是某个学生的个体发展,而是将培养活动作为研究单元。

"创新创业"文化—认知图式现实表现主要有"双创"教育、"双创"能力、岗位"双创"三个方面。NVivo 软件对访谈文本编码的矩阵编码查询结果显示,企业人员对此的文化—认知以"双创"能力、岗位"双创"为主(编码参考点比重为 56.22% 和 22.34%)。高职院对"创新创业"文化—认知图式以"双创"教育为主(编码参考点比重达到 66.67%),

而"双创"能力认知的比重为33.33%,编码参考点数量如图4-4所示。

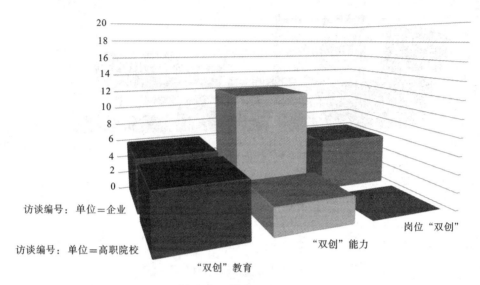

图4-4 "创新创业"文化—认知图式统计图

"双创"教育文化—认知图式体现在教育内容及课程设计,如创新创业教育的内容在实习岗位上用处不大(QF03)。创新创业课程太过于单一,且有一刀切的现象,各类专业都开设相同的课程,与专业课程的融入性并不是太高,学生对此的满意度并不是太高,学生出去哪能都去创业啊(XB02)。"双创"能力应是体现个体在实现个人事业目标并为之努力奋斗的能力总和,创新意识和创造性人格是其根本,以"双创"潜能的激发及训练为过程,以"双创"关键能力的具备为目标,形成"塑造人格"——"激发潜能"——"具备能力"的培养体系。如在企业实践教学过程中,充分利用企业的知识系统,通过大容量、高密度,以及多渠道的信息显示,激发学生的创新思维能力(QA02)。学生实习基本上在企业生产现场,创新创业的知识似乎在这里的用处不大。创新创业的潜质其实每个人都有的,这是要不断挖掘并锻炼的。创新创业教育不能仅局限在校内进行,在实习环节进行"双创"能力教育显得更加重要,效果也会更好(XA04)。岗位"双创"文化—认知图式中创新体现在立足本职岗位通过不断提升自己适应岗位环境,创业体现在为实现岗位目标不断努力的过程,即岗位创业,而不应是狭义的创办企业。如创业的范围不应只是创办企业,在基层岗位上也需创业能力(QB01)。

2. 悬浮表征:创新创业的"绚丽多彩"

开展创新创业教育,多是以创新的方案(创意)及创业知识内容为基础开展的,激励人心的成功案例,驱动着学生的创业欲望,而这种模式带来了教学过程的"热情奔放"、比赛项目的"华丽多姿"、落地实施"寥寥无几"现象。究其原因是对"双创"能力理解的窄化,导致了"双创"行为的片面化。而应以能力及岗位需求出发,打造能力基础上的"岗位创业",这种"双创"教育才能"开花结果"。

四、建议及对策的落地路向

本节研究发现,基于教育"共同利益"视角,归纳出被访谈者对"增强职业教育适应性"的文化—认知图式,得出"合作动机"文化—认知图式、"自我身份"文化—认知图式、"创新创业"文化—认知图式核心范畴。这三个认知图式体现了访谈者对"增强职业教育适应性"的内在理解是由外在的制度、环境所塑造。这些认知图式反映了学校老师、企业人员的对于合作、角色及创新创业的理解,这种理解导致其在增强职业教育适应性进程中的行为:"共同利益"文化—认知图式中,"经济利益"文化—认知图式、"社会利益"文化—认知图式,将使企业与高职院校的应然与实然出现偏离,教育共同利益认知不足,影响校企合作行为;"自我身份"认知图式使得基层行为人形式上完成本职工作"合法化",这将直接影响校企合作的效果,不利于增强职业教育适应性;"创新创业"认知图式则放大创新创业知识功能、削弱创新创业能力和岗位创新创业的功能,导致学生走上工作岗位上的"双创"能力不足、适应性不强问题。建议从以下几个方面入手,不断增强职业教育的适应性。

(一)共同利益的职业教育关照,完善职业教育"关系嵌入"

从教育是人类"共同利益"的视角来看,教育的终极目标是人与环境的和谐共生,实现人类可持续的幸福生存,这种理念的树立,是一个不断推进的过程,包括高等职业教育在内的各类型教育主体承担着"共同利益"理念的启蒙唤醒、传播熏陶、精神塑造的任务。高等职业教育作为技能型社会发展的推动力、大国工匠精神的重要传播者,不断深入"职教普惠"文化—认知图式的内容,将职业教育是人类"共同利益"理念发扬光大,是当下工作的重点。具体来看,在校企合作、产教融合过程中,高职院校与社会经济及产业企业的合作,需从简单的"结构嵌入"转向合作更为紧密的"关系嵌入"。"关系嵌入"与"结构嵌入"相比,表现为嵌体与被嵌体得更紧密融洽的互动、更持久深入的合作。不可否认,从"结构嵌入"转化为"关系嵌入"是合作主体命运共同体形成的过程,也是不断增强职业教育适应性的过程,这个过程要求合作主体首先有共同的追求,即"职业教育共同利益观",而后推进校企合作、产教融合、增强职业教育适应性则是"水到渠成"的应有之举。

(二)扫除"自我身份"认知图式的障碍,建立"共享平台"

新修订的《职业教育法》明确提出"要建立健全职业教育教师培养培训体系,鼓励行业组织、企业共同参与职业教育教师培养培训。鼓励职业学校聘请技能大师、劳动模范、能工巧匠、非物质文化遗产代表性传承人等高技能人才,通过担任专职或者兼职专业课教师、设立工作室等方式,参与人才培养、技术开发、技能传承等工作。"校企合作、资源共享的关键在于知识与技术在学校和企业之间流动和共享,目前产业学院的建立就是共享平台建设的现实表现,这需要落地务实的合作内容,实现学校的科研成果、知识技术与企业的知识技术需求产生共振。产业学院作为知识和技术的共享平台,需要校企双方联合制定灵活的人员流动机制和管理制度,扫除"自我身份"认知图式的障碍,特别是强化基层工作者校企共同体意识。学校通过专职聘用或兼职聘请的方式,赋予企业技术人员以教育专家的身份,吸引企业技术骨干到职业院校。在校企共建知识共享平台的背景下,学校教师对于跨场域的工作情境将不再陌生,企业场域的工作内容内化到本职工作中,对职业的跨场域工作特质视为"理所当然"。同时,以知识技术共享平台为载体,企业员工"自我身份"文化—认知将扩大到校企合作共同体当中,常态化地参与到职业教育当中来。

（三）创新创业能力培养,立足岗位"开花结果"

要培养学生创新创业能力,就必须从实际出发,职业教育适应性的一个方面就是其培养学生的社会适应性、岗位适应性。理论需要实践来检验,学生在实践的过程中才能发现所学"双创"知识和理论的实用性,培养创新创业能力的源泉就是要立足实践。个体的活动与现实生活紧密相关,教育的功能正是要个体适应现实的生活,这是教育的底线,超越了这个底线,教学将是虚无缥缈的,学生的适应能力又将从何谈起。创新创业教育若不结合实际,其教育过程很容易变得空洞、飘浮,学生感受不深、理解不透,面对创业风险更是望而却步。

创新创业是思想指导行动的过程,不论何种创新创业,都是由具体行动的实施构成的,创新创业能力就体现在行动过程中。学生创新创业能力培养,要求教学要联系社会及企业的现实需求,根据不同岗位、不同角色围绕真实问题情境来展开,随着学生对岗位及真实问题情境的深入理解,学习知识的动力在加强,能力同时得到提升。每个人都有"创新创业"的潜能,教育的过程应是激发潜能的过程——改变自己不断适应环境的能力就体现了自己的创新能力,立足本职岗位为实现目标而不断努力的过程也是创业能力的体现,所以"创新创业"不能将其"窄化"为申请专利及创办企业。高职院校和企业应通力合作,结合职业素养的岗位要求,不断提升学生的"双创"能力,做到立足岗位的"开花结果"。教育本质就是"发展人"并造就幸福生活,而创新创业教育让学生知识技能的学习与生活相连接,使人具有更大的适应性,人生本就是不断适应、完成事业、实现目标的过程,工作也是生活的一部分,创新创业教育应使知识回归到人的生活,使创新创业能力也应成为一种生活能力。

第二节 职业教育适应性背景下产教融合的研究热点

职业教育产教融合研究涉及十分广泛,"订单培养""协同育人""现代学徒制""集团化"等领域是研究热点。近几年来,集团化办学、现代学徒制、混合所有制成了研究热点,备受理论界关注。[87]

一、持续性研究热点——集团化办学

职业教育集团化办学是我国职业教育改革领域的重要亮点,集团化办学也一直是职业教育研究的热点,2000年以来,以职业教育集团为主题的发文量达到3068篇。可见,职业教育集团化办学作为中国特色的办学模式,备受理论界关注。分析这些文献发现,对集团化办学的研究呈现以下特点。

(一)从历史视角来审视集团化办学产生的必要性和合理性

众多学者从集团化办学诞生、发展、壮大的历史发展逻辑中,试图寻找出其存在的必要性、合理性及其对职业教育的影响。刘晓等人认为职业教育集团化办学自20世纪90年代开始探索,现已逐步发展成为中国特色职业教育改革发展的模式创新。郭国侠等人认为1992年以来,随着经济体制改革逐步深化、社会主义市场经济体制建立、完善,我国职业教育集团化办学由无到有、由少到多、由弱到强,已成为我国职业教育发展中一项重要的制度创新。崔发周认为职教集团在我国现阶段具有不可或缺性,是中国特色职业教育的基本特征,可以促进职业教育资源得到最佳配置和综合利用,其逻辑起点是"市场失灵"和"政府失灵"。武俊晖从命运共同体角度,阐释了职业教育集团化的办学内涵契合命运共同体理念,集团化办学目标与培养模式遵循命运共同体内涵,符合当今人类社会经济的发展。集团化办学的重要作用和强大功能使其诞生和迅速推广具有一定的合理性和必然性,是我国职业教育改革发展的重要亮点,正在逐步成为中国特色职业教育走向世界的名片。[88]

(二)从集团化办学功能角度分析集团化办学的独特优势

大多数研究者从实践角度阐述了集团化办学的作用和意义,其结论都是基于自身集团的办学特点,其高度和凝练都有一定的局限性。郭国侠等人则从集团化办学"实然"功能显现和"应然"功能的角度,理性而又系统地回答了这个问题,尤其是对集团化办学的特有优势进行了分析,认为职业教育集团化办学具有完善职业教育管理体制的功能,承担了"中观"层面的管理职能,以职业教育中观组织的角色,填补职业教育管理体制中的空缺,有效连接宏观与微观,完善职业教育从宏观到中观再到微观的组织管理框架。事实上,职业教育集团化办学,已经通过职业教育集团这一平台,使不同主管部门、不同经费来源渠道、具有不同利益的职业院校、企业等职业教育相关主体聚集在同一合作框架内,有限度地突破了现行职业教育管理体制中诸多障碍,为职业教育的管理体制改革探索了方向。相较于校企合作,在职业教育集团框架内,校企合作由原来的单个学校与单家企业的"双边合作"扩大到多家企业的"多边合作"，合作的内容也由开始的毕业生就业发展到职业教育人才培养的方方面面。[89]相对于职业教育传统"一对一"合作，职业教育集团化办学所组织开展的合作活动，体现出更高的合作效率与合作生命力。尤其是行业型职业教育集团，其内涵日渐完善，其效能稳步提升，已经成为推动我国职业教育与产业融合发展的重要力量。根据全国职业教育集团化办学统计与公共服务平台数据，目前全国职业教育集团（联盟）数量近1500多个，行业型职业教育集团总数超过10个。行业型职业教育集团不仅数量众多，覆盖领域也非常广阔，服务于第一产业、第二产业和第三产业。行业型职业教育集团广泛分布于各个产业，有力促进了职业教育资源的整合优化，为我国职业教育办学和育人模式改革奠定了坚实基础，有效提升了职业教育的人才培养质量和社会服务能力。

（三）能否以产权为纽带建立法人型职业教育集团是理论争鸣的焦点

职业教育集团的性质是当前研究的一个重点问题，尤其是以产权为纽带建立法人型职业教育集团成为关注的聚焦点。职业教育集团的性质是一种联盟性教育组织，而非独立法人，一般由具有较大影响力的职业院校或企业发起，经政府教育主管部门批准成立，组织形式和活动形式较为灵活。这种松散型的非法人组织，使得参与者自我认知程度低、合作基础薄弱以及权利义务关系模糊。也正是这种性质，使得职业教育集团中利益相关者之间并没有形成完善的权责利分配机制，导致出现了诸如参与主体角色定位模糊、内部治理机制混乱、预期功能无法实现、共赢利益链条无法形成等问题。随着集团化办学事业的发展，学术界开展了对职业教育集团产权问题的讨论和研究。余秀琴从资源配置角度，提出了职业教育集团化发展的关键是要解决好特定环境中职业教育资源合作配置问题。郭静提出，产权改革是提高职业教育集团核心竞争力的战略突破口，可以从企业法人、事业单位法人和社会团体法人三个类别的法人属性对职业教育集团产权改革的可行性进行研究论证。陈友力从学术资本主义的视角认为"在政府（部门）、行业、企业、职业院校等职业教育集团各主体间建立基于'关键资源''稀缺资源'所形成的利益链是职业教育集团化办学的关键，而产权可以发挥关键纽带作用。"张如鑫、李薪茹等人提出了从多元化的混合所有制产权结构、权责明确的现代法人治理结构和利益均沾的股东利益分配机制三个方面构造了职业教育集团混合所有制办学方式。梁裕等人认为，产权形式的创新是破解当前职业教育集团治理困境的重要突破口。职业院校、行业协会、企业等多方主体通过以资金、设备、技术、品牌等资产入股组建混合所有的股份制组织实体，成员单位依托所有权份额参与集团日常管理与盈余分配，从而使集团获得独立的民事主体资格。现有职业教育集团可以通过牵头职业院校产权重组的方式，允许合作成员单位以一定的资产形式作为对价换取相应的所有权或其他产权，以形成集团内风险共担、利益共享机制。[90]

在理论指导下，近几年，实践中也出现了一些法人型的职业教育集团，截至2019

年底,全国有 72 个法人型职业教育集团,他们有的注册成企业法人,有的注册成民办非企业法人,有的注册成立社团法人,有的注册成事业单位法人。随着《国家职业教育实施方案》和首批国家示范性职业教育集团立项评选,实体化运行职业教育集团已成为未来发展趋势,而职业教育集团成为社会实体组织最基本条件是具有独立法人资质或产权,是"责、权、利"相统一的实体组织。[91] 由此可见,尽管学者对其争论不定,但实践的探索需要职业教育集团逐步实施实体化运行。

(四)丰富的实践成果为国家指导、建设、规范集团化办学提供了依据

2010 年《国家中长期教育改革和发展规划纲要(2010—2020 年)》、2014 年《国务院关于加快发展现代职业教育的决定》、2015 年《教育部关于深入推进职业教育集团化办学的意见》、2019 年《国家职业教育改革实施方案》、2020 年《职业教育提质培优行动计划(2020—2023 年)》等文件,都明确提出要在全国建立一批示范性的骨干职业教育集团,这极大地激发了集团化办学的实践研究。而职业教育集团化办学的研究涉及了宏观与微观、历史与现实等内容,已经基本明确了我国职业教育集团的发展历程、属性,并将实体法人资格的职业教育集团建设及"产权"确证作为职业教育集团化办学的改革方向。在经验总结方面,中国职业技术教育学会连续三年(2015—2017 年)编写了《中国职业教育集团化办学发展报告》和《全国职业教育集团化办学典型案例汇编》,收集了全国若干典型案例,而且中国知网大部分相关文章为各地集团化办学的发展现状、问题分析和经验总结,这些案例为国家示范骨干职业教育集团遴选、地方政府政策制定、行业指导推动等提供了基础和依据。还有诸多学者从制度建设、运行状态、办学共享成效、综合服务能力、保障机制、特色与创新等角度探讨了集团化办学的标准以及示范性职业教育集团的遴选评价指标,试图为国家示范性职业教育集团建设提供参考,以进一步指导、建设、规范好集团化办学。

二、爆发性研究热点——现代学徒制

现代学徒制的概念属于舶来品,我国学者早期研究以"学徒制"为主,起步于 20 世纪 80 年代左右。当时的研究通常将学徒制与职业教育区分来。对现代学徒制的研究,起步于 21 世纪初,开始阶段主要是介绍国外现代学徒制模式,2010 年之后开始关注我国的"现代学徒制"。2011 年至 2020 年,学术界对现代学徒制的研究热情达到前所未有的高度。以"现代学徒制"为篇名搜索,中国知网的文献总量达到 9000 余篇,并在 2016 年出现爆发式增长,2019 年达到 2391 篇。总体而言,对现代学徒制的研究呈现如下特点。

(一)旺盛的研究热情和丰富的研究成果源于政策推动和现实发展需求

《教育部关于开展现代学徒制试点工作的意见》(教职成〔2014〕9 号)的颁布带动

了对现代学徒制的理论和实践研究。2017年《国务院办公厅关于深化产教融合的若干意见》明确提出要"深化全日制职业学校办学体制改革,在技术性、实践性较强的专业,全面推行现代学徒制",以培养具有必要理论知识和较强实践技能的高素质、技能型专门人才。2019年《国家职业教育改革实施方案》明确要"总结现代学徒制和企业新型学徒制试点经验,校企共同研究制订人才培养方案,及时将新技术、新工艺、新规范纳入教学标准和教学内容,强化学生实习实训"。2019年《教育部办公厅关于全面推进现代学徒制工作的通知》重申要在职业院校和企业全面推广和实施现代学徒制。这些政策的陆续出台激发了学者们对我国现代学徒制研究的热忱。一些研究者从理性出发,客观分析了我国实行现代学徒制试点的深刻背景和必要性。徐国庆认为,我国发展现代学徒制的主要目的应当定位于为产业升级提供技术精湛的技术技能人才,为实现技术创新提供具有技术研发能力的技术技能人才。我国实施的是一种主动的现代学徒制发展战略,产业升级对新型技术技能人才的需求,迫使我们要对现有学校职业教育的人才培养模式进行全面反思。只有在继续保持学校职业教育人才培养优势的同时,在企业内部重建师徒关系,全面恢复学徒制,并使二者有机地结合起来,才有可能满足未来我国产业发展对技术技能人才的需求,才有可能实现我国发展现代学徒制的真正战略目的。[92]高鸿、赵昕认为开展现代学徒制试点是国家层面在经济社会改革发展的大背景下,基于职业教育现阶段的发展特点以及未来的发展需求所做出的政策选择,具有强烈的政策导向性。站在服务国家战略发展和提高职业教育自身质量的角度,他们认为我国开展现代学徒制试点和实施现代学徒制有其四个现实背景:一是经济发展新常态对职业教育提出新的挑战;二是"一带一路"和"中国制造2025"等国家战略迫切需要技术技能人才支撑;三是职业教育由规模向质量发展的内在需求;四是终身教育体系构建对职业教育提出的新要求。因而实行现代学徒制"是推进现代职业教育体系建设的战略选择,是深化产教融合校企合作的模式创新,是提升职业教育人才培养质量的根本途径,是培养学生创新精神、实践能力的有效手段",这成为大多数研究者的共同认识。[93]

(二)基于国际比较视角的理论研究成为构建我国现代学徒制路径的依据

现代学徒制理论研究大多是从国际比较视角出发,试图通过借鉴国际经验构建起中国特色学徒制的实现途径。关晶是比较早关注国外现代学徒制的学者,其博士论文提出德国学徒制以职业性为首要原则,建立在利益平衡的合作机制上、高度的企业参与、较为完善的规范体系、提供有力支持的三轨教育体系以及有利的历史文化传统。他又对英国学徒制进行了系统的比较研究。英国学徒制是建立在准市场机制上、雇主占主导地位、学徒制体系阶梯化、培训与考评基于能力结果、体现终身学习社会的理念。[94]

基于德国的"双元制"的现代学徒制研究,孙佳鹏、石伟平通过比较西方经济发达国家职业教育现代学徒制,得出西方现代学徒制具有以下特点:以现代学徒制为职业教育的主导模式,其工学结合的实现形成具有较大的灵活性,但都遵守德国学徒制的"双重"身份、"双元"育人、产教融合,并以培养学生岗位能力为根本的原则。[95]从制度分析的角度来看,德国现代学徒制宏观层次的核心要素是职业和职业能力,中观层次的核心要素是"一致"和"社团主义"原则,微观层次的核心要素是"行动导向"和"以学生为中心"原则。德国现代学徒制最大的优势在于"国家主导、市场驱动"。周红利、张万兴则从人力资源的视角,提出"双元制"的本质是学徒制,"双元制"是"劳资合作"模式,而不是人们通常理解的"校企合作"模式。[96]

英国现代学徒制研究比较系统。从现代学徒制的概念来看,英国是现代学徒制的发起国,其已经形成了完善的现代学徒制体系。因此,英国现代学徒制是比较研究中的热点。杨敏认为英国现代学徒制是对古老的学徒制度的批判继承和创新,它通过工读交替的教学模式成功地实施了校企合作的职业教育,是一种具有独特性和代表性的职业教育模式。[97]陈明昆等人论述了英国政府通过完善法律法规、加强宣传、满足企业需求、简化实施流程、进行经费资助及引入市场机制等方式,尤其是在激励机制方面,构建了在法律法规保障和宣传制度支持下,内部需求激励和外部物质激励为主、第三方激励为辅的企业参与激励机制,提升企业参与学徒制培养积极性,以此推进企业参与学徒培训。[98]孟庆永对苏格兰现代学徒制改革举措进行研究,苏格兰现代学徒制在多层面保障企业决策权,维护好企业主体地位,引入市场机制整合多方优质资源参与现代学徒培养,政府部门可采用购买服务或自设机构的形式协调各参与方的利益诉求,转移承接协调成本,同时制定规范合理的补贴机制,降低培养成本。潘海生、曹星星认为爱尔兰和英国通过完善学徒制法律体系、加强组织体系建设、健全质量监督机制的治理经验,对我国现代学徒制治理体系的构建具有重要启示。刘育锋从完善职业教育体系、发展本科职业教育的角度,对英国学位学徒制梳理分析,提出了强化企业在职业教育教学标准或学徒标准的功能,系统分析同一类别工作不同层级岗位之间的职责、任务和要求,基于企业需求、学生或学徒发展以及适应未来的需求,开发本科层次职业教育教学标准或学徒标准。[99]

通过梳理英国、澳大利亚等国家学徒制发展脉络,提出现代学徒制的本质特征,即功能目的从重生产性到重教育性;教育性质从狭隘到广泛;制度规范从行业协会层面上升到国家层面;利益相关者机制从简单到复杂;教学组织从非结构化到结构化。根据现代学徒制的人才培养方式和实施手段的不同,将西方经济发达国家现代学徒制实现形式概括为四种典型模式,即英国的"三明治"模式、澳大利亚新学徒制模式、瑞士的"三元制"模式和美国的"合作教育"模式。借助制度互补性分析框架对英国和德国现代学徒制的比较分析得出,相互加强或相互弥补是现代学徒制制度互补的两大形式,均衡性系统倾向于相互加强,发展性系统倾向于相互弥补;制度弥补的着力点在于规制性的制度要素;学徒激励的制度互补性核心在于提供良好的学徒职业前景预期；企业激励的制度互补性核心在于降低学徒培训外部性偷猎风险；质量保障的制度互补性依赖学徒培养资质、标准、过程、评价等多个环节制度保障的相互加强；数量功能和质量功能的制度亦存在互补性。

现代学徒制的比较研究围绕西方发达国家现代学徒制的发生、发展及运行，进行了比较系统的研究，已经形成了对西方现代学徒制比较全面的认识。当前，现代学徒制的比较研究越来越关注西方现代学徒制"经验"引入我国的本土化命题。越来越多的研究者立足我国现代学徒制改革中的热点、难点问题，有针对性地去寻找国外经验与做法，众多的国际比较研究成果为我国现代学徒制的政策制定、路径构建提供了非常广阔的视野。

（三）对现代学徒制的基本认识有争鸣，对实施路径和面临困境有共识

在现代学徒制的界定与内涵问题上，校企合作是否是现代学徒制实施的必要条件是一个关键争议点。对此，理论界大多持肯定态度。最有代表性的是，赵志群认为现代学徒制是一种将传统的学徒培训方式与现代学校教育相结合的"学校与企业合作式的职业教育制度"，是对传统学徒制的发展。这是到目前为止认同度比较高的一种定义。在实践中，绝大多数职业院校试图按照这个理论构建各具特色的现代学徒制路径。对此，徐国庆有不同的理解，他认为许多文献把现代学徒制界定为由企业与学校合作共同实施的一种技能人才培养模式，这一界定使得许多高职院校在构建现代学徒制时，仍然把校企合作的构建作为核心内容。然而这一定义并没有抓住现代学徒制的本质，校企合作是现代学徒制深度推进的不必要也不充分条件，更非现代学徒制的核心要素。它是现代学徒制成功实施的一种理想平台，然而即使没有这一平台，也可以通过其他平台实施现代学徒制。同时，就现代学徒制的内涵来说，徐国庆认为，现代学徒制应当有四个最为本质的定义要素，即现代学徒制是基于稳固师徒关系的技术实践能力学习方式，是针对现代工业与服务业中技术技能人才培养的学徒制，是新型师徒学习方式与学校职业教育相结合的人才培养模式，是一种基于现代职业教育的技术技能人才培养制度。但他也承认虽然现代学徒制的构建不一定要以校企合作为必要条件，但校企合作在现代学徒制的系统构建中依然具有重要作用。

其次是现代学徒制的实现路径可总结为加快制度建设、建立国家资格框架、构建新型师徒关系。学者们主要从宏观角度对现代学徒制实现路径进行研究，认为我国全面顺利推行现代学徒制的首要问题和根本保障是做好顶层设计，包括构建职业教育法律体系、建立现代学徒制的专门管理机构、给予经费支持与保障、制定国家制度性框架等。徐国庆提出，现代学徒制应由学徒培养序列和学校培养序列这两个方面的深度合作构成，不同层次的学徒制应与职业教育的不同阶段相结合。孙翠香等人基于17家现代学徒制企业试点的分析，发现企业受到来自学徒、双导师、课程与教学、政策及资金投入等多方面因素的困扰。基于此，拓展学徒招生渠道、厘清学徒身

份、培养学徒契约精神、构建"因企而异"的个性化"双导师"管理制度及管理机制、重构学徒课程体系、开发学徒培养的适切教材、完善和创新关于学徒的政策体系并关注政策执行,是破解企业现代学徒制实施困境的重要策略选择。[100]李朝敏认为,由于校企双方的有限理性、机会主义行为、面临的各种不确定性,以及资产专用性等是造成交易费用高,影响我国企业参与现代学徒制的积极性的因素。对此,可通过构建成本分担机制,建立多方协同育人机制,完善现代学徒制制度建设,推动现代学徒制法治化进程,营造现代学徒文化氛围,以减轻企业的交易费用负担,实现对企业利益的补偿。从案例实证角度出发,以某一职业院校现代学徒制具体实施路径为载体,提出学校要主动挖掘更多的合作企业资源和开展现代学徒制的平台,不要局限于与规模大的企业合作,要多与理念新、特色鲜明、发展潜力大的小微企业或初创企业建立合作,不断拓展和延伸现有的校企合作关系网,这样既为学校的学生提供更为广阔、多样的实习实践平台和就业平台,又能使职业教育更好地服务、扶持区域特色产业和小微企业。同时也为现代学徒制的试点专业选择提供了理论支持和实践样例。[101]

最后是建设现代学徒制所面临的困境。以社会经济学派的社会建构理论为分析视角的研究表明,当前我国高职院校现代学徒制运行机制深受当前制度环境的制约。这种制约主要表现为企业与学徒之间缺乏达成可信承诺的制度基础,学徒权益保障制度的缺失极易导致学徒制异化,行业教育功能缺位造成校企交易成本高涨,劳动安全保护制度的缺失阻碍企业师傅的身份认同。若从法律层面来看,当前我国现代学徒制中的学徒不仅存在着法律身份定位模糊、与企业间法律关系不清等问题,而且司法实践中也存在着劳动者、雇佣者和准劳动者等不同的裁判结果,致使学徒的权利不能得到有效保障。我国试点现代学徒制的过程中,面临着一系列问题和困境,无论是理论研究者还是实践研究者,对以下问题都达成了共识:学徒法律地位缺失、专业教学标准难以支撑现代学徒制运行、企业师傅制度空白、学徒升学路径不畅、企业利益难保障。只有从学历上、制度保障上突破了这些困境,职业院校试点现代学徒制过程中,才能从构建"双主体"人才培养模式,解决"双身份"学生身份问题,形成"双体系"校企课程结构,打造"双导师"专兼师资队伍,建立"双标准"考核评价体系等方面来解决教育模式、学生身份、课程体系、导师机制、评价方式五大难题。[102]

三、创新性研究热点——混合所有制

混合所有制职业院校是我国职业教育混合所有制改革政策安排的产物,《国家职业教育改革实施方案》的出台,标志着混合所有制办学从探索发展阶段进入鼓励发展阶段。2014年5月,《国务院关于加快发展现代职业教育的决定》提出"探索发展股份制、混合所有制职业院校,允许以资本、知识、技术和管理等要素参与办学并享有相应权利",成为我国高等职业教育发展进程中具有里程碑意义的文件。为何要在职业教育领域引入混合所有制办学、存在何种治理问题、其产权结构如何安排、如何规范治理等问题都引起了广大学者的关注。已有研究关注的焦点是职业教育办学的"混合性"与职业教育的"公益性"的边界,呈现出明显的研究价值倾向。此后,《国务院关于加快发展现代职业教育的决定》《国务院关于鼓励社会力量兴办教育促进民办教育健康发展的若干意见》《现代职业教育体系建设规划(2014—2020年)》以及《高等职业教育创新发展行动计划(2015—2018年)》等文件明确提出推动职业院校混合所有制改革。在政策推动下,职业院校混合所有制改革逐步成为我国职业教育改革理论与实践理论的热点与创新点,研究主题则主要聚焦于混合所有制职业院校的内涵、特征、治理、实践层面的模式探索,面临的困境以及发展路径等。

(一)对于混合所有制职业院校内涵、特征与模式仍处于探索阶段

在职业教育领域率先探索发展混合所有制职业院校,是经济领域混合所有制改革的延伸和拓展,是教育领域公有制实现形式多样化的历史必然。在推进企业参与职业院校合作办学层面,我国职业教育一直在进行着积极的探索和尝试,先后形成了冠名班、订单班、校中厂、厂中校、集团化办学以及现代学徒制等形式多样的校企合作办学模式。2014年,"混合所有制"概念的引入,在职业教育领域引发广泛关注。基于对混合所有制经济的理解,职业教育领域混合所有制亦可包括两个方面,即宏观层面的公办职业院校和非公办(私立)职业院校并存,微观层面的公有资本和非公有资本交叉融合的职业院校形态。"混合所有制职业院校是由公办学校吸纳社会资本参与办学而形成的具有多元产权结构的职业院校",是一种具有多元资本参与办学的职业院校类型,以其组成成分来看,"混合所有制职业院校是由包含国有资本、集体资本、非公有资本等多元资本在内的职业院校",以上是源于政策安排的表述。张艳芳等人在已有概念基础上进行了总结归纳,提出混合所有制产业学院是公办高职院校利用经营性资产和社会资本合办的,具有混合所有制特征和产业服务功能,建立现代法人治理模式,实行市场化运作的二级学院或以二级学院机制运作的办学机构。[103]

在政策的鼓舞和推动下,全国各地在职业教育领域掀起了股份制或混合所有制办学探索热潮。职业教育混合所有制正作为一项国家设想,从教育部至基层职业院校的各个实践层面逐步推开。当前我国职业院校探索混合所有制办学模式主要有:公办职业院校引入社会资本、民办职业院校引入国有资本、不同资本合资新办混合所有制职业院校、PPP模式营建职业院校基础设施及中外合作建立混合所有制教育实体等。综合我国公办高职院校混合所有制办学的实践,主要有两种层面的混合,即"大混合"和"小混合"。"大混合"是高校法人层面的混合,即高职院校的创办主体为国有资本与集体资本、私有资本、外资三种资本中的一种或者几种、是整个学校层面的体制混合。"小混合"是高职院校二级学院法人层面的混合,即依托具体项目,企业投入资金、技术、人才、设备等,是高职院校二级学院与企业以所依托项目开展的合作办学。

(二) 从破解校企合作体制机制障碍的视角探讨发展混合所有制的价值与意义

混合所有制职业院校建设的价值和意义主要集中在两个方面：一是对传统校企合作模式的突破；二是对职业教育多元化发展的新探索。潘海生等人认为，校企合作模式仍主要依附于职业院校，企业在参与合作办学中的作用发挥还不充分，职业院校在技能人才培养上的话语权优势已成为当前制约我国职业教育人才培养质量的主要因素，而混合所有制正是应对这一问题的一种创新性的、有益的尝试。职业院校混合所有制办学有利于消弭校企合作的体制障碍。在实践领域，企业作为一个追求利润最大化的经济组织在校企合作中始终处于被动地位。企业作为职业院校办学主体地位的缺位是目前制约产教融合、校企合作的重要瓶颈。职业院校进行混合所有制办学，一则能够使企业凭借其投入的资本、知识、技术、管理等多种要素拥有学校产权，真正成为职业院校办学主体和治理主体，同时也可使职业院校"依托股份来集聚企业"，校企双方可凭借"产权、股份和收益"等来建构稳固的校企合作关系。也就是说，通过实施混合所有制改革，优化职业院校的产权结构，有利于打破"校热企冷"的禁锢，固化校企合作纽带，增强企业参与职业教育办学的动力。同时，职业院校混合所有制办学也有利于创新职业院校办学体制。王烽认为，职业院校混合所有制改革，是党的十八大以来办学体制改革的新探索，对吸引民间资金和企业参与职业教育、盘活公办学校资源、完善职业教育现代学校制度具有重要意义。混合所有制职业院校丰富了职业院校的办学属性和组织形态，是职业教育体制机制改革的重要成果。然而，混合所有制职业院校作为新生事物真命题，其本质暴露有一个逐步显现的过程。郭雪松、李胜祺认为，混合所有制产业学院是我国深化产教融合、校企合作的重要载体和实践范本。在国家职业教育改革背景下，构建混合所有制高职产业学院人才培养共同体，不仅是校企双方相互依赖的内生性诉求，也是高职知识教育与实践教育相统一的育人要求，更是职业教育多元化发展的内在需要。[104]多种所有制资本进入职业院校后能够从根本上促使职业院校形成"投资多体、产权多元、自主高效、规范自律"的管理体制。而对于职业院校而言，探索混合所有制办学将会使其形成新的产权配置结构、法人治理结构和内部管理运行体系，致使其原有的权益联结网络破裂，去行政化问题便会迎刃而解。可见，混合所有制通过所有者多元化，能够不断改善职业院校的治理效率，这对改善职业院校治理效率具有重大意义。

(三) 对于当前混合所有制职业院校发展面临的困境已基本达成共识

作为一种新兴的职业教育办学形式，必然面临着现有法律制度、体制机制的约束，面对着众多不确定的因素与挑战。从现有研究看，研究者普遍认为，主体因素、法律因素和产权因素是当前混合所有制职业院校发展中所面临的主要问题。一是多元主体的"疑虑"与"抵触"。当前职业院校探索混合所有制办学的首要原动力来自政府,然而这项改革的推进不可能完全仰仗于政府单向的行政行为,必然要依赖于诸多办学参与主体,包括职业院校、企业以及投资者等在院校层面的推行与践履。刘澍认为职业教育混合所有制改革是一场基于我国职业教育发展需求的自上而下的推动,能否实现预期,取决于政府与各利益主体间愿望的达成。困扰改革的制约因素在于法律政策的不明确以及办学主体各自不同的利益诉求。同时,各参与主体面对这一新生事物不免存有疑虑和抵触,这必然是改革推进中要面临的首要问题。二是相关法律的"缺失"与"冲突"。我国现行的法律条文,对混合所有制职业院校的法律表述尚属空白,致使职业院校在混合所有制探索中的一些关键性问题无法得以明确,如混合所有制职业院校的法人属性问题等。[105]王烽认为,职业院校混合所有制改革,存在概念边界不清、政策法律支持不够、与营利性和非营利性民办学校分类管理要求不适应等问题,需要在明确概念规范性内涵的基础上,加大相关政策供给,寻求新的突破路径。这些上层建筑的关键问题尚未得到妥善解决也是令企业望而却步的根本原因。[106]研究者对其关注也表明当前混合所有制职业院校建设迫切需要在这方面进行突破。三是产权交易与保护的"不畅"与"不易"。在现有体制框架下,职业教育领域探索混合所有制办学将面临诸多在短期内不易解决的产权问题。产权是所有制的核心问题。开展混合所有制学校试点应该是在明晰学校产权基础上的一种制度安排。而由于不同所有制投资主体的产权保护和产权收益均在法律层面尚未得到认可,混合所有制产权在法律上的界定不明晰,以致民间资金进入公立教育系统后,产权缺乏相应制度化保障,同时围绕教育部门生产要素的各种管制政策间接导致了产权的不完整性,这些上层建筑的关键问题尚未得到妥善解决也是令企业望而却步的根本原因。由于我国现行法律法规中对混合所有制院校的法律地位、办学登记、产权确认等没有明确的规定,地方职业院校的混合所有制改革存在着找混改"对象"难、统一思想难、利益调和难、办学登记难、产权流通难和治理改革难等问题。

(四)从治理的视角探讨混合所有制职业院校发展的策略

研究者主要从混合所有制职业院校的治理体系、治理结构、治理主体、产权机制等方面提出了相关建议,包括提供政府政策落实,保障企业主体的合理准入构建资本退出机制,维护股东合理流动建立合理回报制度,激发企业混合办学的热情完善资产评价方式,降低企业混合办学的风险等。根据混合所有制产业学院的办学特点,构建以市场化运作为规制的运行机制,以校企合作能力提升为模型的保障机制,同时探索混合所有制产业学院人才培养共同体的建设路径。构建不同利益相关方共同参与的内部治理体系是职业教育混合所有制改革的关键,应着重提高组织机构成员构成的科学性和合理性建立和完善组织机构的运行制度,如人事管理制度、协商民主制度和财务管理制度等。俞林等人提出以深层资本关系为纽带,从办学理念、专业与课程建设、师资建设、校企合作及资源共享等方面构建职业教育混合所有制"发展共同体",进一步确保职业院校混合所有制办学的质量和效率。陈丽婷认为我国目前高职院校混合所有制办学在实践层面非公即私发展理念有待突破,在理论层面基本问题有待厘清,在制度层面办学机制有待完善。

除了治理体系之外,研究者还提出了完善治理结构的具体意见。首先应搭建以混合产权为基础的治理架构,其中,治理结构包括股东大会、董事会或理事会、监事会和校长等治理机制包括选聘与退出机制、激励与约束机制、办学绩效评价机制、监督机制、自主运行机制、信息披露机制等。基于对职业院校治理变革趋势的梳理,通过分析混合所有制职业院校的特征,介于市场和政府之间的混合治理模式,建立由初始条件、治理过程、外部环境、治理结果所构成的混合治理分析框架。赵小东从混合制职业院校的组织属性出发,提出对混合所有制职业院校的机构性质与法人属性定位,需要突破所有制视角下的公办、民办思维,以是否营利作为确定学校法人性质的基本标准。[107] 当前,吸引和鼓励社会资本参与职业教育改革发展的前提是破除制度瓶颈,以营利性为前提进行科学合理的顶层设计。

以我国职业院校办学体制中"非公即私"的二分法来看,混合所有制办学是我国职业院校办学体制改革的一次创新之举。现有研究已经认识到混合所有制办学的时代价值与意义,并且指出了混合所有制办学中面临的利益相关主体法律身份模糊、产权边界不清晰等核心问题,并侧重于从"治理"角度,提出未来发展和改革的可能路径。因此,为更好地推进高职院校混合所有制办学进程,充分发挥混合所有制在高等职业教育办学体制改革和人才培养创新发展中的重要角色和关键职能,应从探索多元办学主体,丰富高职院校混合所有制办学形式明晰产权归属,完善高职院校混合所有制办学治理结构完善顶层设计,破除高职院校混合所有制办学制度瓶颈健全法律法规体系,为高职院校混合所有制办学提供法理依据制定相关激励政策,为高职院校混合所有制办学提供动力源泉。

总之,混合所有制作为一个新兴的研究热点,其优势与困惑相伴相生,每走一步都会遇到制度障碍和政策缺失。同时,由于禁区较多,各地、各职业院校都处于观望状态,即便有所突破也多集中在学校二级学院、实训基地、研发中心或学校经营性资产等微观层面。

第三节 产教融合型企业参与创新创业项目治理

职业教育必须坚持走产教融合、校企合作的路子,这已经成为政府、行业、企业和院校的普遍共识。坚持产教融合、校企合作,既是职业教育跨界性的必然要求,也是职业教育支撑经济高质量发展的必然要求,更是职业教育实现现代化的必然要求。但是在长期实践中,由于校企合作的利益机制尚不完善,使得企业参与校企合作的动力不足,持续性不够。2019年,《国家职业教育改革实施方案》鲜明提出了要建立产教融合型企业认证制度,试图破解校企合作难题。由此可见,产教融合型企业是我国职业教育产教融合实践发展的需求与产物,是源于政策安排。如何落实政策、推进产教融合型企业建设,对产教融合型企业内涵的理解和把握是关键,也是进行产教融合型企业建设培育的前提和依据。而企业试点是产教融合试点(产教融合试点包括产教融合城市试点、行业试点和企业试点)的主体,其根本是为了深化产教融合、校企合作。明确产教融合型企业内涵,确定其概念边界,明晰其组织特征,是确保产教融合型企业建设达到预期政策目标、实现实践效果的关键前提。

一、产教融合型企业的内涵

何谓"产教融合型企业",要站在我国的时代背景下来理解其内涵,既要符合国情,又要体现时代特征。为了便于理解先放眼国际,不论是学界还是实践层面,研究和介绍比较多的是德国的经验。德国的"教育企业"更多地指企业是否具有实施职业教育的"资质",先进行资质认证,才能进行职业教育与培训。在德国的"双元制"体系下,一个企业若要提供完整的职业教育与培训,必须具备多方面的条件和资质,在得到相应行业协会的认可之后才能开展职业教育与培训项目,只有具备这样资质的企业才能被称为"教育企业"。简单来说,一家"教育企业",其工作的职业领域应涵盖提供培训的职业范围;设备设施应满足培训的基本要求;所招收的学徒与企业员工及培训师应满足一定的人数比例;企业主与培训师应达到特定的职业资质及法律方面的要求。[108]这些"资质"基本与企业自身的能力有关。企业作为教育机构跨越了仅以学校作为教育机构的传统界定,既突破了传统学校职业教育的边界,也突破了企业作为生产机构的边界。

我国"产教融合型企业"是在2019年1月《国家职业教育改革实施方案》中首先被提及的,紧接着在2019年4月,国家发展和改革委员会、教育部印发并实施《建设产教融合型企业实施办法(试行)》,办法中"建设培育条件"第五条规定"在中国境内注册成立的企业,通过独资、合资、合作等方式,利用资本、技术、知识、设施、管理等要素,依法举办或参与举办职业教育、高等教育,在实训基地、学科专业、教学课程建设和技术研发等方面稳定开展校企合作,并具备以下条件之一。"而"以下条件"里包含的6个条件,都与企业是否参与职业教育有关。同时规定"主营业务为教育培训服务的企业原则上不纳入建设培育范围"。同年10月,《国家发展改革委办公厅教育部办公厅关于印发试点建设培育国家产教融合型企业工作方案的通知》规定中央企业和全国性特大型民营企业整体申报建设培育国家产教融合型企业的,需符合国家发展改革委、教育部印发的《建设产教融合型企业实施办法(试行)》中规定的产教融合型企业建设培育条件,还应符合以下4项基本条件。"以下4项基本条件"包括企业自身意愿、吸纳就业规模、职工培训经费、建立兼职教师制度等,这些条件基本与企业自身的能力有关。从我国产教融合型企业建设培育制度设计到具体实施可以看出,目前我国产教融合型企业建设的前提条件是先要与职业院校或高等学校进行了校企合作活动,并产生了一定成效,才能成为产教融合型试点企业。而对中央企业和全国性特大型民营企业不仅要有校企合作活动及其成效,自身还必须满足一定的"资质"要求。由此可见,在我国现阶段,要想成为产教融合型企业,先要建设培育成试点企业,而成为试点企业的前提条件是企业要与职业院校或高等学校稳定、深入开展了育人活动。试点企业经过一段时间的建设培育,根据企业投入情况、育人成效等结果认定企业是否具有产教融合型企业资质。这与德国"教育企业"有着较大区别。

因此,站在我国当前历史阶段,产教融合型企业是指充分发挥重要办学主体作用,与职业院校或高等学校开展稳定、深入的育人活动,校企合作管理规范、成效明显、具有较强示范引领作用,经过一定时间建设培育后经认证后的企业。

二、产教融合型企业参与高职院校项目治理的现状

以江苏为例,自产教融合型试点企业申报工作开始以来,已发布了五次申报通知公布了四批产教融合型试点企业名单共365家。

(一)产教融合型企业申报条件

此申报条件为来自江苏省发展改革委、省教育厅、省人力资源社会保障厅《关于组织2022年产教融合型试点企业申报工作的通知》(苏发改社会发〔2022〕1235号),具体内容如下。

(1)在江苏省境内注册成立,连续正常经营3年以上(含),具有独立法人资格,依法在江苏省内纳税。

(2)原则上是规模以上企业或行业龙头企业,在省内外同行业中具有较高知名度和较好成长性。

(3)通过独资、合资、合作等方式,利用资本、技术、知识、设施、管理等要素,依法举办或参与举办职业教育(含技工教育,下同)、高等教育,在实训基地、学科专业、教学课程建设和科技研究等方面稳定开展校企合作。

(4)无重大安全、环保、质量事故,具有良好信用记录,无涉税等违法违规经营行为。

在满足上述基本条件的基础上,还应具备以下条件之一。

(1)独立举办或作为重要举办者参与举办职业院校(含技工院校,下同)或高等学校;或者通过企业大学等形式,面向社会开展技术技能培训服务,积极承担职业院

校教师培训,年均开展为期2周以上的教师培训不少于50人。

(2) 牵头成立或参与组建行业性或区域性职业教育集团或产教联盟等相关联盟组织。

(3) 承担省级以上现代学徒制或企业新型学徒制试点任务,至少与省内一所院校连续合作3年及以上。

(4) 承担实施1+X证书(学历证书+职业技能等级证书)制度试点任务,或是人社部门备案的职业技能等级认定自主评价机构,并开展自主评价认定工作1年以上。

(5) 至少与1所省内职业院校或高等学校开展有实质内容、具体项目的校企合作2年以上,通过冠名班、订单班等形式共建3个以上学科专业,合作人才培养累计50人以上;或近3年内接收职业院校或高等学校学生(含军队院校专业技术学员)开展每年3个月以上实习实训累计达60人以上;或共建企业学院,在校生规模100人以上(含)。

(6) 以校企合作等方式共建产教融合实训基地,或合作共建工程技术研究中心、制造业创新中心、企业技术中心、工程中心、重点实验室、博士后科研工作站、研究生工作站等其中之一。

(7) 捐赠省内职业院校教学设施设备等,近3年内累计投入100万元以上;或在省内院校设立企业奖助学金累计在50万元以上。

(8) 参与教学改革项目获得省级或国家级教学成果奖,或近3年内取得与合作职业院校共享的知识产权(发明专利、实用新型专利、软件著作权等)。

(9) 企业骨干人员至少2人以上加入学校专业建设指导委员会,参与学校课程标准建设,企业每年承担职业学校教师下企业实践10次以上。

(10) 与省内职业院校联合获得江苏省职业教育校企合作示范组合培育项目。

(二) 建设培育与支持措施

1. 建设培育

省发展改革委、省教育厅、省人力资源社会保障厅会同省相关部门结合国家产教融合建设试点开展产教融合型企业建设培育,支持企业多种方式参与举办教育,深度参与"引企入教"改革,推动学生到企业实习实训制度化、规范化,发挥企业办学重要主体作用,建立以企业为主体的协同创新和成果转化机制,提高企业职工在岗教育培训覆盖水平和质量。

建设培育企业要在入库后3个月内制订并向社会公开发布产教融合、校企合作三年规划,明确发展目标和实施成果,并报省发展改革委备案。

纳入建设培育库的企业,经过至少1年的建设培育期后,经企业提出申请,并由省发展改革委、省教育厅、省人力资源社会保障厅会同相关部门组织评审,达到国家认证标准的向国家申报进入产教融合型企业认证目录,享受国家相关支持政策。对纳入产教融合型企业建设培育库的企业进行逐年、分批认证,并定期向全社会公布推介。

2. 支持措施

(1) 根据《财政部关于调整部分政府性基金有关政策的通知》(财税〔2019〕46号),纳入产教融合型企业建设培育范围的试点企业,兴办职业教育的投资符合规定的,可按投资额的30%比例,抵免该企业当年应缴教育费附加和地方教育附加。

(2) 优先考虑将建设培育试点企业参与举办的校企合作实训基地项目,纳入教育现代化推进工程产教融合工程资金,以及相关金融工具支持范围。

(3) 支持省内职业院校、高等院校优先选择建设培育试点企业开展校企合作项目建设。

(4) 优先支持建设培育试点企业申报技术改造、新技术新产品推广应用、工业设计等生产性服务业、服务型制造、绿色发展、两化融合、中小企业公共服务平台等。

(5) 对与省内技工院校合作较好的入库企业,优先支持开展企业职业技能等级认定省级试点,企业按照有关规定自主评价认定本单位技术工人的职业技能等级;优先认定企业新型学徒制培训单位,企业新型学徒培训达到中级工水平的,补贴标准为每人每年4000元;达到高级工水平的,补贴标准为每人每年5000元;达到技师水平的,补贴标准为每人每年6000元;达到高级技师水平的,补贴标准为每人每年8000元。

(6) 《国务院办公厅关于深化产教融合的若干意见》《国家发展改革委 教育部关于印发〈建设产教融合型企业实施办法(试行)〉的通知》《江苏省职业教育校企合作促进条例》和《省政府办公厅关于深化产教融合的实施意见》等政策文件明确的其他支持和优惠政策。

(三) 产教融合型企业参与高职院校合作现状

目前江苏省已公布了四批产教融合型试点企业名单(共365家),其统计信息如表4-3所示。本研究2022年上半年调研的8所(苏南2所、苏中3所、苏北3所)高职院校产教融合项目主要合作企业共236家(见表4-4),而合作企业中产教融合型企业仅10家(占比不足5%)。

表4-3 产教融合型试点企业统计信息　　　　　　　　　　单位:家

所属地区	第一批 2020.1	第二批 2020.11	第三批 2021.9	第四批 2022.3	总计
苏州	12	17	18	32	79
常州	13	10	3	34	60

续表

所属地区	第一批 2020.1	第二批 2020.11	第三批 2021.9	第四批 2022.3	总计
南京	10	8		27	45
无锡	6	5	1	19	31
扬州	7	6	7	10	30
徐州	5	1	6	12	24
省属国企或央企机构		7	8	7	22
盐城	9	2		6	17
南通	6	2	4	4	16
泰州	5		2	7	14
镇江	3	3	2	3	11
淮安	2			4	6
连云港	2	1		3	6
宿迁	1	1		2	4
总计	81	63	51	170	365

数据来源：江苏省发展和改革委员会网站公布数据整理。

表 4-4　高职院校产教融合项目主要合作企业　　　　　　　单位：家

调研地区	调研高校数量	主要合作企业数量
淮安市	2	27
南京市	3	58
苏州市	2	43
徐州市	1	108
总计	8	236

可见，江苏省产教融合型企业的申报和认证工作符合2019年国家发展和改革委员会、教育部印发《建设产教融合型企业实施办法（试行）》文件要求，及时地推进了此项工作。产教融合型企业的一项重要职能就是参与职业教育特别是高等职业教育的人才培养工作，但从调查结果来看，其参与率较低。为何产教融合型企业参与高职院校合作的数量少？创新创业项目是高职院校产教融合项目的一种类型，其与产教融合型企业共同合作的范围和深度也不高。要探讨产教融合型企业参与高职院校合作

项目治理的积极性,很多学者提出了从交易成本收益视角进行研究,取得了一定的成果。交易成本最早源于新制度经济学奠基人科斯的经典论文《企业的性质》,科斯认为利用价格机制协调经济活动是需要成本的,即市场交易伴随着各种费用的产生。由此,交易成本最初的客体是企业,并且制度性交易成本区别于生产要素成本。威廉姆森认为经济制度存在成本,并可根据交易的产生划分为事前与事后交易费用。真正的产教融合利益共同体取决于两个关键因素:一是充分体现个体的真实参与意愿;二是尊重参与方的利益和情感,在多主体利益博弈、信息不对称和体制机制不健全情景下,都会诱发道德风险、逆向选择、敲竹杠和违约等机会主义行为,由此损害参与方的利益和情感。个体利益与集体利益纷争下的功利化合作困境。由于产教融合主要由教育系统、产业系统两大系统构成,教育系统秉承以"学生为中心"的育人发展目标,崇尚公平为主导的行动准则;产业系统以盈利和获得竞争优势为发展目标,崇尚效率优先的行动准则;产教融合参与主体在产权属性、运行机制、行为准则、价值观念、目标使命等方面均存在显著差异,导致对功利使命的差异化理解[109]。

三、夏普利值视角探究创新创业项目的合作

随着人们对创新创业理解的不断拓展,"广谱式"的创新创业已被更多人接受,而立足岗位的"创新创业"才是更具有生命力的创新创业形式,所以创新创业已不是发明创造及创办企业那么单一,高职学生能具有较强的岗位适应能力、岗位素养、工作幸福感,走上平凡岗位后能不断提高自己、实现自己的发展目标,这也是个人创新创业。[110]这些理念将在创新创业篇章中详细讲述。从这个角度来看,高等职业院校与企业,特别是产教融合型企业开展创新创业项目的范围越来越大,产教融合、校企合作项目将包含着大部分的创新创业项目,如顶岗实习、学院共建、专业共建、培养基础及方案共建等,这些项目的开展目标正是提升学生职业素养和创新创业能力。而产教融合型企业参与高职院校创新创业项目的积极性在哪里,为什么参与率那么低?需要从高校及企业发展的本质来看。

高校以育人为首要目标,追求社会效益;企业以营利为第一目标,追求经济效益。如何实现双方目标的相对统一,构建项目合作的长效机制,实现我国高职教育校企合作的可持续发展,关键在于找准校企双方利益的共同点,实现优势互补、互利互惠、合作共赢。[111]可见,利益的分配是合作的关键,由于夏普利(Shapley)值法被广泛应用于合作联盟的收益分配,并且无论是国外还是国内均被证实有效解决因利益分配不公导致的合作不稳定性,接下来运用Shapley值法描述利益分配机制。

(一)夏普利分配的由来

有这样一个故事。
约克和汤姆结对旅游。他们准备吃午餐。约克带了3块饼,汤姆带了5块饼。

这时,有一个路人路过,路人饿了。约克和汤姆邀请他一起吃饭。路人接受了邀请。约克、汤姆和路人将8块饼全部吃完。吃完饭后,路人感谢他们的午餐,给了他们8个金币。路人继续赶路。

约克和汤姆为这8个金币的分配展开了争执。汤姆说:"我带了5块饼,理应我得5个金币,你得3个金币。"约克不同意:"既然我们在一起吃这8块饼,理应平分这8个金币。"约克坚持认为每人各4块金币。为此,约克找到公正的夏普利。

夏普利说:"孩子,汤姆给你3个金币,因为你们是朋友,你应该接受它;如果你要公正的话,那么我告诉你,公正的分法是,你应当得到1个金币,而你的朋友汤姆应当得到7个金币。"

约克不理解。

夏普利说:"是这样的,孩子。你们3人吃了8块饼,其中,你带了3块饼,汤姆带了5块,一共是8块饼。你吃了其中的1/3,即8/3块,路人吃了你带的饼中的3−8/3=1/3;你的朋友汤姆也吃了8/3,路人吃了汤姆带的饼中的5−8/3=7/3。这样,路人所吃的8/3块饼中,有你的1/3,汤姆的7/3。路人所吃的饼中,属于汤姆的是属于你的7倍。因此,对于这8个金币,公平的分法是:你得1个金币,汤姆得7个金币。你看有没有道理?"

约克听了夏普利的分析,认为有道理,愉快地接受了1个金币,而让汤姆得到7个金币。

在这个故事中,我们看到,夏普利所提出的对金币的"公平的"分法,遵循的原则是:所得与自己的贡献相等。

(二) 项目合作利益分配计算分析

利益分配一直都是影响校企合作的关键,合理的利益分配机制是维系校企合作良性运转的动力和纽带。根据微观经济学理论,校企合作能否保持长期稳定的关系,要看他们合作的收益:利益(V)=合作总收益(TR)−合作总成本(TC)。当$V>0$时,才会考虑合作,且V越大,合作可能性越高;当$V<0$时,企业则不考虑和学校合作。

1. 校企合作利益分配机制的博弈模型

假设校企合作利益包括经济利益和各种非经济利益,为了便于建立模型,这里认为校企合作的利益只为经济利益。利益可以分配给校企任何一方,并且利益可以转移。同时,合作方式可以是一对多(一个学校和多个企业的合作),也可以是多对一(多个学校与一个企业的合作),总之项目合作方是多主体,因此,合作主体个数$n \geqslant 2$。合作主体原本可以相互独立运行,为了实现创新资源的共有共用,通过产教融合(创新创业)项目共同组成动态演进的合作创新组织。

定义特征函数。设合作主体组成的集合为:$N=\{1,2,\cdots,n\}$,N中任一个不纯粹的单一元素构成的子集 S 为可能创新创业项目的合作主体,把所有的合作集合记为 $P(N)$。学校和企业成员组成的集合为:$N=\{1,2,\cdots,n\}$,其特征函数是定义在 $P(N)$ 上的一个是收益函数 V,满足以下三个条件。

第一个是 $V(\phi)=0$,ϕ 是空集,就是说没有人参与项目的合作,也就是没有开展此项目,固收益为零。

第二个是 $V(S_1 \cup S_2) \geqslant V(S_1)+V(S_2)$,$V(S)$ 表示合作子集 S 通过校企合作保证得到的最大利益,校企合作利益应大于校企不合作的个体利益之和。

第三个是 $V(P) > \sum(V_i, i=1,\cdots,n)$,$V(P)$ 表示所有合作主体通力合作产生的收益,V_i 表示单一合作主体完成项目产生的收益,很明显,所有主体合作后的收益一定会大于单一主体产生的收益和,否则就没有了合作的意义。

满足上述 3 个条件时,称 $[P,V]$ 为 n 个主体协同合作,V 为对应的特征函数。

2. 利益分配问题

通常用 X_i 表示 P 中 i 个成员从合作中最大收益 $V(P)$ 中应得到的一份收入。在合作 P 的基础下,应满足如下条件:$\sum(X_i,i=1,\cdots,n)=V(P)$,并且 $X_i \geqslant V_i(i=1,\cdots,n)$,即最终每个合作主体获得的收入之和应等于全体合作方共同治理合作项目产生的收益,并且每个合作方获得的收入要大于等于其单独完成项目产生的收益,这样每个合作方才会参与到项目合作中来。

在 Shapley 值法中,特定合作主体共同合作 $V(P)$ 中各个主体所得的利益分配称为 Shapley 值,并记作:$F(V)=(F_1(V),F_2(V),\cdots,F_n(V))$,其中 $F_i(V)$ 表示在合作 P 下第 i 个主体所得的利益(需分配的收益),可用下式测算:

$$F_i(V) = \sum\{S \in S_i\}[V(S)-V(S\backslash i)] \cdot (|S|-1)!(n-|S|)!/n! (i=1,\cdots,n)$$

其中,S_i 是产教融合集合 P 中包含成员 i 的所有子集,即 $\{S \in S_i\}$;$V(S)$ 为子集 S 的收益;$V(S\backslash i)$ 为子集 S 中除去主体 i 后可获得的收益;$(|S|-1)!(n-|S|)!/n!$ 是加权因子计算公式,$|S|$ 表示子集 S 中的主体数量,n 为参与产教融合所有主体的数量(P 中所有主体的数量),"!"代表阶乘,即 $n!=1\times2\times3\times\cdots\times n$。$\sum\{S \in S_i\}$ 是 S_i 每一个子集计算后进行求和。

(三) Shapley 值法在多主体项目合作中的利益分配应用

项目合作主体原本可以相互独立运行,为了实现创新资源的共有共用,通过合作创新组织实现利益最大化。可以运用 Shapley 值法进行利益的分配,现运用算例分析如下。

假设甲、乙、丙分别代表合作主体,在彼此单独运作下,三个主体独自运用创新资源,每个主体可获得 5 单位的创新收益;如甲、乙开展产教融合,则可获得 25 单位的创新收益;如甲、丙进行产教融合,则可获得 20 单位的创新收益;如乙、丙进行产教融合,则可获得15单位的创新收益;如果甲、乙、丙共同开展产教融合,则可获得40单位的创新收益。显然,产教融合下形成了创新资源的溢出效应,但带来了创新收益分配的难题。就3个主体共同开展产教融合而言,如果进行收益平均分配,则每个主体获得13.33,虽然这数值大于彼此单独运行下的收益,但不利于调动各自的积极性。由于投入产教融合平台资源的产权很难清晰界定,并且资源之间存在不同的匹配、协同效应,必须考虑主体投入产教融合平台资源的产权特性。

通过表格的形式,可以直观地把相关的数据进行统计并进行计算,首先来看甲主体的利益分配情况(见表4-5)。

表4-5 项目参与主体甲的收益分配矩阵

$S_{甲}$	甲	甲乙	甲丙	甲乙丙
$V(S)$	5	25	20	40
$V(S\backslash 甲)$	0	5	5	15
$V(S)-V(S\backslash 甲)$	5	20	15	25
$|S|$	1	2	2	3
加权因子:$(|S|-1)!(n-|S|)!/n!$	1/3	1/6	1/6	1/3
$[V(S)-V(S\backslash i)]\cdot$加权因子	1.67	3.33	2.50	8.33

将表4-5最后一栏的数据相加即可得到主体甲的待分配收益:
$$F_{甲}(V)=1.67+3.33+2.50+8.33=15.83$$

利用相同的原理,可以推导出主体乙和主体丙的待分配收益$F_{乙}$、$F_{丙}$。收益分配矩阵如表4-6、表4-7所示,最终求得:
$$F_{乙}(V)=1.67+3.33+1.67+6.67=13.33$$
$$F_{丙}(V)=1.67+2.50+1.67+5.00=10.83$$

表4-6 项目参与主体甲的收益分配矩阵

$S_{乙}$	乙	甲乙	乙丙	甲乙丙
$V(S)$	5	25	15	40
$V(S\backslash 乙)$	0	5	5	20
$V(S)-V(S\backslash 乙)$	5	20	10	20
$|S|$	1	2	2	3
加权因子:$(|S|-1)!(n-|S|)!/n!$	1/3	1/6	1/6	1/3
$[V(S)-V(S\backslash i)]\cdot$加权因子	1.67	3.33	1.67	6.67

表 4-7　项目参与主体甲的收益分配矩阵

$S_丙$	丙	甲丙	乙丙	甲乙丙
$V(S)$	5	20	15	40
$V(S\backslash 丙)$	0	5	5	25
$V(S)-V(S\backslash 丙)$	5	15	10	15
$\lvert S\rvert$	1	2	2	3
加权因子：$(\lvert S\rvert-1)!(n-\lvert S\rvert)!/n!$	1/3	1/6	1/6	1/3
$[V(S)-V(S\backslash i)]\cdot$加权因子	1.67	2.50	1.67	5.00

计算出三个合作主体的待分配收益后，通过比较可以发现如下几点。

(1) 甲、乙、丙三个主体合作后的待分配收益分别为 15.83、13.33、10.83，全部大于其单独完成项目产生的收益值 6，项目的协同创新效应明显。

(2) 三者合作后，任意两个主体分别取得的收益之和大于两者合作的收益和，即 $F_甲(V)+F_乙(V)>V(甲乙)$，也就是 $15.83+13.33>25$。同理可以验证甲丙、乙丙的情况，说明了该项目三主体合作产生的收益是大于两主体产生的收益。

(3) 最后，产生的待分配收益应等于三主体合作时产生的总收益，这也说明了该公式计算的正确性，即 $F_甲(V)+F_乙(V)+F_丙(V)=15.83+13.33+10.83=40=V(甲乙丙)$。

无论是从单一主体、两两主体层面、合作主体参与创新创业项目均能产生协同创新效应。采用 Shapley 值法模型进行收益分配，充分考虑了产教融合主体投入合作项目的产权属性，这种属性不仅体现在资源的数量属性，还体现了资源对接、匹配的质量属性，可以较好地解决产权不完全下创新收益分配问题。

第四节　产教融合型企业助力高职学生职业素养

一、职业素养的内涵

（一）如何理解素养和职业素养

在《现代汉语词典》里，"素养"一词被解释为平日的修养，是形容一个人的行为道德的词语，是指一个人在从事某项工作时应具备的素质与修养以及在品德、知识、才能和体格等诸方面的先天条件和后天学习与锻炼的综合结果。"素"的本义之一是"向来""时常"，如"素不相识""素来已久"，这里所说的"素"就是指日常、平时。"养"可解释为教养，人的一种逐步形成的文化本质和精神状态、理念和人生态度上的特征。素养主要是强调人们在后天的生活中的修习,通过在学习过程中所形成的涵养的特性。

职业素养是人类在社会活动中需要遵守的行为规范。个体行为的总和构成了自身的职业素养,职业素养是内涵,个体行为是外在表象。职业素养的核心内容包括职业信念、职业知识技能和职业行为习惯等3个方面。

1. 职业信念

职业信念是职业素养的核心。良好的职业素养应该包含工匠精神与职业素养良好的职业道德、正面积极的职业心态和正确的职业价值观意识,是一个成功职业人必须具备的核心素养。良好的职业信念应该由爱岗、敬业、忠诚、奉献、正面、乐观、用心、开放、合作及始终如一等关键词组成。

2. 职业知识技能

职业知识技能是做好一个职业应该具备的专业知识和能力。俗话说"三百六十行,行行出状元",没有过硬的专业知识,没有精湛的职业技能,就无法把一件事情做好,更不可能成为"状元"了。所以,要把一件事情做好,就必须坚持不断地关注行业的发展动态及未来的趋势走向;就要有良好的沟通协调能力,懂得上传下达,左右协调从而做到事半功倍;就要有高效的执行力。各个职业有各职业的知识技能,每个行业有每个行业的知识技能。总之,学习提升职业知识技能是为了让我们把事情做得更好。

3. 职业行为习惯

职业行为习惯就是在职场上通过长时间的学习、改变、形成等过程,最后变成习惯的一种职场综合素质。

心念可以调整,技能可以提升。要让正确的心态、良好的技能发挥作用就需要不断地练习,直到成为习惯。

(二) 职业素养的特征

1. 职业性

不同的职业,职业素养是不同的。对建筑工人的素养要求,不同于对教师职业的素养要求;对商业服务人员的素养要求,不同于对医生职业的素养要求。

2. 稳定性

一个人的职业素养是在长期执业时间中日积月累形成的。它一旦形成,便产生相对的稳定性。例如,一位教师,经过3~5年的教学生涯,就逐渐形成了怎样备课、怎样讲课、怎样热爱自己的学生、怎样为人师表等一系列教师职业素养,于是,便保持相对的稳定。当然,随着他继续学习、工作和受环境的影响,这种素养还可继续提高。

3. 内在性

职业从业人员在长期的职业活动中,经过自己学习、认识和亲身体验,觉得怎样做是对的,怎样做是不对的。这样,有意识地内化、积淀和升华的这一心理品质,就是职业素养的内在性。我们常说,"把这件事交给小张师傅去做,有把握,请放心。"人们之所以对他放心,就是因为他的内在素养好。

4. 整体性

一个从业人员的职业素养是和他整个素养有关的。我们说某某同志职业素养好,不仅指他的思想政治素养、职业道德素养好,而且还包括他的科学文化素养、专业技能素养好,甚至包括身体心理素养好。一个从业人员,虽然思想道德素养好,但科学文化素养、专业技能素养差,就不能说这个人整体素养好。相反,一个从业人员科学文化素养、专业技能素养都不错,但思想道德素养比较差,我们也不能说这个人整体素养好。所以,职业素养一个很重要的特点就是整体性。

5. 发展性

一个人的素养是学校教育、自身社会实践和社会影响逐步形成的,它具有相对性和稳定性。但是,随着社会发展对人们不断提出的要求,人们为了更好地适应、满足、促进社会的发展的需要,总是不断地提高自己的素养,所以素养具有发展性。

(三) 高职学生职业素养教育的现状

1. 职业素养培养过程中,校企并重的主动性有待加强

职业技能素养的核心是岗位(群)工作的职业适应与能力拓展,需要根植于企业生产运营的"土壤"之中,方能取得培育实效。但因校企深度合作存在的复杂性和不确定性,高职院校往往自己主导了本应由校企双主体共同实施的职业技能素养培育,导致培育过程"营养不良",学生对职业岗位的适应性大打折扣。

2. 职业意识素养教育缺乏在企业主阵地协同机制

职业意识是学生认同所学专业和职业选择的重要因素,如果不能从新生入学伊始就紧紧依托企业共同培养职业意识,将会导致学生正确就业观和职业归属感的缺失。目前许多企业存在的"重学生毕业进企入职、轻学生职业意识入脑"现象,已经影响了企业对高职人才引进的规模与质量。

3. 职业行为素养教育缺乏合作企业具体案例的举措

工匠精神凝聚的职业作风和职业操守,是在工作过程中形成的卓越品质,也是高职学生需要学习的宝贵精神财富,更是高职学生职业行为素养培养的价值引导和评价标准。一些高职院校只关注合作企业的技术资源,却忽视了企业中大量存在的工匠精神与优秀员工案例,导致职业行为素养教育缺乏实效性。

4. 职业道德素养教育缺乏融入企业真实环境的思政教育元素

高职院校推动课程思政与思政课程同向同行的重要抓手是思政课程的实践化以及课程思政的项目化,两者之间的共同之处就是要将思政教育元素与企业生产实际相结合。由于高职院校普遍存在思政教育与校企合作难以深度融合的问题,导致推动学生在企业生产岗位感受职业道德规范、接受职业道德约束缺乏落脚点。

二、产教融合型企业建设与职业素养教育之间的协同关联

（一）建设目标与教育目标的相互呼应

产教融合型企业是遵循产教融合培养职业人才的职教理念应运而生的，2019年国家发展改革委、教育部《建设产教融合型企业实施办法（试行）》中明确了产教融合型企业的建设目标是要深化企业与学校的合作，发挥企业在职业教育中的重要主体作用，全面推行校企协同育人，促进人才培养供给侧和产业需求侧结构要素全方位融合。这一建设目标的关键之处是高素质技术技能人才的培养，与高职院校提升学生职业素养的培育目标相互呼应，具体表现为校企合作的目标一致、人才培养的目标吻合、教学改革的目标同向。

（二）建设内容与教育内容的相互影响

产教融合型企业建设的核心是产教融合，虽然落脚点是企业，但抓手和着力点在校企合作，没有高职院校的全方位共同建设，产教融合型企业就失去了建设目标和意义。一方面，高职院校基于产教融合型企业开发学生职业素养教育内容，更利于为高素质技术技能人才培养提供先进载体和坚强支撑；另一方面，产教融合型企业基于共建的高职院校，更利于依托人才优势加快企业转型升级，具体表现为校企之间平台建设与能力提升相互赋能、团队建设与合作意识相互推动、机制建设与内涵深化相互促进。

（三）建设举措与教育举措的相互作用

产教融合型企业在建设过程中如何融入并发挥高职院校的功能和作用，高职院校学生职业素养在培育过程中如何融入并发挥产教融合型企业的功能和作用，这两项内容从不同的角度提出了产教融合型企业建设举措与高职学生职业素养教育举措之间的有效对接问题。解决这一问题的有效方法是建立两项举措之间的联系纽带与关联项目，通过共同的项目实施，实现成效倍增，具体表现为设置产教融合型企业育人管理机构、校企联合构建高职人才培养体系、跨界融合搭建实践育人综合平台、育训结合创建职业素养提升机制。

三、产教融合型企业赋能学生职业素养提升的动力机制

（一）联合办学突破教育教学资源约束

产教融合型企业的特征之一是其办学主体作用。产教融合型企业通过与高职院校共同建立混合所有制培训机构、股份制产业学院等形式，形成办学双主体格局，能够有效解决校企在知识、技术、人才等合作要素之间的"两张皮"问题，为学生职业素

养教育提供更为系统全面的资源保障。企业针对自身岗位人才需求在职业素养教育中直接取得主动权和支配权,从而间接降低人力成本,学校则打破跨界壁垒,真正实现在生产一线开展职业素养实践教育。校企成为更加紧密的"利益共同体"。

(二) 联合教改推动职业教育高质量发展

产教融合型企业的特征之二是其教改主体作用。产教融合型企业作为职业人才需求方,其本质是实现生产经营与人才培养双向推进,通过企业与学校的功能交互、师傅与教师的角色交互、员工与学生的身份交互,将企业文化教育、职工岗位培训等人力资源开发项目与学校教师、教材、教法改革相结合,使企业发展变革和高职教学改革相得益彰,补齐高职人才培养和企业创新能力短板,促进职业人才成长与行业企业发展共同进步,形成学校高质量发展与企业高效益运行的"发展共同体"。

(三) 联合育人促进职教学徒制实践创新

产教融合型企业的特征之三是其育人主体作用。2021年国务院《关于推动现代职业教育高质量发展的意见》中明确提出要探索中国特色学徒制,大力培养技术技能人才。产教融合型企业正是以高素质技术技能人才培养为目标,通过全程实施现代学徒制与企业新型学徒制相结合的"中国特色学徒制"育人过程、全面落实"岗课赛证"综合育人机制,从开展教育与培训一体化人才培养模式改革的角度实现育人主体功能,促使校企双方在学历教育与职业培训方面结成更为紧密的"育训共同体"。

四、产教融合型企业赋能学生职业素养提升的实施路径

(一) 发挥产教融合型企业办学主体作用,完善"德知技并重"人才培养体系

(1) 基于"五育并举"搭建人才培养体系组织架构。以"五育并举"为方针,落实立德树人的根本任务,培养德智体美劳全面发展的高素质复合型技术技能人才,是高职院校落实国家职业教育方针政策的当务之急,也是解决当前高职教育改革发展中棘手问题的有益探索,更是打通提升高职学生职业素养培育多元通道的积极尝试。职业教育作为区别于普通教育的一种类型教育,一定是带有鲜明的职业特色与岗位烙印的,这一点同样体现在落实"五育并举"的过程中。高职院校若仅从学校的角度出发,以"单手抓举"方式实施"五育并举",在学生职业素养培育方面,必然存在重"素养"提升、轻"职业"内涵的先天不足,只有将产教融合型企业作为"五育并举"的另一只有力抓手,才能与高职院校共同形成"双手托举"的稳定方式,从而为打造"德知技并重"的人才培养体系注入产教融合基因。[112]

(2) 基于"学徒制特色发展"创新人才培养体系运行机制。中国特色学徒制对高

职院校办学质量提升与教育改革发展意义重大,虽然目前仍处于探索过程之中,但前进方向始终是产教融合、校企合作,重点是要解决进入新发展阶段,如何增强职业技术教育适应性、满足新发展格局下对高质量人力资源的迫切需要。产教融合型企业的建设是对中国特色学徒制的有力支撑,在产教融合型企业办学主体的平台上,能够将正在推行的现代学徒制、企业新型学徒制加以有效整合,实现行业龙头企业针对生产经营的现实需求,主动将高素质技术技能人才培养视为己任,一方面不断强化自身职业教育功能,完善职业培训方案,优化实践育人方式,提升岗位能力要求;另一方面持续开展学徒制人才培养模式改革,以职业素养培育为突破口,重点从工学交替、双创交融、学分转换、身份互换、成果互认等方面推动中国特色学徒制创新发展。

(3)基于"双主体办学"优化人才培养体系评价标准。传统的以学校为主的人才培养体系与过程评价主体单一,主要以教师评学、学生评教、学校督导为主,企业并未实质参与人才培养质量的监督与考核,人才培养供需匹配难以达成。产教融合型企业建设推动校企之间形成"双主体办学"格局,校企双主体构建的人才培养体系必然采用以校企为主,行业协会、第三方评价机构等多元组织共同参与制订的综合评价标准。该标准以学生职业素养评价为核心,涉及校企双主体合作评价(包括合作基础、合作机制、团队建设等)、人才培养内涵评价(包括人才培养模式、教学质量监控等)、人才培养保障评价(包括政策保障、经费保障、制度保障等)、双主体办学成效评价(包括校企生三方共赢成效、创新示范推广作用等),评价结果更全面、更合理、更真实,既有助于校企共同培养符合企业岗位胜任力需求的应用型人才,也有利于对产教融合型企业履行办学主体责任进行分类量化考核,从而实现校企双主体、双融合、双改进、双提升。

(二)发挥产教融合型企业教改主体作用,建立"课岗证融合"专业教学模式

(1)以岗定课,职业素养培育内容紧密对接专业核心课程。"课岗证融合"的核心是岗位,基于岗位将职业素养培育元素充分融入专业教学,实现生产教学两促进、两不误。这种能够用于教学实践的"岗位"不是一般意义上的工作岗位,而是需要经过系统开发、精心设计的工作和学习平台。只有在产教融合型企业中,才能根据专业教学目标,以生产过程为导向,采用真实工作领域的项目化教学方法,充分挖掘符合"课岗并轨"教学要求的教学用"岗位",然后以岗定课,将相应岗位生产中所涉及的职业技能、职业意识、职业行为、职业道德等职业素养要求通过专业课程体系的构建进行系统梳理与植入,使学生在工学交替的时空转换中潜移默化地提升能力素质。专业课程改革所涉及的课程设置、课程开发、内容重构等关键环节不仅要与生产岗位对接,还要紧随产教融合型企业岗位(群)的新材料、新技术、新工艺、新产品开发应用,发挥将课程建在岗位上的教改优势。

(2)因岗施教,职业素养培育过程紧密对接企业生产过程。基于产教融合型企

业"课岗并轨"建立起来的专业课程体系是教学实施的前提和基础,所涉及的课堂活动、案例和实训,都要紧密围绕职业素养构成要素,紧密对接企业工作岗位要求,改革教学内容和教学方法,将"以知识的逻辑线索为依据"转变成"以职业活动的岗位工作为依据"。由此可见,产教融合型企业要实现教学改革的主体功能,必须采用因岗施教、岗才结合、重在上岗的教学模式,帮助学生熟练掌握职业技术技能、确定职业规划方向、优化职业发展流程,成为行业企业所需人才。首先要明确岗位职责,针对岗位性质和工作内容分析专业能力、方法能力和社会能力要求,进而选择适合岗位生产与教学一体化的教学方法;其次要制定施教策略,根据企业发展需要,按照因岗而异、按需施教、系统优化的原则,将课堂由校内教室移至企业车间,实现教学与工作相结合;最后要优化教学过程,形成教学任务表,以企业工程项目所对应的典型工作任务为教学内容,按照工作流程的逻辑关系,遵循教学规律及认知过程,实施教学做一体化教学。

(3)依岗认证,职业素养培育成效紧密对接职业技能认证。产教融合型企业作为现代职业教育改革的主体之一,除了全程参与改革设计和实施过程之外,还需要将教学模式改革与职业素养培育以"专业课程学分+岗位技能等级证书"的方式加以固化和呈现。在产教融合型企业开展教育教学,课程学分的获取只是衡量学习结果的一个方面,真正考量基于"课岗并轨"提升职业素养的依据和标准是岗位技能证书及其相应等级。因此,结合特定工作岗位开发和应用岗位技能等级标准,就成为基于产教融合型企业实施"三教"改革的关键所在:一是要突出以现场操作、技术测试、任务成果和团队配合为主的职业素养综合评定内容,重点考核学生在真实岗位工作任务中的应用能力与创新能力;二是要制订以岗位导向、注重过程、多能并重、细化标准为导向的学历教育专业课程标准,推动课程标准对接岗位技能等级标准;三是要编写对接企业岗位工作任务的新型活页式教材,建设相应的数字化教学资源和信息化管理平台,准确记录学习和培训过程,便于学生获得职业岗位技能等级证书。

(三)发挥产教融合型企业育人主体作用,打造"育训用贯通"实践育人平台

(1)构建校企协同实践育人平台。通过"学历教育、职业培训、企业应用"三者贯通的方式开展高职学生职业素养培育,最终是要使学生达到在企业工作岗位上"致能致用"的目标,成为上手快、后劲足的复合型人才。由于"育训用"三者之间存在学校与企业、教学与生产等方面的跨界和壁垒,因此只有依托产教融合型企业育人平台,才能从"育人标准、教学场地、学生员工、师资团队、培育内容、实施过程"六个维度打破壁垒,将"工作领域"与"学习领域"相结合,既有利于学生在学校教师和企业导师的引导下提高对所学专业和对应产业的认知,又有利于企业在人才培养过程中及时调整适合"学以致用"的教学理念与能力,从而在"严守纪律、求真务实、精益求精、细致周到"的实践育人目标引领下,打造集"职业意识、职业规划、职业体验、职业生活"于

一体的四阶递进实践育人平台：基于学生专业认知，做"强"职业意识平台；基于学生个性发展，做"细"职业规划平台；基于学生技能实训，做"实"职业体验平台；基于学生企业顶岗，做"新"职业生活平台。

（2）组建育训结合实践育人团队。良好的职业素养不仅是高职学生必须具备的基本素质和品质，同时也是企业对员工最基本的要求和规范。在产教融合型企业通过校企混编组建实践育人团队，能够更为有效地开展教学活动，更好地将高职院校的学历教育资源与企业的生产经营资源相结合，更加贴近生活开展职业素养培育，使学生在企业现场以企业优秀员工为标杆，学习身边先进人物和事迹，接受企业劳模教育和文化熏陶，从而在企业的实践锻炼中实现职业素养知行合一，促进学生由"学校人"向"社会人"转变。首先要合理选配校企教学与管理人员，依据产教融合型企业工作岗位、生产要素等情况，通过师资优化组合，校企共同建设充分体现职业性、实践性、开放性要求的优质专业核心课程；其次要加强"双师型"师资队伍培养，通过岗位技能培训、企业挂职锻炼、课程联合开发、产品技术攻关等方式，形成以学校教师驱动企业导师教育教学能力提升、企业导师驱动学校教师岗位技能提升的"双驱动"师资培养模式；最后要建立适合实践育人的师生关系，形成"教师主导、学生主体、任务主线"的育人模式，职业素养实践项目的教学任务成为联系教师和学生的主要纽带，教师作为实践主导推动项目任务设计开发，学生作为实践主体实现项目任务落实落地。

（3）创建学用相长实践育人机制。学用相长是理实一体化培育职业素养的必然路径，其核心是通过实践育人机制的运行提高育人成效。以学用相长为理念和特征的实践育人机制需要在上述基于产教融合型企业的实践育人平台与团队的基础上创建，形成全员全过程全方位协同育人工作体系。一是要创建实践育人动力机制，将促进高职人才供需匹配作为动力目标，推进育人主体多元化、育人场域多样化、育人方式多态化，调动学校、企业、教师/导师、学生/员工各方的积极性与主动性。二是要创建实践育人运行机制，将促进实践方式优化与实践效益提高作为运行方向，凝聚更多的产教融合型企业实践资源，按照分层次设计、项目化推进、基地化服务、制度化保障、动态化调整的要求确保实践育人各系统既有效运行又相互促进。三是要创建实践育人评价机制，将促进人的全面发展作为评价标准，采用定性评价与定量评价相结合的方法，定性评价立足于可以固定的评价指标，包括实践育人组织、协同育人平台、职业素养水平等；定量评价立足于可以监测的具体数据，包括学生素质基本数据、岗位技能证书等级、实践教学条件保障等。推进产教融合型企业建设与高职院校教育教学改革的融合创新，是适应高职院校高质量发展的必然要求，也是提升高职学生职业素养水平的迫切需要，更是办好人民满意教育和履行好"立德树人"这一根本任务的重要举措。只有始终坚持科学把握高职教育发展新态势以及职业人才成长新规律，才能不断推动技术技能人才培养质量的稳步提升。

第三篇

创新创业能力培养及主观幸福感研究

第五章 创新创业能力的形成

第一节 创新与创业概述

一、创新与创新思维

(一) 创新的内涵

1. 创新的来源

从词源上来说,"创新"是一个非常古老的词,意思是创立或创造新东西。最早出现于《南史·后妃传上·宋世祖殷淑仪》:"据《春秋》,仲子非鲁惠公元嫡,尚得考别宫。今贵妃盖天秩之崇班,理应创新。"又《魏书》有"革弊创新",《周书》有"创新改旧",萧乾的《一本褪色的相册》(十二)有"在语言创新方面,享有特权的诗人理应是先驱。"

而在英文中,创新(innovation)一词起源于拉丁语。它有三层含义:第一,更新,就是对原有的东西进行替换;第二,创造新的东西,就是创造出原来没有的东西;第三,改变,就是对原有的东西进行发展和改造。

"创新"真正作为一种理论最初是由美籍奥地利经济学家约瑟夫·阿洛伊斯熊彼特(Joseph Alois Schumpeter)提出的。他在《经济发展理论》一书中指出,"创新"就是"创建一种新的生产函数",也就是企业家将生产要素和生产条件以一种从未有过的"新组合"引入生产系统以获得"超额利润"的过程。他从企业的角度提出了创新的五种情况。

(1) 引入一种新产品或产品的一种新特性。

(2) 采用一种新的生产方法,这种新的方法并不必然建立在科学新发现的基础之上,它也可能指商业上处理一种产品的新方式。

(3) 开辟一个新的市场。

(4) 掠取或者控制原材料或半制成品的一种新的供应来源,不论这种来源是已经存在的,还是第一次创造出来的。

(5) 引入一项新的制度来代替原来的制度,以适应制度对象的新情况、新特性,并推动制度对象的发展,如造成一种垄断地位或者打破一种垄断地位。

自20世纪50年代以来,随着科技进步对经济增长的贡献日益明显,熊彼特的创新理论日益受到重视,并形成了创新研究的两个重要方向,即技术创新经济学和制度创新经济学。

2. 创新的含义

创新是以现有的思维模式提出有别于常规思路的见解为导向,利用现有的知识和物质,在特定的环境中,本着理想化需要或者为满足社会需求而改进或创造新的事物、方法、元素、路径、环境,并能获得一定有益效果的行为。具体来说,创新是指人为了一定的目的,遵循事物发展的规律,对事物的整体或其中的某些部分进行变革,从而使其得以更新与发展的活动。

关于创新的标准,通常有狭义与广义之分。狭义的创新是指提供独创的、前所未有的、具有科学价值和社会意义的产物的活动。例如,科学上的发现、技术上的发明、文学艺术上的创作、政治理论上的突破等。广义的创新是指对本人来说提供新颖的、前所未有的产物的活动。也就是说,一个人对问题的解决是否属于创新性的,不在于这一问题及其解决方法是否曾有别人提出过,而在于对他本人来说是不是新颖的。[113]

具体来说,创新主要包括以下四种情况。

(1) 从生物学的角度来看,创新是人类生命体内自我更新、自我进化的自然天性。生命体内的新陈代谢是生命的本质属性。生命的缓慢进化就是生命自身创新的结果。

(2) 从心理学的角度来看,创新是人类心理特有的天性。探究未知是人类心理的自然属性。反思自我、诉求生命、考问价值是人类客观的主观能动性的反映。

(3) 从社会学的角度来看,创新是人类自身存在与发展的客观要求。人类要生存就必须向自然界索取需要,人类要发展就必须把思维的触角伸向明天。

(4) 从人与自然关系的角度来看,创新是人类与自然交互作用的必然结果。

(二) 创新的主要特征

创新既是由人、新成果、实施过程、更高效益四个要素构成的综合过程,也是创新主体为实现某种目的所进行的创造性的活动。它的主要特征包括以下几个方面。

1. 创造性

创新与创造发明密切相关,无论是一项创新的技术、一件创新的产品、一个创新的构思,还是一种创新的组合,都包含有创造发明的内容。创新的创造性主要体现在组织活动的方式、方法以及组织机构、制度与管理方式上。其特点是打破常规、探索规律、敢走新路、勇于探索。其本质属性是敢于进行新的尝试,包括新的设想、新的试验等。

2. 目的性

人类的创新活动是一种有特定目的的生产实践。例如,科学家进行纳米材料的研究，目的在于发现纳米世界的奥秘，提升对纳米材料性能的认知性，促进材料工业的发展，提高人类改造自然的能力。

3. 价值性

价值是客观满足主体需求的属性，是主体根据自身需要对客体所做的评价。创新就是运用知识与技术获得更大的绩效，创造更高的价值与满足感。创新的目的性使创新活动必然有自己的价值取向。创新活动源于社会实践，又向社会提供新的贡献。创新从根本上说应该是有价值的，否则就不是创新。创新活动的成果满足主体需要的程度越大，其价值就越大。一般来说，有社会价值的成果，将有利于社会的进步，如伦琴射线与 X 光透视。

4. 新颖性

新颖性，简单来理解就是"前所未有"。创新的产品或思想无一例外是新的环境条件下的新的成果，是人们以往没有经历过、没有得到和使用过、没有贯彻实施过的东西。

但是，用新颖性来判断劳动成果是否是创新成果时有两种情况。一是指主体能产生出前所未有的成果的特点。科学史上的原创性成果，大多属于这一类。二是指创新主体能产生出相对于另外的创新主体来说具有新思想的特点。例如，相对于现实的个人来说，只要他产生的设想和成果是自身历史上前所未有的，同时又不是按照书本或者别人教的方法产生的，而是自己独立思考或研究成功的成果，就算是相对新颖的创新。二者之间只有一条模糊的边界。正如照相机的发明者埃德·兰德（Edwin Herbert Land）所说："一个人若能达到发明者或思考对自己来说是新东西的程度，那么就可以说他完成了一项创造性行为。"

5. 风险性

由于人们受所掌握的信息的制约和对有关客观规律的不完全了解，人们不可能完全准确地预测未来，也不可能随心所欲地左右未来客观环境的变化和发展趋势，这就使任何一项改革创新都具有很大的风险性。

（三）创新思维的含义及特征

1. 创新思维的含义

创新思维是相对于常规思维而言的，是指以新颖的、独特的方式来解决问题的高级思维过程。它不仅能够揭示客观事物的本质及其内在联系，而且能够在此基础上产生新颖的、前所未有的思维成果，即创造出新事物、新产品、新理论、发现新规律等。

与直接和具体反映客观事物的感觉和知觉不同，作为人类认识的最高形式的思维，创新思维是对客观事物的见解和概括的反映。心理学界目前对创新思维的理解有广义和狭义之分，一般认为人们在提出问题和解决问题的过程中，一切对创新成果及作用的思维活动，均可视为广义的创新思维。狭义的创新思维是指在发明创新中直接导致创新方式的思维活动形式。[113]

简而言之，凡是突破传统思维习惯，以超常规甚至反常规的方法、视角去思考问题，以新颖独创的方法解决问题的思维过程，都可以称为创新思维。这种独特的思维常使人产生独到的见解和大胆的决策，进而获得意想不到的效果。

2. 创新思维的特征

创新思维的特征是指个体在创新思维活动中智力特征上的差异，主要包括以下几个方面。

1) 独特性

思维的独特性，又称新颖性、求异性，是指与别人看到同样的东西却能想出不同的事物。创新思维活动是独特的思维过程，它打破传统和习惯，解放思想，向陈规戒律挑战，对常规事物怀疑，否定原有的条框，锐意改革，勇于创新。在创新思维过程中，人的思维极其活跃，能从与众不同的新角度提出问题，探索、开拓别人没认识或者没完全认识的新领域，以独到的见解分析问题，用新的途径、方法解决问题，善于提出新的假说，善于想象出新的形象，思维过程中能独辟蹊径、标新立异、革新首创。可以说，思维的独特性是创新思维的本质特征与重要标志。

2) 批判性

创新思维的批判性可以称之为反思性。创新思维必须以怀疑乃至否定为前提，没有怀疑就不会有对传统思维模式和传统指导思想或理论体系的反思与批判。创新思维的批判性是创新思维的本质规定之一，因为所谓创新就是通过对传统思维框架进行批判性的反思而产生的，创新思维必须有反思的批判性，否则就不能称之为创新思维。只有通过对传统思维模式的反思和批判，不断地反思前人设定的界限，才能突破旧有认识、框架和现有的认识范围，才能有所创新，才能开拓出新的认识天地。所以创新思维作为创新意识，首先就是一种反思意识或批判意识，乃至是一种怀疑与否定的意识；而作为一种以创新为取向的思维活动，它是一种反思性的思维活动、批判性的思维活动。没有这一规定性，创新思维就只能是一种抽象概念，而不可能实现自身、完成自身、证实自身为创新思维。

因此，创新思维的前提就是批判、反思旧的东西，用怀疑、批判的眼光去审视前人的成果。可见，创新思维是一个在肯定中否定，在否定中开拓前进的发展过程，它必然以批判性为前提特征。

3) 流畅性

创新思维的流畅性是思维对外界刺激做出反应的能力，它是以思维的量来衡量的，要求思维活动畅通无阻、灵敏迅速，能在短时间内表达更多的概念。在短时间内产生的观念越多，思维流动性就越大；反之，思维就缺乏流畅性。吉尔福特(Guilford)认为思维流畅性可以分为四种形式：① 用词的流畅性；② 联想的流畅性；③ 表达的流畅性；④ 观念的流畅性。

4) 变通性

创新思维的变通性是指摒弃以往的习惯性思维方法,开创不同思维方向的能力。心理学的研究表明,富有创造力的人的思维比一般人的思维更全面,而缺乏创造力的人的思维通常只能想到一个方面而缺乏灵活性。创新思维在结构上的变通性,对于探索未知、创造技术都是不可或缺的,只有多方法、多渠道、高效益、多反馈地进行多方探索,反复试验,才能提高成功的概率。

5) 多向性

创新思维不受传统的单一的思想观念限制,思路开阔,从全方位提出问题,能提出较多的设想和答案,选择宽广;思路若受阻或遇到难题,能灵活变换某种因素,从新角度去思考,调整思路,善于巧妙地转变思维方向,从而产生合适的新办法。

6) 跨越性

创新思维的思维进程带有很大的跨越性,省去了思维步骤,思维跨度较大,具有明显的跳跃性和直觉性。创新思维是为了跨越传统思维,这种跨越是一种对传统思维的摒弃,而非简单否定和彻底拒绝。创新思维的跨越性表现在创新思维必须为认识提供新的视角、新的切入点,或称之为新的立足点,也就是说,必须为理论思维提供新的具有跨越性的思维原则。这是创新思维的又一本质规定性。没有这一本质规定性,创新思维徒有其名而无其实。

二、创业与创业精神

创业是人类最基本的实践活动,从某种意义上说,人类社会发展的历史,就是一部不断创业的历史。通过各个时代的创业,人类不断地创造新的物质财富和精神财富,来满足自身物质和精神的需要,从而推动社会不断进步,使社会逐步走向文明、昌盛、富强。

(一) 创业的含义与功能

1. 创业的含义

现在随手拿起一份报纸或一本杂志,打开收音机或电视机的新闻频道,或者进入一个新闻网站,都会发现有关企业家或创业型企业的报道。创业是当前的一个流行话题。如果现在有人问有关创业的定义,该如何回答,如何进行描述呢?

创业(entrepreneurship)一词的出现可追溯到 200 多年前的法国。1775 年,法国的经济学家 Richard Cantillon 将创业者和经济中承担的风险联系在一起。这就是创业的第一次定义,即创业代表着承担风险。

《现代汉语词典》对"创业"的解释是创办事业。而"事业"是指人所从事的,具有一定目标、规模和系统并对社会发展有影响的经济活动。《辞海》对"创业"的解释是创立基业。"基业"是指事业的基础。由此可见,创办事业是创业的本质。

创业有广义和狭义之分。广义的创业是指人类的创举活动，或指带有开拓、创新并有积极意义的社会活动。这种活动可以是盈利的，也可以是非营利的；可以是经济方面的，也可以是政治、军事、文化、科学、教育等各个领域的。只要是人们以前没有做过的，对社会产生积极影响的事，都可以说成创业。如美国的荣斯戴特（Robert C. Ronstadt）提出："创业是一个创造增长的财富的动态过程。"杰弗里·蒂蒙斯（Jeffry A. Timmons）指出："创业是一种思考、推理和行为方式……创业导致价值的产生、增加、实现和更新，不只是为所有者，也为所有的参与者和利益相关者。"

另外，从更广义的角度理解，一个人根据自己的性格、兴趣、知识与能力等选择自己的角色、职业和工作岗位，在这一岗位上创造性地发挥自己的特长和才干，实现个人价值并为社会带来财富的活动，都属于创业。因而职业也有岗位创业的含义，而在现实中，更多学生的创业则是体现在工作岗位上的创业，实现工作目标，体现个人价值。

从狭义上所讲的创业概念，源于"entrepreneur"（企业家、创业者）一词，因而对其理解通常带有经济学的视角。如精细管理工程创始人刘先明认为："创业是指某个人发现某种信息、资源、机会或掌握某种技术，利用或借用相应的平台或载体，将其发现的信息、资源、机会或掌握的技术，以一定的方式，转化、创造成更多的财富、价值，并实现某种追求或目标的过程。"郁义鸿、李志能在《创业学》一书中指出："创业是一个发现和捕捉机会并由此创造出新颖的产品或服务，实现其潜在价值的过程。"[114]

在创业的定义中发现的一个共同主题是意识到企业家的重要作用。毫无疑问，如果没有一位愿意去做一名企业家要做的事情的人，就不会有创业。

创业定义中的另一个共同主题是创新。创新包括变化、改革、改造，以及新方法的引进。

根据综上所述的定义和教育部大纲的要求，我们将创业定义为"不拘泥于当前资源，寻求机会，进行价值创造的行为过程"。该定义包括以下四个方面的内容。

（1）创业是创造的过程。创业创造出某种有价值的新事物，这种新事物必须是有价值的，不仅对创业家本身，而且对其开发的某些目标对象也是有价值的。

（2）创业需要贡献出必要的时间，付出极大的努力。要完成整个创业过程，要创造新的有价值的事物，就需要大量的时间，而要获得成功，没有极大的努力是不可能的。

（3）承担必然存在的风险。创业的风险可能有多种形式，依赖于创业的领域，但是通常风险来自财务方面、精神方面、社会方面及家庭方面等。

（4）给予创业家以创业报酬。作为一个创业家，最重要的回报可能是其由此获得的独立自主，及随之而来的个人满足感。对于追求利润的创业家，金钱的回报无疑是最重要的。当然在岗位创业的过程中，也许并没有金钱的回报，但个人得到的组织激励和个人的成就感依然是巨大的创业报酬。

2. 创业的功能

20世纪80年代以来,国外经济和管理学界就一直非常重视"创业"这个十分重要且活跃的领域。这里主要从自主创业(创办企业)的角度来介绍创业功能,由于创业作为经济发展的原动力,在促进经济高速增长、加速技术创新和科技成果转化以及增加就业机会、缓解社会就业压力等方面的作用日益突出和增强。现阶段在我国推行创业,具有以下功能。

(1)促进城乡结构的优化,加快我国城市化进程。要打破我国长期形成的城乡二元经济结构,实现小城镇建设、农业产业化、农村剩余劳动力转移,主要依靠无数异常活跃、自主经营的小业主及微小企业构造微观运作平台。他们是"公司+农户+基地"的基础力量,是进城、进镇务工经商的主力军,是城镇房地产(住宅和商铺)的重要消费者。

(2)促进产业结构优化,加快第三产业发展。服务业是能够大量容纳劳动力的产业,一般用工数量比工业多2~3倍。鼓励在第三产业创业,能迅速提高我国第三产业在国民经济中的比重,同时改善人民生活水平和提高生活质量。

(3)促进所有制结构的优化。从所有制性质看,创业的微型和小型企业都是私营和民间资本,国有资本将从国民经济竞争领域逐步退出,此时需要民营企业及时去填补和置换国有资本。因此,扶持创业小企业做大、做强具有重要意义。

(4)促进经济规模结构的优化。只有积极发展成千上万"小而专""小而特""小而精"的微型和小型企业,并形成社会化生产和服务体系,形成金字塔形的大、中、小型企业规模结构,才能具有国际竞争力。

(5)促进投资结构的优化,加快民间投资进入。目前在市场紧缩、消费疲软、民间投资意愿不强的情况下,主要依靠政府的投入支撑国民经济发展,从长远看积极财政政策的效果是有限的。大量民间资本的创业对国民经济的增长有直接贡献,其投资效率也是很高的。

(6)带来劳动力就业的倍增放大效应。创业不单是创业者个人创立自己的一份事业、产业,而且还创造出新的就业机会。比如一个小型企业能够吸纳3~5个人就业。

(7)提高政府就业管理工作效能。通过创业带动就业的杠杆作用,政府减轻了就业服务工作量,提高了就业服务工作效率。

(8)增加国家税收。通过一大批创业的微型、小型企业的设立和成长,还能够增加国家税源,成为国民经济的新增长区域;成千上万勤俭、诚信创业的小业主将成为中产阶级的中坚力量,为发家致富提供正面的典型示范,其社会效果和经济效果不可估量。

(二)创业要素与类型

1. 创业要素

由创业的概念可知,创业的要素包括创业者、商业机会、技术、资源、人力资本、组织、产品服务等几个方面。

(1) 创业者是创业过程中处于核心地位的个人或团队,是创业的主体。创业者在创业过程中起着关键的推动和领导作用,其职责包括识别商业机会、创建企业组织、融资、开发新产品、获取和有效配置资源、开拓新市场等。因而,创业者的素质和能力是创业成功的第一要素。

(2) 商业机会是创业过程中的核心,创业者从发现和识别商业机会开始创业。商业机会指没有被满足的市场需求,它是市场中现有企业留下的市场空缺。商业机会就是创业机会,它意味着顾客能得到比当前更好的产品和服务的潜力。

(3) 技术是一定产品或服务的重要基础。产品与服务当中的技术含量及其所占比例,是企业满足社会和市场需求的支持保障,是企业的核心竞争力。

(4) 资源是组织中的各种投入,包括各种人、财、物。资源不仅包括有形资产,如厂房、机器设备,也包括无形资产,如专利、品牌;包括个人资源,如个人技能、经营才能,也包括社会网络资源,如信息、权力影响、情感支持、金融资本。

(5) 人力资本是创业的重要资源投入。创业成功的关键在于创业者的识人、留人、用人。形成创业的核心团队,制定有力的政策制度和有效的组织结构,建立良好的企业文化是建立人力资本的核心。

(6) 组织是协调创业活动的系统,是创业的载体,是资源整合的平台。创业型组织的显著特征是创业者的强有力领导和缺乏正式的结构和制度。从广义来说,创业型组织是以创业者为核心形成的关系网络,不仅包括新设组织内的人,还包括这个组织之外的人或组织,如顾客、供应商和投资人。

(7) 产品服务是创业者为社会创造的价值,它既是创业者成功的必要条件,也是创业者对社会的贡献。正是通过为社会提供更多、更好的产品服务,人类社会的财富才日益增多,人们的生活才变得丰富多彩。

总之,创业是具有创业精神的创业者、商业机会、组织与技术、资金、人力资本等资源相互作用、相互配置,创造产品和服务的动态过程。

2. 创业类型

随着创业活动的日益广泛,创业活动的类型也呈现出多样化的趋势。了解创业类型,比较不同类型创业活动的特点,有助于我们更好地理解和开展创业活动。创业从不同的角度、根据不同的标准可以做不同的分类。

1) 根据创业动机划分

(1) 机会型创业,指创业的出发点并非谋生,而是为了抓住、利用市场机遇。它以市场机会为目标,能创造出新的需要,或满足潜在的需求,因而会带动新的产业发展,而不是加剧市场竞争。

(2) 就业型创业,指为了谋生而走上创业之路。这类创业是在现有的市场上寻找创业机会,并没有创造新需求,大多属于尾随型和模仿型,因而往往小富即安,极难做大做强。

虽然创业动机与主观选择相关,但创业者所处的环境及其所具备的能力对于创业动机类型的选择有决定性作用。因此,通过教育和培训来提高创业能力,就可以增加机会型创业的数量,不断增加新的市场,减少低水平竞争。

2) 根据创业者数量划分

(1) 独立创业,指创业者独立创办自己的企业。其特点在于产权是创业者个人独有的,企业由创业者自由掌控,决策迅速。但它需要创业者独自承担风险,创业资源准备也比较困难,还受个人才能的限制。

(2) 合伙创业,指与他人共同创办企业。其优劣势与独立创业相反,优势在于资源准备相对容易,风险均摊,决策制衡,可以发挥集体智慧;但劣势在于权力多头,决策层级多,响应速度慢。

3) 根据创业项目性质划分

(1) 传统技能型创业,指使用传统技术、工艺的创业项目,它具有永恒的生命力。尤其是酿酒、饮料、中药、工艺美术品、服装与食品加工、修理等与人们日常生活紧密相关的行业,独特的传统技能项目表现出了经久不衰的竞争力,许多现代技术都无法与之竞争。

(2) 高新技术型创业,指知识密集度高,带有前沿性、研究开发性质的新技术、新产品项目。

(3) 知识服务型创业,指为人们提供知识、信息的创业项目。当今社会,信息量越来越大,知识更新越来越快,各类知识性咨询服务的机构将会不断细化和增加,如律师事务所、会计师事务所、管理咨询公司、广告公司等。这类项目投资少、见效快。如在北京有人创办剪报公司,把每天主要媒体上与该企业有关的信息全部收集、复印、装订起来,有的年收入达 100 万元,且市场十分稳定。

4) 根据创业方向或风险划分

(1) 依附型创业,可分为两种情况:一是依附于大企业或产业链而生存,为大企业提供配套服务,如专门为某个或某类企业生产零配件,或生产、印刷包装材料;二是特许经营权的使用,如利用麦当劳、肯德基等的品牌效应和成熟的经营管理模式,减少经营风险。

(2) 尾随型创业,即模仿他人创业,"学着别人做"。其特点:一是短期内只求能维持下去,随着学习的成熟,再逐步进入强者行列;二是在市场上拾遗补阙,不求独家承揽全部业务,只求在市场上分得一杯羹。

(3) 独创型创业,指提供的产品或服务能够填补市场空白。这种独创性包括商品的独创性,或者商品的某种技术的独创性以及服务的独创性,如生产环保性更好且去污力更强的洗衣粉、创立首家搬家服务公司、婚介公司等。但其也有一定的风险性,因为消费者对新事物有一个接受的过程。独创型创业也可以是旧内容的新形式,比如产品销售送货上门,经营的商品并无变化,但在服务方式上改进了,从而更具竞争力。

(4) 对抗型创业,指进入其他企业已形成垄断地位的某个市场,与之对抗较量。这类创业风险最高,必须在知己知彼、科学决策的前提下,抓住市场机遇,乘势而上,把自己的优势发挥到极致。比如,针对1990年年初外国饲料厂商在中国市场大量倾销合成饲料的背景,希望集团运用对抗型创业,建立了西南最大的饲料研究所,定位于与外国饲料争市场,从而取得成功。

5) 基于创业方式划分

(1) 复制型创业。复制型创业是在现有经营模式的基础上进行简单复制的过程。例如,某人原本在一家化工品制造企业担任生产部经理,后来离职创立一家与原化工品制造企业相似的新企业,且生产的产品和销售渠道与离职前的那家企业相似。在现实生活中,复制型新创企业的比例较高,由于前期经验的累积,这种类型创业的成功率也很高。但是,在这种类型的创业活动中,创新的贡献比较低,对创业精神的要求也比较低。因此,在以往的创业研究中,对这种类型的创业关注得比较少。

(2) 模仿型创业。模仿型创业是一种在借鉴现有成功企业经验基础上进行的重复性创业。这种创业虽然很少给顾客带来新创造的价值,创新的成分也很低,但对创业者自身命运的改变还是较大的。它与复制型创业的不同之处在于,其创业过程对于创业者而言,具有很大的冒险成分。例如,某软件工程师辞职后,模仿别人开一家饮食店。这种形式的创业具有较高的不确定性,学习过程长,犯错误的机会多,试错成本也较高。不过,创业者如果具备较高的素质,那么只要他得到专门的系统培训,注意把握市场进入契机,创业成功的可能性也比较大。

(3) 安定型创业。安定型创业是一种在比较熟悉的领域所进行的不确定因素较小的创业。这种创业虽然为市场创造了新的价值,但是对创业者而言,并没有太大的改变,其所从事的仍是比较熟悉的工作。这种创业类型强调的是创业精神的实现,也就是创新的活动,而不是新组织的创造。企业内部创业即属于这一类型。例如,企业内的研发团队在开发完成一项新产品之后,继续在该企业内开发另一款新的产品。这种创业形式强调的是个人创业精神的最大限度的实现,而不是对原有组织结构进行设计和调整。

(4) 冒险型创业。冒险型创业是一种在不熟悉的领域进行的不确定性较大的创业。这种创业除了对创业者具有较大的挑战,并会给其带来很大的改变外,其个人前途的不确定性也很高。通常情况下,那些以创新的方式为人们提供具有自主知识产权的新产品、新服务的创业活动,便属于这种类型的创业。冒险型创业是一种难度很高的创业类型,有较高的失败率。尽管如此,因为这种创业预期的回报较高,所以对那些充满创业精神的人来说,它仍极具诱惑力。这里需要提醒大家的是,创业者只有在具备超强的个人能力,拥有非常有竞争力的产品,恰逢适宜的创业时机,且制定了合理的创业方案,并能进行科学的创业管理的条件下,才有可能获得创业的成功。

6) 基于创业主体划分

(1) 个体创业主要指不依附于某一特定组织而开展的创业活动。

(2) 公司创业主要指在已有组织内部发起的创业活动,这种创业活动可以由组织自上而下发动,也可以由员工自下而上推动,但无论推动者是谁,公司内的员工都有机会通过主观努力参与其中,并在这种创业中获得报酬和得到锻炼。

从创业本质来看,个体创业与公司创业有许多共同点,但是由于创业主体在资源、禀赋、组织形态和战略目标等方面各不相同,因而两者在创业的风险承担、成果收获、创业环境、创业成长等方面存在较大的差异。

3. 创业过程的阶段划分

创业过程包括创业者从产生创业想法,到创办新企业或开创新事业并获取回报的整个过程。这个过程涉及的活动和行为较多,如寻找创业机会、组建创业团队、筹集创业资金、制订创业计划等。为了帮助大家更好地把握创业过程的关键环节,我们按照时间顺序,将创业过程划分为机会识别、资源整合、创办新企业、新企业生存和成长四个阶段。[114]

1) 机会识别

识别创业机会是创业过程的核心,也是创业管理的关键环节。识别创业机会包含发现机会和评价机会的价值两个方面的活动,其中有许多问题值得研究。

第一,创业机会来自哪里?或者说创业者应该从何处识别创业机会?

第二,为什么某些人能够发现创业机会而其他人却不能?或者说,哪些因素影响甚至决定了创业者识别机会?

第三,创业机会是通过什么形式和途径被识别的?是经过系统地搜集资料和周密的调查研究,还是偶然被发现的?

第四,是不是所有的机会都有助于创业者开展创业活动并创造价值?

通过这些问题,我们可以看到创业者在识别机会阶段经常要开展的活动。为了发现机会,创业者需要多交朋友,并经常与朋友沟通交流,这样做有助于创业者更广泛地获取信息。创业者还需要细心观察,从以往的工作和周边的事物中发现问题,看到机会。在发现机会之后,创业者还需要对机会进行评价,以判断机会的商业价值。

2) 资源整合

整合创业资源是创业者开发机会的重要手段。强调资源整合,是因为创业者可以直接控制的可用资源少,许多成功的创业者都有过白手起家的经历。对创业者来说,整合资源往往意味着整合外部的资源、别人掌握控制的资源,来实现自己的创业理想。

人、财、物是任何生产经营单位都要具备的基本生产要素,创业活动也是如此。对打算创业并识别了创业机会的创业者来说,要想成就一番事业,就要组建创业团队、筹集创业资金、搭建创业平台、建立销售渠道、理顺上下级关系。如果是创建生产型企业，还需要租用场地、建造厂房、购置设备、购买原材料等。

创业活动是创业者在资源匮乏的情况下开展的具有创造性的工作，势必面临很大的不确定性。在很多情况下，创业者自身对事业的未来发展也不清楚，所以外部组织和个体当然不敢轻易地将自己的资源投给创业者。因此，不少创业者在创业初期乃至新企业成长的很长一段时间里，都要把主要的精力投入到整合资源中。

3) 创办新企业

新企业的创建和新事业的诞生，往往是创业者开始创业行为的直接标志，有人甚至将是否创建了新企业作为个人是不是创业者的衡量标准。创建新企业有不少事情要做，包括公司制度的制定、企业注册、经营地址的选择、确定进入市场的途径等，有时甚至要在是创建新企业还是收购现有企业等进入市场的不同途径之间进行选择。

企业内创业可能没有公司制度设计问题，但同样要设计奖惩机制，甚至需要制定利益分配原则；可能没有企业注册问题，但同样要有资金投入及预算控制机制等问题。创业初期，迫于生存的压力，也由于对未来发展无法准确预期，创业者往往容易忽视制度和机制建设，结果给以后的发展带来许多问题。

4) 新企业生存和成长

从表面上看，新企业的运营与有多年经营历史的企业相比，没有什么本质的区别，都要做好生产销售等类似的工作。但真正创办过新企业的人都知道，它们之间的差异还是很大的。对已经存在的企业来说，其销售工作的核心任务是注重品牌价值，维护好老顾客，提升顾客的忠诚度。而对新创建的企业来说，它虽然也要考虑品牌价值等问题，但首要的任务是争取到第一个顾客。这意味着新企业要为顾客创造更大的价值，意味着要为获得同样的收益付出更大的代价和成本。

确保新创建的企业生存，是创业者必须面对的挑战，从某种意义上说，只有活下来才能谈其他的问题。但是，强调生存的重要性，并不意味着不考虑成长和发展。"人无远虑，必有近忧"，不考虑成长就无法生存得更长远，在竞争激烈的环境中尤其如此。新企业的成长是有规律的，创业者需要了解企业成长的一般规律，预想企业不同成长阶段可能面临的问题，并采取有效的措施予以防范和解决，使机会价值得到充分实现；同时不断地开发新的机会，把企业做大、做强、做活、做久。

(三) 创业精神的概念和特征

1. 创业精神的概念

创业精神这个概念最早出现在 18 世纪，其含义一直在不断变化。综合已有的创业精神定义，我们认为，创业精神是创业者在创业过程中的重要行为特征的高度凝结，主要表现为勇于创新、敢当风险、团结合作、坚持不懈等。创业精神的基本内涵可以从哲学层面、心理学层面、行为学层面三个方面加以理解：从哲学层面看，创业精神是人们对创业行为在思想上、观念上的理性认识;从心理学层面看,创业精神是人们在创业过程中体现的创业个性和创业意志的心理基础;从行为学层面看,创业精神是人们在创业行为中所表现的创业作风、创业品质的行为模式。创业精神是创业者各种素质的综合体现,它集冒险精神、风险意识、效益观念和科学精神为一体,体现了创业者具有开创性的思想、观念和个性,以及积极进取、不畏失败和敢于担当等优秀品质。创业精神不但是一种抽象的品质,而且是推动创业者创业实践的重要力量。这具体表现在以下三个方面:第一,创业精神能让创业者发现别人注意不到的趋势和变化,看到别人看不到的市场前景;第二,创业精神能让创业者在新事物、新环境、新技术、新需求、新动向面前具有较强的吸纳力和转化力;第三,创业精神能让创业者不断地寻找机会,不断地创新,不断地推出新产品和新的经营方式。

2. 创业精神的主要特征

经济学家熊彼特专门研究了创业者创新和追求进步的积极性所导致的动荡和变化,将创业精神看作一股"创造性的破坏"力量。因为创业者采用的"新组合"使旧产业遭到淘汰,原有的经营方式被新的、更好的方式摧毁。管理学家德鲁克(Drucker)将这一理念更推进了一步,称创业者是主动寻求变化、对变化做出反应并将变化视为机会的人。

综观各个学派、各方人士对创业精神的理解,通过对古今中外创业者的创业活动和人格特征的深入分析,我们将创业精神的特征概括为以下几个方面。

(1) 综合性。创业精神是由多种精神特质综合作用而成的。诸如创新精神、拼搏精神、进取精神、合作精神等,都是创业精神的重要特质。

(2) 整体性。创业精神是由哲学层面的创业思想、创业观念,心理学层面的创业个性和行为学层面的创业作风构成的整体,缺少其中任何一个层面,都无法构成创业精神。

(3) 先进性。创业精神的最终体现就是开创前无古人的事业,所以它必然具有超越历史的先进性,想前人之不敢想、做前人之不敢做。

(4) 时代性。不同时代的人们面对着不同的物质生活和精神生活条件,创业精神的物质基础和精神营养也就各不相同,创业精神的具体内容也就不同。

(5) 地域性。创业精神还明显地带有地域特色。例如,作为改革开放前沿的广东省,其创业精神明显带有"敢为天下先""务实求真""开放兼容"和"独立自主"等特性。

综上,我们可以看出,创新是创业的基础,而创业推动着创新,科学技术、思想观念的创新,在促进人们物质生产和生活方式的变革,引发新的生产、生活方式,进而为整个社会不断地提供新的消费需求,这是创业活动之所以源源不断的根本动因。另外,创业在本质上是人们的一种创新性实践活动。无论是何种性质、类型的创业活动,它们都有一个共同的特征,那就是创业是主体的一种能动的、开创性的实践活动,是一种高度的自主行为。在创业实践的过程中，主体的主观能动性将会得到充分的发挥和张扬，正是这种主体能动性充分体现了创业的创新性特性。

第二节　创新创业人才的人格特质及核心素质

一、创新创业人才素质研究

在国内，无论学术界还是实践界都对创新创业人才培养问题表现出很高的积极性，因为培养创新创业人才是对创新驱动时代呼唤的回应，对个人来说，关系着自身的成才发展，对高校来说，是需要解决的重要课题，对于经济社会来讲是其高质量发展的必由之路。近些年，从实践层面到理论层面一直都在积极探索创新创业人才的培养方式及其影响因素，从成立创新创业学院到建立大学生创业园、开设系列的创新创业教育课程，这是实践层面的工作成绩。理论界在创新创业教育方面发表了大量文章，从"广谱式"创新创业教育体系构建到提出创新创业教育基本理念，再到提出创新创业多重蕴含以及对创新创业教育核心与难点的确认直到对创新创业教育成效的评估，[115]都可以看出理论研究的进展。对众多文献研究后，发现目前对创新创业人才的人格特质、核心素质和关键能力还没有明确地进行确认。人们渴望找到创新创业人才的人格特质、核心素质和关键能力，以便能够对创新创业行为做出最具说服力的解释并为开展创新创业教育制定行之有效的方案提供理论依据。

在过去对创新创业人才能力素质进行个案研究的过程中，非常注重对商业创业或科技创业成功者的突出品质进行调查，较少对基础科学领域创新人才的能力素质特征进行研究，虽然科学创新素质探讨是一个更为久远的话题。这或许代表了时代风尚的变化，即过去的人才培养理想目标是科学家和学者，而今天则是企业家和经理，人才培养模式重点逐渐从知识生产者转向资本创造者。当然，理想的人才培养模式应该是兼具两者特征，既培养科学家和学者，也培养企业家和经理，既能够进行学术创造，也能够进行经营管理。这可能是最为理想的创新创业人才培养模型。其实创新创业人才也并不局限于科学家、学者、企业家和经理，在平凡岗位上怀着积极向上的心态，高标准完成岗位职责的人，也包含着创新创业能力和素养。很显然，对于大学教育而言，要实现这个理想目标并不现实，因为大学教育的时间有限，在有限的时间内能够培养出大学生具有创新创业的基本素质就已经成功了，不能再奢望大学培养出成功的科学家或企业家，因为科学家和企业家都必须经历长期的科研探索和商海的大浪淘沙，他们很难在大学的温室环境里培养成功。总之，如果能够培养大学生向这个方向努力，那就是一件非常成功的事情了。因为今日的大学生步入高等教育前的学习和生活经历都比较单一，对于当下物质生活状态比较知足，对于激烈的社会竞争还认识不足，有时还会带上几分佛系特质，这与处于社会发展转型期经济发展迫切需要大批创新创业人才的时代背景是不相适应的。为此,就必须培养大学生自学成才意识,让他们主动向创新创业人才的目标努力。当然,大学教育环境氛围塑造是更为急迫的,如果大学具备了浓厚的创新创业人才培养的氛围,大学生自然在其中受到熏陶,也就会不自觉地成长为创新创业人才。[116]

要达到这一步,大学教育就必须首先搞清楚创新创业人才的人格特质和能力素质结构,弄懂创新创业人才成长的基本规律,了解创新创业人才的核心素质,明确创新创业人才必须具备的关键能力,如此才可以为创新创业人才培养起到引领性作用,从而引导大学人才培养模式变革,也引导大学生自觉向这个方向努力。

二、创造性人体现创新创业人才的理想品质

创新创业人才的人格理想就是追求创造,即把创造作为人生最大的享受。从人格心理学而言,这是"自我实现"需求的展现。在马斯洛需求层次理论中,"自我实现"需求是人的最高需求层次,简言之就是自己认为个人价值的充分实现。这种人格特质就是创造性人格,这也是所有成功人士必须具备的特点,没有这一点,一个人就不可能最终走向成功。创造性人格具体是指什么?就是一个人立志为社会、为国家、为民族、为人类贡献自己的创造性智慧的意志追求。无疑,这种人格追求一般都是长期的教育环境培养和时代要求相结合的产物,很难自发形成。特别是在社会转型期或社会大变革时期更容易出现这样的人格特质。今天的社会转型期也要求一大批勇于担当的有为之士,有的勇于承担科技创新和管理创新以及观念创新的重任,有的能够立足平凡岗位兢兢业业为组织发展贡献力量。

创造性人格具有哪些突出的人格特征呢?从理论上讲,创造性人格普遍具有主体性强、批判性强、决断性强、合作性强、反思性强、逻辑性强、实践性强等系列突出品质。

所谓主体性强,指一个人具有强烈的独立自主意识,直接表现为具有强烈的人格独立意识,不依附、不依赖,在处理问题上有积极主动性,也就是主人翁意识极强。主动思考个人或团体面临的困难或是问题,对自己有信心,能在实践中不断提升自己的能力,遇到不如意的事情,也不会埋怨外在因素或是其他人,有担当精神。很显然,这种人格特质具有很强的大局意识,不会因为个人私利而消极怠工。

批判性强是指一个人善于发现事物发展过程中存在的问题,并敢于指出问题,进而积极地思考解决问题的对策。这种人一般都具有追求完美主义的道德倾向,不能容忍做事随便、粗枝大叶的行为,对别人错误的倾向敢于提出不同意见,具有捍卫真理的决心与意志。

决断性强是指一个人能够明智理性地看待问题,能做出较满意的决策,且不会拖泥带水,从而具有一种果断的意志品质和一种理想主义气质。这种气质常常表现为具有魄力,敢于做事,雷厉风行,注重实效,不做表面文章,这也是人们非常敬重的品

格,而魅力型领导往往就具有这种气质。

合作性强是指个体的团队合作意识强,不是以自我为中心,也不会单打独斗,而是尊重他人意愿,广泛征求他人意见,并虚心听取别人的建议,能主动与人进行沟通协商,争取他人的支持,从而让自己处于合作的环境中、处于别人理解和支持的环境中。这往往是民主型领导表现出的气质。

反思性强是指能够从已经发生的事情中听取经验教训,并反思自己若处理这样的事情优势和劣势,对自己要求高标准,处理事务谨慎高效,具有一种追求卓越的精神。正所谓"一日三省吾身",可以说这是一种善于学习的气质,也是一个人具有谦虚谨慎品质的表现。

逻辑性强是指在行为方式上是内在一贯的,表里如一的,是经过深思熟虑的,也是经过自己良心审判的,是把行为初衷与结果综合在一起进行考虑的,从而表现出具有明确的目的性。可以说这是一个人的理性品质的典型表现。实践性强则是指能脚踏实地完成事务,不尚空谈,崇尚实干,能将目标与实践完美结合,计划的执行力很强。[116]

实践性强是指能脚踏实地完成事务,不尚空谈,崇尚实干,能将目标与实践完美结合,计划的执行力很强。在实践中促进思维能力的进一步发展,在实践中检验思维成果的正确性。

可以看出,这些人格特质内在地构成了一个有机整体。其中,主体性强是一个根本特征或总体特征,其他特征均由此派生,换言之,没有主体性就没有一切。因为主体性强意味着他具有非常强的独立思考能力,善于运用自己的批判思维能力,从而善于发现事物存在的优势与不足(批判性强),因而他能够在肯定事物发展存在的优势的同时指出事物在发展过程中存在的缺陷与不足,进而找到事物改进的方向与目标(决断性强);他又能明智地意识到推动事物进步必须依靠群体的力量,不能逞一己之能,图一时之快(合作性强);他在合作过程中是非常清醒的,能够保持自己的独立性,不放弃自己的原则立场,同时尽力弥补自己在思考与行动上的不足(反思性强);在反思过程中时刻要求行动与目标的统一、个体与集体的统一、手段与目的的统一(逻辑性强);他非常注重自己的理想追求,但更注重通过实践来检验自己的理想设计是否合乎实际,相信只有通过实践检验的才是真正存在的,而且也相信只有实践才是目的,认为实践是对人的能力的更大的证明(实践性强)。所以,没有主体性,就没有批判性、决断性、合作性、反思性、逻辑性和实践性等系列品质的存在。

内在的人格特征品质常会在现实的工作和生活中从个人的性格特征上表现出来。这些内在品质在现实中具体表现为自信、敏锐、果敢、合群、自律、谨慎、务实等一系列明显的性格特征。自信是主体性强的最直接表现,具体表现为他相信自己的独立判断,从而不依附于任何人,也不轻信任何人;敏锐是指一个人看问题能够看到实质,重视事物的细微变化可能造成的影响,具有一种见微知著的直觉,这种性格特征是批判性强的反映;果敢表现为一个人敢于在复杂局势面前做出决定,并且坚决执行自己的决定,不会瞻前顾后,畏首畏尾,这种性格特征是决断性强的反映;合群表现为善于换位思考,能够主动适应集体的要求,能够在坚持自我和维护集体团结之间做出让步并达到平衡,不会表现出个人英雄主义,但在集体需要之际又能够挺身而出,坚定地维护集体利益不受损害,显然,这一性格特征是合作性强的反映;自律表现为对自己有严格的原则要求,在为人处世上不违反自己订立的原则,始终保持自己做人的底线,这种自律性是个体反思性强的反映;谨慎表现为做事情不莽撞,善于做调查研究与周密思考,做事情有计划、有步骤,这个性格特征是逻辑性强的反映;务实表现为不沉湎于空想,而是讲究实效,反对形式主义和文牍主义,这个性格也是实践性强品质的反映。

这些性格特征在总体上表现为豁达和坚毅两种综合品质。所谓豁达,表现为他能够不计较个人利害得失,一切以大局为重,能够从长远考虑问题,这一综合特质是自信、自律、合群与务实品格的合成;坚毅表现为他有理想,有抱负,能够正确面对困难,不轻言放弃,做事情有始有终。这一综合特质是敏锐、果敢、谨慎品质的合成。而且只有性情豁达的人,才能成为性格坚毅的人,所以豁达与坚毅构成一个人性格的两面。

三、创新创业人才典型的心理素质特征

通过相关文献研究发现,王洪才教授提出的创新创业人才心理素质架构具有较强的现实意义,其呈现出七级心理架构,这七级素质表现出层层递进的关系。[116]

第一个突出表现是自信心特别强。自信心是能力的基础,具有创造性人格的人对自己非常自信,他们一般都有自己的独立主张,不轻易放弃自己的主张,对任何事情都希望坚持自己的判断,不会轻易被别人说服;他们都非常相信自己的直觉,而且自己的直觉判断也往往屡屡命中,从而更加强化了他们的自信。他们的感觉比较敏锐,善于发现事物的细微差别,看问题时常常能够一语中的,一针见血,直指要害。而且他们的批判力也特别强,能够抓住事物的关键矛盾,进而能够发现事物的致命缺陷并能够给以启发性的建议。他们也不是固执己见者,而是善于倾听别人意见,对别人的合理的建议能够虚心采纳,不会刚愎自用,所以他们又是非常虚心和特别好学的人,这些品质又使他们见闻广博,思维不拘于一隅,故而他们又是视野开阔的人。正是视野开阔、心胸宽广,才成就其自信心特别强的特征,这种自信心强又不使他们陷于盲目的自我崇拜和莽撞武断之中。总之,自信心强就表现为,相信通过开发内在潜力能够解决一切复杂的困难问题,相信一切问题都是有解的,困难都是由于没有充分挖掘自身潜力造成的。这种自信心是他们行为的动力,也是他们战胜困难的决心,同时也是他们坚持到最后胜利的毅力。

第二个突出表现是责任心非常强。创造性人格由于具有强烈的贡献意识,希望

能够为社会、国家、民族和人类做出独特贡献,所以他们往往以天下为己任,故而他们常常表现出强烈的批判意识,从而对社会上的丑陋现象进行批判,也对社会上出现的不良行为表现出不满。他们迫切希望改变社会上的不正之风,从而积极为社会进步建言献策。他们对自己的工作不仅兢兢业业,而且力求尽善尽美,精益求精,希望能够成为人们行为的楷模和对事物评判的标准。但他们的表达方式是比较理智和冷静的,不会出现头脑一热而不顾一切地冲动行为,从而他们反对过激行为,认为那样非但无助于问题的解决,很可能惹出更大的麻烦。因此他们的批判风格是理性的、对话的,而不是武断的、偏激的。他们的责任心集中表现在积极为问题的解决寻求答案,不会做社会发展的旁观者,他们相信科学和理性,认为科学手段和理性方法能够解决一切困难问题。并且,他们坚信人们只要用好科学的武器和理性方法,就有助于问题的解决,就能推动社会进步。

第三个突出表现是具有非常强的冒险精神。创造性人格富有冒险精神,因为他们相信一切问题都没有现成答案,一切答案都必须自己去寻找,认为过去的经验不能代替现在问题的思考,更不能代表未来事物的答案。而且他们相信一切事物都是处于发展中,没有确定的答案,都必须不断地寻找,这些答案只能在探索的过程中出现。所以他们特别强调亲力亲为,反对夸夸其谈,坚信实践出真知这一唯物论命题。故而他们在行为上表现出勇于探索的品质。他们比较善于观察事物发展倾向,善于把握事物发展机遇,敢于把自己的想法付诸实践。他们不相信有什么事可以100%的成功,但相信只要有百分之一的希望就要付出百分之百的努力。从而他们善于决策,只要有一半以上的成功率就要付诸行动,不会等到有100%成功率时才行动。因此他们非常懂得抢占先机的意义,而且认为任何行动方案都是在行动过程中不断完善的,同时认为100%按照行动方案行动就会造成百分之百的失败,因为事物总是发展变化的,行动者必须具有高度的敏感性,必须能够根据环境变化来调整行动方案,做到随机而动。故而他们对行动过程更感兴趣,反而对行动结果的欣赏是其次的,他们更享受挑战困难所带来的乐趣。

第四个突出表现是具有非常强的合作精神。创造性人格并不迷信孤胆英雄,而是相信团队力量,相信"一个好汉三个帮"的道理,故而在行动过程中非常重视选择合作伙伴,认为选对合作伙伴就成功了一半。他们坚持合作伙伴与自己本质上是一体的,是不分彼此的,不能厚此薄彼,必须一视同仁,从而非常重视订立契约,把一切利害关系表述清楚,力求大家获得共识和信任,避免在行动过程中出现大的分歧和矛盾,争取在出现分歧和矛盾情况后也能够圆满地解决。说到底,这是创造性人格批判与反思意识强的表现,因为他们认识到了自己的不足,也认识到了每个人的局限,认识到了只有合作才能使自身强大起来,因为只有合作才能够弥补彼此的不足。正是这种合作精神,才使他们学会尊重对方,从而能够平等地处理彼此关系,进而在危难的时候能够相互依托,在成功的时候能够共享欢乐。

第五个突出表现是具有敏锐的市场意识。创造性人格一直在寻找发挥才能的机会,而发现社会重大需求是做出突出贡献的前提,而变动的市场信息能够使他们发现发挥贡献力量的机会。显然,他们不会对任何市场变化都关注,只关心自己感兴趣的领域范围,因为每个人都有自己的优势领域,而且只有在自己具有优势的领域才能充分发挥自己的才能,所以他们始终对自己所关注的领域保持高度的敏感性。满足市场需求,就是自身创造的动力,发现市场需求信息,就是找到发挥自己专长的切入点。一个人只有在自己感兴趣的优势领域才能做出最大的贡献,离开了个人的优势领域,就相当于鱼离开水而无法生存。敏锐的市场意识意味着对社会需求变化信息能够提前感知,而不是等需求信息明朗才做出反应,而是指提前采取行动,做出应对举措。

第六个突出表现是具有适当的风险意识。创造性人格敢于冒险,但不代表不怕风险、无视风险。事实上,具有理性思考能力的人都具有比较强的风险意识,但过度的风险意识就会束缚手脚,而轻视风险就会出现麻痹大意进而造成不可估量的损失。所以,创造性人格在做任何事情之前都必须未谋胜先谋败,这样才能制定更加完备的方案。为此,做任何事情之前都需要料敌于先,谋而后动,在做任何重大事项之前都需要估计失败的风险并预备应对之策。但创造性人格往往长于进取而疏于防范,常常在风险意识方面表现不足,这与他们内在地具有一种理想主义气质及英雄主义气质有关。虽然他们也有一些基本的防范措施,但在重大危机面前往往是不堪一击的。之所以如此,就在于他们害怕过度的防范容易造成缩手缩脚,进而影响到创造性的发挥。

第七个突出表现是具有超强的抗挫折性。创造性人格的坚毅品质在挫折面前表现得淋漓尽致,他们普遍不怕失败,从而不会接受失败的命运,总是在挫折面前积极思考突围之策,思考如何降低损失,如何再次崛起。所以,他们不会怨天尤人,不会自怨自艾,反而会积极反思自我,思考方案设计和行为策略的主要漏洞所在,然后总结教训,避免以后重犯。

不难发现,这七种核心素质之间存在着层层递进、环环相扣、不断分化和在矛盾中前进的特点,即前者是后者的基础,后者是对前者的发展与上升。有很强自信心的人才能表现为具有很强的责任心,因为他们才敢于承担责任。没有自信心的人很难具有什么责任心。一个高度负责的人首先是相信自己这样做是正确的。所以有责任心的人是敢于担当风险的,从而具有冒险精神,因为他认为这样做是值得的。具有冒险精神的人也是具有合作精神的人,他不认为冒险纯粹是为了个人的利益,而是认为为了集体的利益才值得冒险,为此他也希望社会理解和支持,认为大家一起努力才更好解决问题,所以期待与他人合作。为此他具有了解社会需求的内在要求,对社会变化趋向保持高度的敏感性,从而具有比较敏锐的市场意识。当他意识到自己的努力很可能会失败,为此也采取必要的防范措施,可以说他具有比较强的风险意识。然而无论如何防范,风险总是存在的,也必然会对个体造成打击。针对这种挫折,一个人就必须善于进行心理排解,善于寻求摆脱危机的对策,及时抓住再次崛起的机会,展示出超强的抗挫折性。这种抗挫折性也是个体自信心的表现。故而,这七种心理素质不仅是内在一致的,而且也构成了一个不断上升的闭环系统。

第三节　创新创业能力的界定和逻辑构成

一、创新创业能力的界定

目前学术界对创新创业能力已达成了一些基本共识,这些共识包括以下两个方面。

(一) 创新创业能力的构成

创新创业能力并非一种简单能力,而是一种系统的复合能力。从字面上看,创新创业能力可以分解成创新能力和创业能力两个部分,但无论创新能力还是创业能力都不是简单能力,而且两者也不能简单相加,因为两种能力经常是融合在一起的,很难把两者严格地区分开来。从根本上说,创新与创业活动都并非完全受意志控制,其中常常包含一些无意识行为。创新在本质上是一种挑战自我的行动,很多时候它仅发生在观念层面,是不可观察的,但常常在无意识中影响到人们的行为。创业过程确实是有目标、有计划地行动,且每一步都包括了对自我的挑战,从而创业成功包括了无数个自我超越,是一种真正的自我价值实现过程。当然,创新活动在很多时候也表现为有目的地克服困难的过程,这个过程未尝不是一种创业行为。所以,创业与创新的界限很难严格区分。人们常常以创新作为开始但以创业作为结果,或以创业为目标且创新贯穿创业全过程。无论谁想要获得创业成功,都不能因循守旧,必须大胆创新,而且必须时时把创新作为目标和驱动。可以说,创新最终必然指向创业,创业结果必然包含创新。[73]

但无论是创新能力还是创业能力,它们都是系列能力的集成,而不是个别能力的展现。从创新创业意识出现到创新创业目标确立再到创新创业过程筹划,最后到创新创业目标达成,其中包含无数个具体能力,如资源筹划能力、市场营销能力、团队协作能力、技术创新能力、产品开发能力等。而且各种能力是交错在一起的,无法清晰地分辨开来。因而,创新创业能力是一个整体,无法细化为具体组成部分。换言之,它是一种综合能力,不是一些简单能力的拼凑,往往与个体人格气质紧密联系在一起,个性化色彩非常强。而且创新创业能力也是在不断磨砺过程中成长的,并非固定不变,具有明显的发展性特征,甚至会出现反复,即创新创业能力并非一直是增长的,也可能会出现倒退现象,这与个体的抗挫折能力具有直接关系。换言之,人的抗挫折能力越强,其发展空间就越大,否则就可能出现停滞或倒退。由此可见,创新创业能力非常复杂,这也是科学测量必须面对的难题。

（二）创新创业能力概念的演化

创新创业能力概念不断演化并走向"平民化"。众所周知，创新创业教育概念并非一开始就有，同样，创新创业能力概念也不是一开始就有。这个演化过程代表了人们对它的内涵认识不断深化和外延不断扩展的变化过程。最初，"创业"一词是人们对那些经过了艰苦努力所开创的辉煌事业的一种尊称，因为其取得了令人瞩目的业绩，从而创业者身上就带有一种神秘的光环。如人们常说的"创业难，守业更难"就是如此，人们一般不会把普通的开办产业活动说成是"创业"，仿佛如此就降低了对创业成功者的尊敬。随着经济社会发展，"创业"内涵发生了变化，开始变成了一种特称，即专指那种自谋职业的就业行为，是相对于传统的依靠国家分配工作而言的；之后，"创业"概念开始泛化，把凡是个体独立创办企业的行为都称为创业行为。最后，创业概念进一步扩大其范围，即把人们追求理想目标的过程都称之为创业，这为"大众创业，万众创新"奠定了理论基础。

"创新"一词同样也经历了一个祛魅化过程。最初，"创新"也是一个很神圣的概念，是与一般百姓无缘的，人们经常用它专指科学家的发明创造活动，如提出什么新理论、新思想或创造出新的专利产品之类；之后，创新变成了一种意识形态，即凡是改革就是在创新，因为破除传统观念与传统习惯的束缚是非常困难的事情，通过改变旧的观念和习惯从而确立新的观念与习惯。人们经常说，如果观念不创新就无法适应社会变化，因为人们意识到，观念障碍是一切障碍的根源。此时创新与改革几乎是同义词，创新概念开始出现泛化，被广泛地运用到各行各业的革新活动中，如管理创新、文化创新和技术创新等；之后，创新与创业建立起联系，专指产生新的思想、新的产品、新的技术等。一句话总结，凡是人们有新的创意并付诸生产、面向社会，就构成了创新创业活动。最后，人们才开始从哲学层面理解创新含义，认识到一个人要发展必然要创新，并且进一步认识到创新创业其实是与每个人紧密相关的事情，只要我们不断地更新观念就是在创新，创新在本质上就是挑战自我、改变自我、完善自我的过程；只要我们有理想有目标并付诸行动就是在创业，从而创业在本质上就是一个实现自我的过程。换言之，创业就是一个自我实现的过程。如此，人们在思考创新创业时，逐渐地从惊人创举转向平常工作、从社会精英转向寻常百姓。在这个思考的转向过程中，"广谱式创新创业"正内化到我们的心中，使得"大众创业，万众创新"更加贴近群众，从而具备更加强大的动能。

二、创新创业能力的逻辑构成

要对创新创业能力概念进行逻辑分析，就需要借助哲学分析的方法（发现事物本质的方法），不然就无法获得彻底地解决。这里我们具体来看王洪才教授的深入分析：可以从逻辑的角度把创新创业能力区分为创新能力与创业能力两个部分，虽然这种区分有点机械,并不科学,因为创新创业能力实质上是一个整体,而且是一个动态的发展过程,把它分为两个部分有点简单化之嫌。但要科学地认识它就必须从创新与创业两个方面入手。

创新能力就是从新角度认识事物的能力。它是一种超越于传统认识方式的能力。如果一个人善于从多角度、多方面思考问题,就说明其创新潜力大。如果一个人始终不能跳出传统的思维框架,因循守旧,就说明其创新潜力小。那么,创新能力的本质是什么呢?它就是一种超越自我的能力。说到底,它就是敢于否定自我的表现,敢于从新角度来审视自我。一个人一旦形成了一个固定想法,就会不自觉地向这个固定想法趋同,不敢打破这种固定的认识,因为他没有发现这种认识的局限。如果他善于反思的话,就会很快发现这种认识的不足。超越自我,说到底就是发现了新的自我,也即发现了自己新的发展可能性。创新人格的理念古代就有,《论语·子罕》中的"四绝"包含了创新理念:勿意、勿必、勿固、勿我。

创业能力是一个人敢于把自己想法付诸行动的能力,说到底就是一种实践能力。一个人经常会有一些新想法但不会去行动,因为行动意味着必须进行改变自己传统的做法,克服自己对传统的依赖趋势,这种行为习惯改变对自己而言确实挑战非常大。这说明,创业能力本质就是实现自我的能力。创新为自我找到了新的发展方向,而创业使人格发展走向完善,这实质上是一个成就自我的过程。

一个人之所以具有强大的创新创业动力,在于他发现了自己的成长方向,认识到自己的发展前途,为自己的行为注入了强大的动力。而创业过程就是一个实现自己理想的过程。一个人发现自己的发展方向是在不断试错过程中完成的,其间他不断接受挑战和内心不断经历挣扎,是一个战胜自我的过程,即战胜自己懦弱的一面,强化坚毅的一面,使自己的信心更强。可以看出,创新创业过程是一个不断建构自我的过程,实质上是一个实现自我主动发展的过程。

人的一切行为从根本上讲都是思想观念的表现,无论是有意识的还是无意识的;而一个人的思想观念又是主体与环境互动的结果,如果没有思想观念作为一个人行动的基础,那么他的行为就是不可理解的。每个人在生活和工作中有着不同的角色,同时也会有不同的表现,如有时会坚强,有时也会懦弱;有时展现阳光的一面,有时也会暴露阴暗的一面;有时自信,有时自卑等,关键是要看哪一面占据上风。这种表现往往与环境的影响有直接的关系,也与自己人格特质有关,如果一个人生长在一个支持性的氛围中,就更容易展示自己阳光、坚强、自信的一面,否则就会展示出另一面。人的成长过程往往使每个人都呈现出多重人格,而非始终不变的单一表现。每个人都有多重表现,在环境的作用下某些表现得到了强化、某些表现受到了抑制。既不存在天生善良的人,也不存在天生的恶人,一切都是环境熏陶的结果,只是人们意识到或未意识到。可以看出,一个人的创新创业能力的强弱和动力大小,与个人所处的环境与知识储备有着很大的关系。

创新创业活动显然需要许多能力相互支持、相互配合，不是仅靠某种能力就能够完成，任何一种能力都无法单独完成创新创业活动。所以，我们通常所说的创新创业能力是一个概括能力、总体能力、系统能力和综合能力，而不是单纯指某一方面的能力。因为创新创业活动几乎涉及所有能力，但不能把所有能力都罗列为创新创业能力。故而，我们在指称创新创业能力时一般只是称其中的关键能力，即缺乏了那些能力就无法开展创新创业活动，它们是创新创业教育重点培养的能力。

三、创新创业能力蕴含的关键性能力

创新创业人才应具备七种关键能力，创造性人格的素质特征也必然表现在具体的行动过程中，从而呈现出七种关键能力。[73]

第一是目标确定能力。一个人首先需要具有目标确定能力，简单地说，一个人首先必须知道自己要什么，如果不知道自己要什么，生活就陷入迷茫。知道自己要什么，才能为自己确定一个前进目标，这样才会去奋斗。目标具有导向功能，没有目标即没有方向，如果人生没有目标就失去了航向。可以说，这个目标必须是具有吸引力的，能够为自己赢得让人尊重的地位的，是人们所向往的，这代表了一种社会地位和荣誉。当然，实现了这个目标，他就可以保证生活无虞、家人无忧。所以，追求什么，对于一个人而言非常重要。不可避免的，这个确定目标过程与自己的视野有关，与自己生活环境和经历有关。人们对目标确定一般都采用接近律或可能律，因为自己熟悉这个目标，对它的价值比较了解，从而才会把它作为努力方向。正因为了解它，才好评量自己，知道是否具有实现的可能。

第二是行动谋划能力。知道了目标之后，还需知道实现目标都需要做什么，这是目标确定能力的逻辑延伸。因为只有知道了怎么实现目标才能判断目标是否现实。但仅仅粗略地知道没有意义，必须知道具体需要做什么，重点做什么，哪些对自己而言是非常难的，哪些是非常容易的。这就是对行动筹划的能力。知道具体需要什么，自己生活才能充实。因为实现目标是比较长远的，不可能一蹴而就，如此就涉及每天行动的安排。行动筹划往往具体到日常作息规律的确定，这就是做长期的努力和准备。

创造性人格不仅具有非常明确的目标，而且知道实现目标都需要做什么，从而能够有效地规划自己的行动。所以他们不仅坚信自己的目标追求是正确的，而且认为采取相应的行动是必然的，在行为中体现出非常明显的目标导向逻辑。当然，他对行动步骤的规划具有很强的个性特征，是他人难以模仿的。而且他也在不断尝试的过程中逐渐地修正自己的行为，使自己的行动步骤越来越精确，从而成功率越来越高。很显然，如果他没有对自己目标的坚持，就不会有后期行动的逐步完善。行动步骤的完善，也反映出他具有善于学习和自我反思的能力，是自我批判能力的表现。

第三是行为决断能力。创造性人格敢于挑战风险是他们的一贯品质，故而常常有一些惊人之举。他们在重大事项上非常善于决断，因为其内心有一个大格局，认识到有一些事情是无法回避的,只有迎难而上才能成功,否则就无路可走。

第四是沟通合作能力。创新创业成功需要一个团队,而不是一个人单打独斗。团队建设是长期的事情,不是一时冲动或靠小恩小惠就能够办到的,这需要进行共同体建设,为大家勾勒愿景,引导大家共同奋斗。要建立约束机制,成为相互约束的工具;要建立制度,确立相互关系,给人以保证和信心;要在团队出现矛盾时进行调解,维护团结;要不断地进行激励鼓劲,使团队保持高昂的士气。可以说,这就是一种领导能力,属于团队协作能力的一种,更具体地说是协调沟通能力。

团队合作能力是创造性人格在获得成功之路上的一个非常重要的能力,它既是一种理性能力,也是人格魅力的展现。之所以是理性能力,就在于他认识到了必须进行合作,是因为个体力量是有限的,不合作意味着无法成功。但自身的独立性又非常强,对自己有超强的自信,而进行合作就要说服大家,于是就需要表现出超强的意志力。因为合作并不意味着妥协,也包括耐心地传播自己的观点,能够打动别人。所以,合作能力强,指能够推销自己、让别人接受自己,为此必须抑制个性中的张扬成分,把个性中的独立性、批判性转变为一种自律的美德,学会虚心倾听别人的声音,采纳大家的建议,弥补自己的不足。从而他也在不断地学习合作,不断地培养自己的领导能力,也即不断地学习如何更好地沟通,如何协调不同意见,如何使得各方利益获得最大化,如何树立大家共同的追求,如何在出现矛盾之后能够主动去协调解决。没有人天生具有领导品质,都是因为其认识更理性、目标更高远,从而培养出领导能力。

第五是把握机遇能力。机遇把握能力对于成功者而言也是非常重要和关键的能力,因为把握住机遇就能够事半功倍,否则就可能事倍功半。这当然需要具有明辨善断的能力作为前提,而且能够凝聚共识,能够让大家一致认同关键时候的决定,从而支持自己的决定。所以,不善于辨别机会就无法把握机会,不善于合作也不容易把握机会。当认识到了机会而又犹豫不决,就会错失机会。机会只留给有准备的人,有准备的人是有积累的人,这些积累不仅包括见识,也包括威望。这不仅考验一个人是否具有冒险精神,更是考验一个人是否具有市场意识,能否认识市场的潜在价值,这是一种拨开浮云抬眼望的能力,没有自信心和责任担当精神是不可能做到的。所以,把握机遇能力是一种综合性能力,考验的是一个人是否具有独到的眼光和果敢的决策力以及团队成员对他的支持度。

第六是防范风险能力。机遇与风险往往是并存的,如果一个人只知道机遇的诱惑而不知其中潜藏的风险,那么就不仅无法把握机遇,甚至会陷入更大的困境。故而,人们在把握机遇的同时,一定要做好风险防范工作,往往要制定紧急情况下的预案,免得行动出现被动。所以,人们在决策过程中,一定要对风险进行评估,评估影响行动过程的各个因素,而且要预测到环境变化带来的影响。风险意识人人都有,问题是能否转变为一种防范能力,变成处理危机情况的有效对策。一般而言,如果能够了解一切利害关系人的意图就能够成功地预见风险并防范风险。

第七是逆境奋起能力。创造性人格往往不惧风险，敢于冒险，这意味着必然会遭遇失败的打击。他们并非不怕打击，而是能够很快地从逆境中走出来，而且能够变被动为主动，化腐朽为神奇，置之死地而后生。不难看出，任何一个人想要成功都不可能离开这七个关口，由此也构成了七种关键能力。它们不仅是七种核心素质在行动过程中的具体化，也是七种核心素质中的集中表现。如自信心强首先就表现为目标确定能力强，因为目标确定能力就是自我认知能力的反映；自信心强也表现为行动谋划能力强，同时也是责任心的表现，因为它体现了一个人对自我的要求，立志把事情做好。行为决断能力是对自信心的考验，但更是冒险精神的表现，本质上却是对责任心的检验，即敢不敢负责。沟通合作能力在很多时候表现为领导组织能力，这显然是对合作精神的考验。把握机遇能力是市场意识的集中体现。要取得成功就必须善于把握机遇，"随机而动"，如此才能事半功倍，否则就会事倍功半，甚至会变成危机。防范风险能力显然是风险意识的体现，也是对责任心、合作精神的检验。逆境奋起能力显然是抗挫折性的表现，也是对自信心的最后检验，如果经不起挫折的考验，自信心就会变弱，甚至会怀疑人生。

所以，对于任何人而言，这七种能力都是非常关键的，可以说是人生成败的七个关口，缺一不可，每一次行动都是一次检验，要么得到强化，要么出现退缩，而创新创业人才的特点是能够持续不断地推进七种能力不断增长。[117]

第四节　高职学生创新创业应对方式研究

一、创新创业活动应对方式

（一）概念

在高职院校开展的创新创业活动中，学生对其的应对方式各有不同，良好的应对方式有助于缓解精神紧张，帮助个体最终成功地解决问题，从而起到平衡心理，并保持心情愉悦的作用。

应对（coping）也称应付，由"cope"一词演化而来。"cope"原意为有能力或成功地对付环境的挑战或处理问题。那什么是应对方式呢？

Murphy 认为："如果某种心理活动是一种适应过程，则该心理活动便可视为应对行为（coping behavior）"。Joff 和 Bast 认为："应对是反映人对现实环境有意识的、灵活的和有目的的调整行为"。[118] Lindop 和 Gibson 则指出："应对是一种解决或消除问题的行为，其目的在于通过个体努力来改变压力环境或由环境所引起的负性情感体验。此行为可由明确的思想所指导，也可为隐蔽的企图所驱动"。[119] Lazarus 和 Folkman 更强调个体应对压力过程中的认知评价过程，认为应对是个体为处理自认为超出自己能力资源范围的特定内外环境要求而做出的不断变化的认知和行为努力[120]。Matheny 指出,应对是从压力到适应的中介心理机制,指个体处于压力环境或遭受压力事件时,为平衡自身精神状态所做出的认知和行为的努力,是任何预防、消除、减弱压力源或以最小的痛苦方式忍受压力影响的努力,不论其健康与否、有无意识[121]。Eisenberg 及其同事将应对定义为自我调节的一个方面,即应对是指个体面对压力时的自我调节[122]。他们认为尽管应对是有努力参与的过程,但应对并不总是有意识和有意志参与的。Compas 等人从发展的角度来界定应对,认为应对是压力反应的一系列过程的一个方面,将其定义为个体在面对压力事件和环境时,调节情绪、认知、行为和环境的有意识的意志努力[123]。我国的学者肖计划认为,应对是"个体在应激环境或事件中,对该环境或事件做出认知评价以及继认知评价之后为平衡自身精神状态所采取的措施"。可以总结出创新创业应对方式的概念,可以理解为大学生在创新创业活动中,个体在应激环境或事件中,对该环境或事件做出认知评价以及继认知评价之后为平衡自身精神状态所采取的措施。

(二)影响应对方式的因素

1. 认知评价

由于应激是人和环境之间相互作用的结果,它不仅仅是某种情形下一种身体的属性,更是我们认知过程的产物,在整个应激过程中,我们思考如何应对,是否能应对,采取什么方式应对,而所有的这些都以我们对事件的认知评价为基础,因此对一个压力事件的反应很大程度上取决于这个事件是如何被评估的。由于个体的认知评价不同,一个人认为有威胁性的事件对于另一个人而言未必造成威胁,而对同一个个体来讲,认知再评价则有可能减少原有事件的应激性,同样由于认知评价的原因在一种情境中具有威胁性的事件在另一种情境下未必构成威胁。所以,认知评价在应对过程中起着重要作用,它是影响应对方式形成的一种重要因素。

2. 人格类型

不同人格类型的人在面临应激时往往表现出不同的应对方式。传统的观点甚至视应对为人格的反应,并主张借助主要人格类型的测定来评价应对。有研究发现,当面对无法控制的应激时,A 型行为模式的人与 B 型行为模式的人相比,其应对行为更多地显示出缺乏灵活性和适应不良(glass)。如果自尊受到威胁,A 型行为模式的人更多地使用压抑和否认等应对方式。而与 Pittner 和 Houston 的发现相反,又有研究表明面临应激环境时,A 型行为模式的人较 B 型行为模式的人更多采用积极正视问题的应对方式,而不是默认。[124]国内姜乾金、梁军林、梁执群等人通过研究也发现应对方式与 EPQ 中的 E 量表和 N 量表分值相关。

3. 年龄和性别

年龄和性别对应对方式的影响既相互独立又相互交织。有学者认为在从少年期到青年期的行为心理发展过程中,人的应对行为随年龄增长而不断发生变化。女性在发展其成熟应对行为的同时,不仅基本保留了少年期的不成熟应对行为,而且还有进一步强化这些行为的心理活动;男性在发展其成熟应对行为的同时,却在逐渐弱化以往不成熟的行为心理活动。肖计划于应用自编量表对青少年(13~22周岁)的应对行为进行了研究,得出了青少年阶段,随着个体年龄的增长,成熟应对方式的使用不断增多的结论。

按年龄把人的心理发展过程分为若干阶段,尽管他们划分阶段的标准和依据不同,理论也大相径庭,但有一点是共同的:随着年龄的增长,面临的情感问题将发生变化,而解决这些问题的方法也趋于成熟。

Maccoby 和 Jacklin 的一项研究发现男女儿童之间"攻击行为"的差异比率是12:1,在面临应激环境时,女性较男性更倾向于使用"回避""自我安慰""求助"等应对方式。[125]我国肖计划的研究发现,两性之间在少年期的应对行为差异较小,但到了青年期,差异就显著多了,如男青年更多地使用问题指向应对策略,女青年更多地使用消极被动的应对方式。

(三) 关于应对方式的测量

1. 心理生理测量、表情测量及行为观测法

应对是一个多侧面、多水平的过程,早期的研究多是在实验室内进行的,主要运用心理生理测量法、表情测量法及行为观测法对应对进行测量。

心理生理测量法是使用专门的仪器对被试者在应对过程中的心理生理变化进行测量;表情测量法是通过对个体情绪的测量来间接地测量他们的应对方式;行为观测法则是研究者通过观察一个人在应激状态下的行为来推测他的应对方式。因此在实施时,首先要选择与应对有关的、可信的并且易于编码的行为。所以所选的行为往往特定于具体的研究对象。

上述方法均存在不同程度的局限性:如心理生理测量法需要借助于一些精密仪器,操作往往较困难,另外由于个体差异的存在,心理生理测量法只能测量应对是否发生及发生的强度,而不能对应对的性质及类型进行区分;表情测量法及行为观测法最大的缺陷便是在实施过程中多依赖于研究人员的主观评定,因此,其研究结果往往不够客观。目前,采用这些方法对应对方式的测量已越来越少。

2. 自我报告法

自我报告法是当前使用最广泛的方法。主要有问卷法、关键事件分析法、日记记录法和生态瞬时评估法等。

1) 问卷法

自20世纪70年代以来,应对方式问卷已被广泛地应用到压力与应对的研究中。根据其编制的理论基础不同,主要有三种设计思路:即应对方式的特质测量和过程测量;一般应激情境的应对风格和具体应激情境的具体应对方式的测量;再者就是两者的结合。问卷法的优点是成本低、操作简单、结果容易解释,但也有相当多的缺点,如:其一,许多问卷根本没有提供区分度和会聚效度的资料,使用者很难选出相对较好的问卷;其二,就众多的应对方式问卷而言,他们彼此间的会聚效度和区分度也不够高;其三,实施过程中,由于要求被试者对自己所采取的应对方式进行回忆,因此人们很难精确地回忆自己所使用的应对策略,存在回忆偏差。

2) 关键事件分析法

关键事件分析法由 3 个步骤组成:首先是通过访谈来了解被试者遇到的压力事件,其次是询问在这些事件中被试者所采用的应对策略,最后是了解他们的应对结果。其优点是可以准确地确定被试者在特定情境下的应对行为,也能确定这些行为所带来的后果。其缺点是:其一,被试者的回忆可能带有偏差;其二,由于是定性分析,因此对研究人员的素质要求较高。

3) 日记记录法

日记记录法也是测量应对方式的一种有效方法。采用此方法的优点是能够相对及时的记录下自己所遇到的压力事件及应对方式,所获得的信息量也比问卷法大。但这种方法的缺点也很明显,它要求被试者耗费较多的时间来记日记,这无疑增加了研究成本。另外,由于对日记的分析属于质的研究范畴,具有较大的主观性,这对资料分析人员的知识和经验的要求相对较高。

4) 生态瞬时评估法

最近相对较为流行的方法是生态瞬时评估法(EMA)。EMA 一般通过一定的声音信号来提示被试者对自己应对行为进行即时性报告。这种报告的即时性大大减少了被试者在报告时的回忆偏差。这种方法的优点还在于它具有较高的灵活性。它允许研究者的数据收集工作不打扰被试者的正常生活。由于这种方法在收集被试资料方面具有很多优点,所以它在压力与应对之外的研究领域也得到了广泛的认可。

迄今为止,问卷法仍是评估应对方式最便利的工具。在本次研究中我们使用的应对方式问卷是由肖计划等人(1996)在参考 Folkman 与 Lazarus(1980)、Ray 与 Lindop(1982)以及 Bond 与 Gardner(1983)等研究应对策略和防御机制时所使用的问卷以及在"应对"相关理论的基础上,结合我国的实际情况编制的,适用于初中文化程度以上,年龄在 14 岁以上的青少年、成年人和老年人。

二、研究设计

(一) 研究对象

本研究选取 3 所高等职业技术学院和 1 所应用型本科高校在校学生作为研究对象,被试者来源为一至三年级(本科为一至四年级)大学生,2022 年下半年采用腾讯电子问卷的方式,共发放问卷1060份,收回有效问卷998份,其中高职大学生610人,本科大学生388人,有效率达94%。同时获取被试者的一般人口统计学资料,如年级、性别、专业性质等。

本研究为了凸显高职大学生应对方式特点,同时对普通本科生发放并回收调查问卷。

(二) 研究工具和程序

1. 应对方式问卷

本研究选用肖计划等人以国内外已有的应对方式问卷以及有关的应对理论为基础结合我国文化背景编制而成的"行为应对方式问卷",问卷前言部分,明确学生在作答时,应以本人在创新创业学习和实践过程中的感受为背景,问卷由62个题项构成,具体情况如下:解决问题(12个题项)、自责(10个题项)、求助(10个题项)、幻想(10个题项)、退避(10个题项)和合理化(10个题项)六个分量表。每个题项都提供两个答案"是"和"否"。计分方法为,除了第19、36、39和42题为反向计分外,其余题为正向计分,即选择"是"得1分,选择"否"得0分。该量表的重测相关系数在0.62~0.72,而且通过因子分析发现构成各因子负荷取值均在0.35以上,具有较好的结构效度,间隔一周的再测信度在0.70以上,是我国目前使用较为广泛的应激评定量表之一。

2. 研究程序

首先,在广泛查阅国内外相关文献的基础上,确定研究目的、研究假设和研究对象。

其次,由于新冠疫情的影响,未进入班级现场,采用腾讯问卷方式回收问卷。为避免被试者由于顾虑影响答卷的客观性、真实性,答卷采用匿名方式。

最后,对所回收的问卷进行初步整理,对个人信息填写不完整及答题不认真的问卷进行筛选,得到无缺失值的有效问卷998份。全部数据采用SPSS进行统计分析。

三、高职大学生创新创业活动的应对方式调查数据分析

(一) 高职大学生应对方式的总体情况

对高职大学生应对方式的总体情况进行分析,如表5-1所示。表5-1列出了高职大学生在应对方式上的最大值、最小值、平均数和标准差(得分范围为0~1)。在压力应对的六种方式中,解决问题和求助是成熟的应对方式,自责、幻想、退避和合理化[①]为不成熟的应对方式。由表5-1可以看出高职大学生面对创新创业压力,更多采

---

① "合理化"是指当个体的动机未能实现或行为不能符合社会规范时,尽量搜集一些合乎自己内心需要的理由,给自己作为一个合理的解释,以掩饰自己的过失,以减免焦虑的痛苦和维护自尊免受伤害。

用解决问题的应对方式,其次是求助,之后依次是幻想、退避、合理化和自责。从总体上可以看出,高职大学生面对压力和困难时,能主动寻求解决问题的方法,更多地运用积极的应对方式进行反映。这一结果与以往研究大学生的行为应对方式的结果基本相同。

表 5-1　高职大学生创新创业活动应对方式的总体情况

应对方式	人数	最小值	最大值	平均数	标准差
解决问题	610	0.00	1.00	0.7134	0.19789
自责	610	0.00	1.00	0.2895	0.23254
求助	610	0.00	1.00	0.5492	0.24043
幻想	610	0.00	0.90	0.4390	0.21107
退避	610	0.00	0.91	0.4143	0.20186
合理化	610	0.00	0.91	0.4089	0.16980

(二) 高职大学生应对方式的差异研究

1. 高职大学生应对方式的年级差异

考虑到不同年级高职大学生面对的创新创业问题有所不同,要求他们做出的努力不同,对他们的身心也会有不同的影响,故对高职大学生不同年级的应对方式进行差异比较。

以应对方式各因子的得分为指标,运用 ANOVA 考察高职大学生在应对方式上的年级差异,如表 5-2、表 5-3 所示。从结果可以看出:解决问题维度在三年级和一年级以及三年级和二年级之间存在显著差异,三年级学生比一年级和二年级学生更多使用解决问题的应对方式(MD[①](3−1)=0.065,$P=0.001<0.05$;MD(3−2)=0.067,$P=0.001<0.05$),一年级和二年级高职大学生在解决问题的应对方式上没有显著差异。退避维度上,二年级学生和一年级学生存在显著差异(MD(2−1)=0.051,$P=0.010<0.05$),二年级和三年级以及一年级和三年级之间差异不显著。合理化维度上,二年级和一年级以及二年级和三年级之间存在显著差异,二年级学生比一年级和三年级高职大学生更多使用合理化的应对方式(MD(2−1)=0.065,$P=0.000<0.05$,MD(2−3)=0.035,$P=0.046<0.05$),一年级和三年级高职大学生在合理化的应对方式上没有显著差异。高职大学生在自责、求助和幻想维度上年级差异不显著。

---

① MD 是均数差异。

表 5-2　不同年级的高职大学生应对方式的差异比较

应对方式	一年级		二年级		三年级		F
	M	SD	M	SD	M	SD	
解决问题	0.6942	0.19841	0.6918	0.21181	0.7589	0.17513	7.333**
自责	0.2754	0.22291	0.3118	0.23703	0.2851	0.23941	1.325
求助	0.5636	0.22921	0.5269	0.23898	0.5532	0.25488	1.249
幻想	0.4169	0.18372	0.4591	0.23948	0.4468	0.21179	2.273
退避	0.3906	0.19857	0.4418	0.21579	0.4168	0.18869	3.399*
合理化	0.3798	0.16716	0.4448	0.18155	0.4101	0.15434	7.787***

注:"*"表示差异显著性水平 $P<0.05$;"**"表示差异显著性水平 $P<0.01$;"***"表示差异显著性水平 $P<0.001$。M:均值;SD:标准差;F:评估组间差异显著程度的数值,数值越大,说明组间差异程度越大。

表 5-3　不同年级的高职大学生应对方式的多重比较

应对方式	(I) 年级	(J) 年级	均数差异 (I-J)
解决问题	1 年级	2 年级	0.0025
		3 年级	-0.0647**
	2 年级	1 年级	-0.0025
		3 年级	-0.0671**
	3 年级	1 年级	0.0647**
		2 年级	0.0671**
退避	1 年级	2 年级	-0.0512*
		3 年级	-0.0262
	2 年级	1 年级	0.0512*
		3 年级	0.0250
	3 年级	1 年级	0.0262
		2 年级	-0.0250
合理化	1 年级	2 年级	-0.0650***
		3 年级	-0.0302
	2 年级	1 年级	0.0650***
		3 年级	0.0347*
	3 年级	1 年级	0.0302
		2 年级	-0.0347*

注:"*"表示差异显著性水平 $P<0.05$;"**"表示差异显著性水平 $P<0.01$;"***"表示差异显著性水平 $P<0.001$。

2. 高职大学生应对方式的性别差异

以应对方式各因子的得分为指标,对性别进行独立样本 t 检验,考察高职大学生在应对方式上的性别差异,如表 5-4 所示。结果表明:在解决问题和幻想因子中,男女生得分没有显著差异;在自责($P=0.000<0.05$)、退避($P=0.002<0.05$)、合理化($P=0.000<0.05$)因子中,男生得分显著高于女生;在求助($P=0.000<0.05$)因子上,女生得分显著高于男生,这说明在日常学习生活中,当遇到困难压力时,相对而言,求助是女生更惯于采用的应对方式。

表 5-4　不同性别的高职大学生应对方式的差异比较

应对方式	男性		女性		t
	M	SD	M	SD	
解决问题	0.7186	0.19840	0.7099	0.19775	0.529
自责	0.3353	0.25106	0.2590	0.21432	3.891***
求助	0.4992	0.23005	0.5825	0.24173	−4.252***
幻想	0.4434	0.22185	0.4361	0.20383	0.423
退避	0.4449	0.20330	0.3939	0.19857	3.073**
合理化	0.4531	0.18625	0.3795	0.15114	5.140***

注:"*"表示差异显著性水平 $P<0.05$;"**"表示差异显著性水平 $P<0.01$;"***"表示差异显著性水平 $P<0.001$。t 值是用 t 分布理论来推论差异发生的概率,从而比较两组平均数的差异是否显著,数值越大差异越明显。

3. 高职大学生应对方式的文理科差异

本研究将各个不同专业分为文、理两个典型的学科,目的在于探索不同学科的教育和学习对高职大学生的应对方式是否产生影响。

以应对方式各因子的得分为指标,对专业性质进行独立样本 t 检验,考察高职大学生在应对方式上的文理科差异,如表 5-5 所示。结果表明:在解决问题和合理化的得分上,理科学生高于文科学生,但是差异并不显著。在自责、求助、幻想和退避的得分上,文科学生高于理科学生,但是差异也不显著。所以,从总体上来看,高职大学生在应对方式上不存在显著的文理科差异。

表 5-5　不同专业性质的高职大学生应对方式的差异比较

应对方式	文科		理科		t
	M	SD	M	SD	
解决问题	0.7019	0.20742	0.7234	0.18895	−1.342
自责	0.3000	0.22274	0.2804	0.24073	1.040
求助	0.5514	0.23167	0.5472	0.24815	0.213

续表

应对方式	文科		理科		t
	M	SD	M	SD	
幻想	0.4401	0.21136	0.4380	0.21114	0.123
退避	0.4155	0.19406	0.4133	0.20870	0.135
合理化	0.4053	0.15944	0.4122	0.17851	−0.505

4. 高职大学生应对方式的生源地差异

以应对方式各因子得分为指标,对生源地进行独立样本 t 检验,考察高职大学生在应对方式上的生源地差异,如表 5-6 所示。结果表明:在求助得分上,来自农村的高职大学生显著高于来自城镇的高职大学生($P=0.021<0.05$),在解决问题、自责、幻想、退避和合理化的得分上,来自城镇的高职大学生和来自农村的高职大学生差异并不显著。

表 5-6　不同生源地的高职大学生应对方式的差异比较

应对方式	城镇		农村		t
	M	SD	M	SD	
解决问题	0.7222	0.17357	0.7088	0.20959	0.847
自责	0.3086	0.23441	0.2795	0.23122	1.468
求助	0.5181	0.23386	0.5655	0.24250	−2.322*
幻想	0.4362	0.21967	0.4405	0.20668	−0.239
退避	0.4303	0.19574	0.4059	0.20473	1.419
合理化	0.4268	0.17112	0.3996	0.16855	1.890

注:"*"表示差异显著性水平 $P<0.05$。

5. 独生子女与非独生子女高职大学生应对方式的差异

以应对方式各因子的得分为指标,对独生子女状况进行独立样本 t 检验,考察高职大学生独生子女与非独生子女在应对方式上的差异,如表 5-7 所示。结果表明:在解决问题的得分上,独生子女低于非独生子女,但是差异并不显著。在自责、求助、幻想、退避和合理化的得分上,独生子女高于非独生子女,且在退避维度上独生子女显著高于非独生子女($P=0.027<0.05$),其余四个维度不存在显著差异。

表 5-7　不同独生子女状况的高职大学生应对方式的差异比较

应对方式	独生子女		非独生子女		t
	M	SD	M	SD	
解决问题	0.7132	0.17429	0.7135	0.21042	−0.017

续表

应对方式	独生子女		非独生子女		t
	M	SD	M	SD	
自责	0.2946	0.21519	0.2866	0.24214	0.422
求助	0.5523	0.22263	0.5474	0.25031	0.246
幻想	0.4414	0.21545	0.4376	0.20879	0.214
退避	0.4382	0.19461	0.4007	0.20488	2.215*
合理化	0.4226	0.17368	0.4011	0.16726	1.505

注:"*"表示差异显著性水平 $P<0.05$。

6. 高职大学生应对方式和普通本科生应对方式的比较

以应对方式各因子的得分为指标,对高职大学生和普通本科生进行独立样本 t 检验,考察高职大学生与普通本科生在应对方式上的差异,如表 5-8 所示。结果表明:在解决问题($P=0.000<0.05$)和求助($P=0.003<0.05$)两个维度的得分上,高职大学生显著高于普通本科生,这说明在日常学习生活中,当遇到困难压力时,相对而言,高职大学生比普通本科生更倾向于采用成熟的应对方式。在自责、幻想、退避和合理化上,高职大学生的得分低于普通本科生,而且在自责($P=0.000<0.05$)、幻想($P=0.000<0.05$)和合理化($P=0.006<0.05$)几个维度的得分上,高职大学生显著低于普通本科生。这说明在日常学习生活中,当遇到困难和压力时,相对而言,高职大学生比普通本科生更少采用不成熟的应对方式。总体来看,高职大学生在遇到困难和压力时,采用的应对方式显著好于普通本科生。

表 5-8 高职大学生应对方式和普通本科生应对方式的差异比较

应对方式	高职		本科		t
	M	SD	M	SD	
解决问题	0.7134	0.19789	0.6649	0.20173	3.741***
自责	0.2895	0.23254	0.3546	0.23952	−4.263***
求助	0.5492	0.24043	0.5036	0.23699	2.935**
幻想	0.4390	0.21107	0.4923	0.20709	−3.914***
退避	0.4143	0.20186	0.4292	0.19198	−1.161
合理化	0.4089	0.16980	0.4400	0.17946	−2.757**

注:"*"表示差异显著性水平 $P<0.05$;"**"表示差异显著性水平 $P<0.01$;"***"表示差异显著性水平 $P<0.001$。

四、研究结论

(一)关于高职大学生应对方式的总体情况

本节的研究探讨了高职大学生应对方式的总体情况,在压力应对的六种方式中,解决问题和求助是成熟的应对方式,自责、幻想、退避和合理化为不成熟的应对方式。

从研究结果显示的应对方式的总体情况来看,与以往的研究结果基本相同。如樊富珉、李伟等人的研究表明,大学生在面对压力时主要采用自己解决问题的方式;林春梅等人于2002年的研究发现,大学生的应对方式以积极取向为主;张林、车文博、黎兵等人的研究发现,在面对压力时,大学生常采用的应对方式以积极的心理调节机制为主,而消极的自我防御方式使用得相对较少。

高职大学生在六种应对方式中,以解决问题为最主要的应对方式,其次是求助,相对而言,高职大学生较少采用自责、幻想、退避和合理化这几种不成熟的应对方式,使用最少的是自责。这说明高职大学生在应对认知过程中具有较多的理性加工成分,对困难和挫折具有一定的认识水平和应对能力,能够以积极的态度去面对生活和学习中出现的各种矛盾。这一结果的出现可能与应对的效果有关,因为积极的应对方式,有利于困难的消解,也有利于个体身心健康的保持。但是对于生活中遇到的各类压力事件,自责、幻想、退避、合理化这几种应对方式高职大学生可能都会采用。这几种应对方式属于情绪指向的应对和回避应对,反映了大学生企图从认识上或者行为上绕开应激源,但是这些应对方式或许并不能减轻大学生的压力。因此,从整体来看,高职大学生应对方式比较理性和成熟,在面对心理冲突时,更趋于采用积极的成熟的应对方式。

(二)关于高职大学生应对方式的差异

1. 关于高职大学生应对方式的年级差异

在本节研究中,高职大学生在应对方式上存在着显著的年级差异,这与研究假设一致。在解决问题这种成熟的应对方式上,三年级高职大学生的得分显著高于一年级和二年级的高职大学生。究其原因可能是三年级的高职大学生在将近三年的学习生活中已经积累了较多解决困难的经验,在面对困难时,相对一年级和二年级的高职大学生会更多地采用积极的应对方式。这与前人的研究结果一致。肖计划也在研究中发现:随着年龄的增长,人的应对行为也会不断地发生变化,其成熟的应对方式的使用频率增多,不成熟的应对方式的使用会减少。

在自责、退避、合理化应对方式上,二年级学生的得分最高。在合理化上,二年级学生得分显著高于一年级和三年级学生;在退避上,二年级学生得分显著高于一年级学生。究其原因可能是二年级是学习生活最紧张的一年,课程增多,需要面对来自思想、学习、生活、交际等多重矛盾冲突。学习是大学生活的重要内容,与高中的学习相比,大学的学习环境、学习内容、学习方法都发生了很大变化,学习具有更大的灵活性和自主性,需要学生具有较强的自学能力和更为合理的学习方法,然而有的学生却无法适应这种转变,产生了较大的心理压力。另外,大学学习的竞争日趋激烈,各种评奖评优主要以学习成绩作为衡量指标,而自信、好强、富于挑战的心理特征,使许多高职大学生对大学环境产生严重的危机感和恐惧感,其精神压力很大。有研究表明:"个体在感受到应激源非常大时,有可能会采用消极的应对方式。"国内许多研究表明:二年级可能是应对方式活动发生重大转变和调整的时期,也是他们心理发展的关键性转折期。应对的心理防御机制观点认为:个体处于压力之中时,会采取压抑、投射、升华、合理化等防御机制,达到解决个体内心重大冲突,保护自身的目的。应对的特质论还表明:应对方式的选择与一个人的人格特质有密切联系,比如,抑郁状态的个体更多地以消极的方式进行反应。二年级学生的人格特征已基本定性,当个体一旦形成了稳定的个性和应对风格,往往不易改变。因此,在个体早期就应进行人格教育和应对方式的指导,让学生形成健康的人格和积极的应对方式。

在幻想和求助应对方式上,一年级学生得分最高。究其原因可能是一年级学生刚步入大学校园,对很多东西都比较陌生,遇到的各方面困难更多一些,在遇到困难时选择求助和幻想应对方式可能会帮助他们解决困难和减少压力感。

2. 关于高职大学生应对方式的性别差异

高职大学生的应对方式存在显著的性别差异。这与研究假设一致。在解决问题和求助的得分上,求助维度上出现显著的性别差异,女生寻求求助的应对方式显著高于男生,解决问题的性别差异不显著。

自责、退避、合理化应对方式上存在显著的性别差异。男生寻求自责、退避和合理化的应对方式显著多于女生。这与前人的研究结果不尽相同,林春梅认为大学生在应对方式上不存在性别差异;杨俊茹、张磊、陈雁飞、史晓敏的研究认为男生在积极的应对方式(解决问题、求助)上显著高于女生。

形成本研究结果的原因可能有以下几点。① 由于社会的进步与发展,女性地位提高,女性的社会参与意识增强,在大学里就出现"阴盛阳衰"的现象,女生不仅比男生的学习成绩好,还积极主动参加各种活动,甚至还有更高的适应环境和应对挫折的能力。所以在解决问题这种成熟的应对方式上,男女生无显著差异。② 人格差异。依赖、顺从、善于表达情感、优柔寡断等通常被认为是女性的特点,因而不同年级女生在面对压力时,均表现出较多的求助行为。另外,有一些实证研究也证明了女性比男性表现出更多的求助行为。Luckow 等人在研究男女合作时的性别差异时发现,在人的一生中,女性会更多地动用社会支持,尤其是在压力条件下利用来自其他女性的支持。她们会更多地寻找和接受支持,通常也会对所接受的帮助更满意。青春期的女性比起男性而言,她们会更多地从信息资源中寻求支持,也更多地向同性的同伴求助。女大学生比男生更多得到过帮助、接受过支持。③ 传统的男性角色将男性的特点界定为自立、自信、果断,所以在面对压力时,男性很难接受并表达出自己的软弱、不自信和恐惧,而这种传统的社会观念在我国尤为突出。这种观念的存在,使得男性认为求助意味着承认自己的能力不足,会令其自尊受到威胁,因此较少会采用。④ 社会竞争激烈,使得男性要接受更大的压力和挑战。社会和家庭赋予男生的期望值要高于女生,学业、就业的额外压力会加强男生理想与现实的矛盾冲突。男性高职大学生不满足于自己的现状,他们的目标更为远大,为了达到自己的目标,取得更好的成绩,出人头地,承担的心理压力比较大。有研究表明,不成熟的应对方式对暂时缓解压力比较有效,所以在面临困难时,相对女性,男性可能会更多地采取自责、退避、合理化这些应对方式。

3. 关于高职大学生应对方式的文理科差异

高职大学生的文理科差异在六种应对方式上均不显著。这与国内许多同类研究结果是一致的。形成这一结果的原因可能是高职大学生由于知识储备相近,长期在一起生活、学习,习得的应对技能和策略也会相似,因而在处理相同创新创业领域中的问题时,大多会采用相似的应对方式。

4. 关于高职大学生应对方式的生源地差异

来自城镇的高职大学生和来自农村的高职大学生仅在求助上存在显著差异,在其他应对方式上无显著差异。这一结果和前人的研究结果有所不同。形成这一结果的原因可能是:由于生源地不同,城镇的学生眼界较宽,来自农村的高职大学生的信息资源和储备要小于来自城市的高职大学生,农村学生社会交往范围小,主要受父母影响,相比较而言,城市学生社交范围广,受家庭关系以外的其他人群影响的程度明显高于农村学生。而且农村父母对子女的养育在很大程度上仅满足其基本的生理需要,忽视了对子女良好人格和社交能力等的培养。再者农村家庭经济生活拮据使得他们在人际关系方面显得被动。所以城市学生受家庭环境、教育的影响,眼界较为开阔、人际接触较多,使得他们对人际交往能力比农村大学生具有更高的自我评价,显现人际交往能力比农村学生强,交往障碍少。在遇到问题和产生心理压力时,相对于来自城市的高职大学生,来自农村的高职大学生更倾向于与其他人一起解决,如和同学、朋友等聊天谈心,一方面有助于问题的解决,另一方面即使没有使问题得到解决,压力也已经通过宣泄得到了缓解。

5. 关于独生子女与非独生子女高职大学生应对方式的差异

独生子女与非独生子女在解决问题、求助、自责、幻想、合理化应对方式上不存在显著差异,但在退避应对方式上差异显著,独生子女比非独生子女更多地采用退避的应对方式。这一结果和前人的研究结果不尽相同。其原因可能是独生子女作为唯一的孩子,在他们身上被寄予了祖、父辈们的厚望,甚至一些父母希望通过孩子的成功来弥补自己曾经失败的遗憾。许多独生子女的父母把大量时间和精力都投注到孩子的教育和成长中,有的父母甚至从小就为孩子的发展规划好,并尽一切努力为他们的顺利发展扫除障碍、铺好道路。父母代劳独生子女的许多本应自理的工作,他们易于形成依赖性,自主精神和自立能力都较差,也缺少劳动自觉性。这使孩子从小就生活在顺境中,事事都由父母包办,造成对父母的过分依赖,解决问题的能力较低,一旦遇到创新创业困境,他们相对非独生子女会更多地使用退避的应对方式来应对。

6. 关于高职大学生应对方式和普通本科生应对方式的差异

高职大学生和普通本科生在应对方式上存在显著差异。在解决问题和求助的应对方式上,高职大学生得分显著高于普通本科生;在自责、幻想和合理化的应对方式上,高职大学生得分显著低于普通本科生。也就是说,当遇到困难时,高职大学生更倾向采用成熟的应对方式,更少采用不成熟的应对方式。其原因可能如下。① 与普通本科高校相比,高职院校有明确的市场定向,以社会需求和技术领域需求为导向设置专业,有计划招生,为学生在激烈的就业竞争中选择了一个生存空间。② 具有明显的职业岗位针对性,注重实践教学,以职业岗位能力为中心组织教学,实施产学结合。高职毕业生受过良好的专业技术教育,有职业或行业岗位必需的专业理论,同时又有较强的实践能力和动手水平,是既有专业知识又有一技之长的技能型人才,在人才市场有一定竞争力。③ 我国近年来推行职业资格证书制度已取得社会认可。企业对人才需求的认识日趋成熟,企业已不再像过去盲目追求高学历或盲目降低雇员的工资,而是根据企业不同岗位选择不同层次的人才。持学历证和职业资格证书的高职毕业生是"双证人才",在创新创业活动中更具有竞争力。目前,高职大学生的就业率高于普通本科生,这些因素使高职大学生自信心增强,自卑心理减少,有助于他们更为成熟地应对遇到的困难。

第六章 创新创业教育及学生主观幸福感研究

第一节 国内创新创业教育概述

我国已将创新创业教育纳入了现代高等教育体系,当前我国教育理论研究者和教育实践工作者已经认识到了创新创业教育的必要性,对大学生创业教育的相关问题研究也逐渐展开。开展大学生创新创业教育是学生全面发展的内在要求,是为国家培养复合型创新人才的重要举措,是高等教育深化改革的必然趋势,是经济发展和社会进步的必然要求。1998年,"清华大学创业计划大赛"正式拉开了我国大学生创新创业教育的序幕,如今我国的大学生创新创业教育已走过20多个年头。2008年以来,国内高校的创业教育逐步发展、完善,日益呈现出科学性、全面性、多层次性等特点。[126]

一、我国培养大学生创新创业能力的意义

(一)有助于缓解大学生就业压力

随着我国高等教育由"精英教育"到"大众教育"的转变,高校在一定时期内都在扩招,自然而然高校毕业生数量也呈现出逐年递增的趋势,空缺岗位数量远远低于毕业生数量,因此大学生面临的就业形势也越来越严峻。在此形势下,解决大学生就业困难问题的有效手段之一便是加强对大学生创业能力的培养。提高大学生的创业能力不仅能缓解就业压力,还能通过创业增加就业岗位,在解决大学生自己就业问题的同时,带动其他学生或是社会闲散人员就业。

(二)有助于大学生自我价值的实现

初入社会的大学生,很容易遭受就业期望过高而现实却很"骨感"的尴尬境地。工作待遇不如人意的现实,迫使很多大学生另辟蹊径,找寻提升自身价值的机会。自主创业便是他们追寻的可选机会之一,经济利益的流动性和社会地位的快速提升,使得很多大学生放弃就业而投向创业。创业既是一种挑战,也是获得极大发展空间的机遇。创业空间的自由无约束,锤炼了大学生在解决创业过程中遇到复杂问题及艰难险阻时的各种创业能力,也对创业者完善自我人格大有裨益。同时,立足岗位的创

业能力培养,可以提升学生的爱岗敬业能力,完善其职业素养。

(三)有利于大学生自身素质的提高

我国高校扩招以后,伴随着就业压力,大学生素质与高等教育的水平也受到影响。在提高大学教育管理水平与大学生素质的各类探索实践中,大学生创业无疑是最经济、最有效的办法之一。通过创新创业实践,大学生可以充分调动自己的主观能动性,改变自身就业心态,自主学习,独立思考,并学会自我调节与控制。也只有这样,大学生创业才能成功。对于一个能自我学习,懂得如何管理时间与财务,善于拓展人脉关系,并能够主动调适工作心态,积极适应社会的大学生,其自身素质也容易得到普遍认可。

(四)有利于培养大学生的创新精神

创新是一个民族的灵魂,是一个国家兴旺发达的不竭动力。大学生是最有活力的一个群体,正处于创新创造力焕发的旺盛期。与西方发达国家相比,我国对大学生的创业能力教育严重缺失,必须将创业技能和创业精神作为高等教育的基础目标。因此,我国也需要加速转变教育观念,培养大学生的创新精神、创业才能。

二、我国大学生创新创业教育的发展阶段

自1999年清华大学举办首届"挑战杯"大学生创业计划大赛,拉开我国高校开展创新创业教育的序幕以来,创新创业教育在我国已经有20余年的历史。我国创新创业教育的发展历程大致可以划分为五个阶段:萌芽期(1999—2002年)、试点期(2002—2008年)、创业推进期(2008—2020年)、迅猛生长期(2011—2013年)和科学发展期(2014年至今)。

(一)萌芽期(1999—2002年)

为了应对世界高等教育发展趋势及满足我国高等教育的发展需要,在20世纪末,我国先后颁布《面向21世纪教育振兴行动计划》和《中共中央国务院关于深化教育改革全面推进素质教育的决定》,标志我国将创业教育纳入国家发展战略考虑之中。但在这一阶段,国家没有出台专门针对创新创业教育的教育政策,创新创业教育实践尚未起步。

(二)试点期(2002—2008年)

2002年教育部高教司发布《创业教育试点工作座谈会纪要》,确定了清华大学在内的9所高校作为"创业教育试点",由此拉开了创新创业教育在高校试点的实践序幕。在这一阶段,国家将创新创业与建设创新型国家、就业民生大事紧密联系在一

起,显示出国家对创新创业的高度重视。创新创业教育在高校中从理论走向更大范围的实践。

(三) 创业推进期(2008—2010年)

2008—2010年我国大学生创新创业教育的成果主要体现在三个方面,分别是蒸蒸日上的创业市场、创业能力培养与指导以及创业实践。在2008—2010年期间,在创新市场这只无形的手推动下,高校创新创业教育注重培养大学生的创业能力,指导大学生的创业实践。在新兴产业市场推动下,以创业指导与实践为重点成为这一时期大学生创新创业教育的主要模式。

这一时期高校外围的创业环境助力高校创业教育发展。2008年,苹果公司推出了iPhone智能手机,互联网时代开始进入移动互联时代。美团、大众点评、滴滴、高德地图、饿了么等移动终端大量兴起,"拇指经济"时代到来。2009年,在"KAB(know about business)创业教育(中国)项目年会"上,国际劳工组织KAB项目全球协调人克劳斯·哈弗腾顿教授强调了中国创业市场的广袤,"目前,全球任何一个地方都不像中国那样有这么多的创业机会。"良好的创业环境和大量的创业机会促使众多大学生瞄准中国市场"蓝海",这也加速推进了大学生创业教育。

另外,通过分析这一时期创业教育的阶段特点可知,2008—2010年中国高校创新创业教育还比较单一,大学生主要通过第一课堂学习创业理论知识以及通过第二课堂进行创业实践活动。由于创业的主要目的是促进就业,其落脚点在于创业本身。

(四) 迅猛生长期(2011—2013年)

2011—2013年我国大学生创新创业教育的成果主要体现在三个方面,分别是创业政策、创业服务以及创业平台。这一时期的创新创业教育主要特点是以创业平台与创业服务为抓手,辅之以健全的创业政策,全面引领创业大众化的浪潮。

国家的创业机制和政策日趋健全,推动大学生创业教育的日趋成熟。自2010年4月教育部发布《关于大力推进高等学校创新创业教育和大学生自主创业工作的意见》和2010年5月人社部发布《关于实施大学生创业引领计划的通知》以来,国家相继颁布出台了很多政策,鼓励大学生创新创业。例如,2011年,高校实行高校毕业生自主创业证制度,创业学生享受税收优惠政策;2012年,教育部又印发了《普通本科学校创业教育教学基本要求(试行)》的通知。

与此同时,高校科技园、创业园、创业基地等创业平台在这一时期大量兴起。通过查询科技网站资料显示,自2001年在清华大学等22所高校首批设置国家大学科技园以来至2013年1月,共有94所高校被认定为国家大学科技园依托高校。各类创业教育平台,通过线上与线下、课堂与实训、院校教师与行业专家相结合的教育模式,为大学生提供创意和援助。除此之外,这一时期,高校利用校友、科创导师等资源，为大学生提供便捷的创业服务，助力学生项目完成初期孵化。

综合来看，政府优惠的创业政策，高校与科研机构各类创业平台、便捷的创业服务，让大学生的创新创业不像以前那么困难，创业的基础条件相对较完善，大学生的创意被极大激发，创业信心高涨。

（五）科学发展期（2014年至今）

2014年至今，我国大学生创新创业教育的成果主要体现在六个方面，分别是创业新环境、创业教育改革、创业实践、产学研创业合作、创业文化以及创业教育考核评估。这一时期，我国大学生创新创业教育的重中之重在于创业新环境和创业教育改革。

随着科技创新的发展，创业环境发生前所未有的新变化。近年来，"中国制造"正向"中国智造"转变，高速铁路、扫码支付、共享单车和网络购物成为中国的"新四大发明"。新形势下我们既需要有创新能力的专业人才，又需要有社会责任感的"儒商"。

2015年，国务院办公厅《关于深化高等学校创新创业教育改革的实施意见》出台。该文件指出，深化高等学校创新创业教育改革，是国家实施创新驱动发展战略、促进经济提质增效升级的迫切需要，是推进高等教育综合改革、促进高校毕业生更高质量创业就业的重要举措。

2017年，国务院颁布《关于做好当前和今后一段时期就业创业工作的意见》。该文件提出，坚持实施就业优先战略，支持新就业形态发展，促进以创业带动就业，抓好重点群体就业创业以及强化教育培训和就业创业服务等五个方面的政策措施。

2018年，国务院印发《关于推动创新创业高质量发展打造"双创"升级版的意见》。该文件指出，要以习近平新时代中国特色社会主义思想为指导，全面贯彻党的十九大和十九届二中、三中全会精神，按照高质量发展要求，深入实施创新驱动发展战略，通过打造"双创"升级版，进一步优化创新创业环境，大幅降低创新创业成本，提升创业带动就业能力，增强科技创新引领作用，提升支撑平台服务能力，推动形成线上线下结合、产学研用协同、大中小企业融合的创新创业格局，为加快培育发展新动能、实现更充分就业和经济高质量发展提供坚实保障。

2020年，为深入贯彻落实国务院办公厅《关于深化高等学校创新创业教育改革的实施意见》（国办发〔2015〕36号）要求，激励示范校梳理建设成果、总结建设经验、发挥示范效应，为带动全国高校创新创业教育改革向纵深迈进、谋划"十四五"创新创业教育改革新思路、构建世界水平中国特色的创新创业教育体系奠定理论与实践基础，教育部办公厅下发了《关于做好深化创新创业教育改革示范高校阶段性总结工作的通知》。

这一时期的创新创业教育和最初阶段已大不一样，不再拘泥于通过灌输和教授学生各种创新创业知识来达到创业成功的目的，而是通过创业教育改革达到创业教育课程体系化、方式科学化、目标去功利化的目的。值得一提的是,创新学分是创业教育课程改革中创新的典型。创业教育改革中很重要的一部分是创业文化的熏陶,现在高校所强调的创业文化,是一种创业精神、创业意识和社会责任感,可以潜移默化地在校园创新创业文化氛围中让学生规避创业教育认识误区,并认识到创业教育不是单纯教授如何创办企业,不单指引导和激发学生开办公司,也不单指进行第二课堂教育。创业教育改革中另一重要的部分是创业教育考核评估,创新创业教育质量评价体系的建设可以判别高校创业教育的短板和优势以及改革的方向,培养把想法变成行动能力的团队或个体,包括创新能力、挑战冒险精神、识别机会、整合资源、承担风险的能力以及解决实际生活问题的能力等。

综合来看,这一时期的创业教育更加科学、全面、讲究创业文化和创业精神,创业教育改革成为主基调,以创业大赛为核心的创业实践重新回归大众视线。各类创业实践活动、比赛接踵而至,新形势下,以比赛、活动、实践为契机的产学研创业合作逐渐深化、融合,创业实践项目也开始走向市场。

第二节 岗位创新创业与工匠精神培养

一、以岗位创业为导向的创业教育理念变迁

高等教育在现代工业化国家和正处在工业化进程中的国家中发挥着提供智力支撑的作用,它是"基于知识的经济"的创新活动源泉,是大量富有创造性的"知识劳动力"的提供者,同时也是基础研究或应用研究中各种创新成果的思想和方法来源。从对历史的分析来看,正是凭借着先进的大学理念和制度,德国研究型大学在19世纪后期成为世界科学技术的领导者和国际学术与高等教育的中心,美国研究型大学则在20世纪以后使美国的科学技术和学术研究走在世界前列。20世纪80年代以来,发达国家为回应世界范围内日益激烈的经济竞争,迫切希望高等教育机构培养出适应时代需求的创新创业人才,以麻省理工学院、斯坦福大学等为代表的美国研究型大学也在这一背景下拓展自身的功能和领域,通过建立创业园区,加强与产业部门的合作,鼓励大学生的知识创新和技术创业等方式提升高校的创新能力,掀起了新一轮科技革命的浪潮。[127]

知识经济的出现要求高校在创新创业人才的培养方面发挥着比过去更为重要的作用。高校在知识与人力资源的输出方面的贡献日益明显,高校自身所具有的优势不仅加速了创新的推广,提升了自身的研究能力,支持并推动知识进步,更重要的在于培养勇于创新、乐于创业的专业人才。高校的创业教育活动不仅关注操作层面,更重要的是培育个体的理念,培养学生的创业精神和创业能力,这一点正是高校有别于社会其他组织之处。

从传统意义上讲,创业是指创办新企业,创业者必须是企业所有者。熊彼特首次将创业与创新联系起来,创业的实质被界定为创新,或资源地重新组合,包括开始一种新的生产性经营和以一种新方式维持生产性经营。熊彼特将经济活动中的这类创新划分为五种类型:一是采用一种新的产品或一种产品的新的特性;二是采用一种新的生产方法;三是开辟一个新的市场;四是掠取或控制原材料或半制成品的一种新的供应来源;五是实现任何一种工业的新的组织。1985年,Pinchott首次在其著作《创新者与企业革命》中提出了在已建立的大型组织内进行创业的理论,即内创业理论(intrapreneurship)。随后,学术界和实业界都开始对内创业现象表现出越来越浓厚的兴趣和关注。概括相关文献,内创业可以被界定为在一个现存企业中,个体或团队进行的新业务创造或多种创新活动的过程。相应地,内创业者主要是指在现行公司体制内,发挥自己的创业精神和革新能力促成公司新事物产生,从而使公司获得利益的人。相关研究结果指出,相对于自主创业者,内创业者拥有独具特色的创业环境,一般具备一定的创新精神、自主工作和持续学习的能力、相关岗位的专业特长以及强烈的成就动机。[127]

这里所说的内创业,即指岗位创业。在众多研究文献中,类似概念又如"公司创业"等。基于高校创业教育视角,"岗位创业"一词更能明确体现创业教育的目标取向。以岗位创业为导向的创业教育将不仅仅以培养自主创业者为目标,更是要在高校专业人才培养过程中,通过融入创业意识、了解创业知识和体验创业过程,使大学生掌握从事未来职业所需的知识和技能,同时具备一定的创新思维、创业精神和创业能力,从而能在工作岗位上利用企业资源进行创业活动。

开展创业教育,既要培养自主创业者,又要培养岗位创业者。目前,很多高校的创业教育项目还只是侧重于自主创业者的培养,这是创业教育的一个误区。将每一位接受创业教育的学生都培养成为未来的企业家,这不仅不切实际,还容易导致学生产生盲目的创业冲动,把创业过程理想化、简单化。事实上,自主创业者的培养和岗位创业者的培养应该是共同的目标,前者数量少、难度大,后者更具普遍性,能通过大规模的教育培养提升创新能力,形成浓厚的社会创业文化氛围,这也将更有利于自主创业者的培养。

二、以岗位创业为导向的创业教育基本特征

(一)以融入高校现有人才培养体系为出发点

培养自主创业者的创业教育在操作层面过于偏重实践领域,大多停留在鼓励大学生参与创业实践活动而忽略了课程教学本身,使得学生的创业活动显得"激情有余"而"耐力不足"。创业的过程不仅是一个体现个体发现机遇、把握机遇、敢于接受挑战的过程,更需要创业者以充满智慧的大脑,利用掌握的知识与技能去迎接这些挑

战。从目前的现实情况来看,国内高校虽然开设了一些创业教育课程,但与专业领域的学习基本上是分离的。以岗位创业为导向的创业教育主要通过大规模提供创业教育课程,引导大学生关注专业领域的发展、进步和变革,优化他们的知识结构,从而培养他们的创新思维或创业意识。更为重要的是,这些课程多以纳入专业教育和文化素质教育教学计划及学分体系的形式开设,使创业教育与专业教育相互融合成为可能。

(二) 以绝大多数高校在校生为培养对象

当前,各类创业学业计划,如创业证书项目(如北德州大学音乐学院设立"音乐创业与营销证书"课程,艾奥瓦大学创业中心与表演艺术系合作的"演艺创业证书"班,杜克大学富卡商学院的"社会创业"课程项目等)、创业辅修计划、创业学位计划等受众人群更倾向于特定群体或"精英"学子,受益面相对较窄。传统创业教育重在培养新企业的创办者,然而,从我国大学生就业情况的现实与未来趋势来看,这部分创业人群占毕业生的比例并不会太大,选择自主创业的大学生毕竟是少数。以岗位创业为导向的创业教育不仅包含了普通创业教育的理念,更是将创业的概念加以拓展,提倡学生树立用创业的心态去工作的理念,把创业与就业看成是可以兼容的。因此,它会更加注重企业家精神和创新意识的培养,提升大学生了解社会、适应社会的能力,激发他们从事创新活动的潜力,这也就将创业教育的重点从关注少数人的自主创业转移到多数人的岗位创业上来,有效地扩大了创业教育的接受群体和覆盖范围。

(三) 以提升大学生就业竞争力和创业能力为教育目标

我国高等学校开展创业教育最初是作为落实以创业带动就业,促进高校毕业生充分就业的重要措施。因此,创业教育的目标一度被定位于培养企业家和能够创造更多工作岗位的人。随着创业教育的深入发展,我们逐渐意识到:创业不应被狭隘地视为单纯的商业实践,它更是一种思维、推理和行动的独特模式,创业教育也绝不是解决高校毕业生就业问题的权宜之计,以岗位创业为导向的创业教育新模式应以培养具有创新能力和企业家思维的新一代复合型人才为目标,贯穿于人才培养全过程。接受过创业教育的学生,掌握了适用于经济社会发展所需的知识和技能,其创新思维、创业意识将明显增强,择业范围可以更大,就业竞争力会有所提高。当有适合的创业机会出现时,学生能够从传统的就业路径转向自主创业。而已经就业的学生由于接受了以岗位创业为导向的创业教育,培养的创业精神会在工作中发挥积极作用,结出实现个人价值的创业成果。

由此看来,以岗位创业为导向的创业教育的本质是将创业教育理念与内容融入高校人才培养的全过程,旨在提升全体学生的创新意识、创业精神和创业能力,培养经济社会发展需要的既懂专业又具有创业能力的高素质应用人才。

三、岗位创新创业与工匠精神

(一) 创新与工匠精神传承

现在提倡大众创业、万众创新,但是创业还是基础,只有以匠人的精神做好最基础的事,创新才是可能的。其实,创新并不是高不可攀的事,每个人都有某种创新的能力。但大多数人都有一种惰性,没有创新精神,压根没有去想创新的事。他们一切都按固定的模式去做,结果做来做去,平平庸庸,没有丝毫改变和进步。

在日常生活中,每个人都是投石问路者,或难或易、或明或暗、或悲或喜,仿佛不停地挣扎在一个个"陷阱"之中。因此,有效的创新会点亮人生火花,成为实现梦想的手段。谁有创新思维,谁就会成为赢家,谁要拒绝创新,谁就会平庸。这就是说,一个有着思考创新习惯的人,会拥有闪亮的人生。

创新不是标新立异,也不是矫揉造作,而是在继承传统好做法、好经验基础上的一种创造。所以,创新必须把握一个"度",把握好哪些可以创新,哪些必须守住传统,三思而后行,才能真正使创新有意义。盲目和随意的改变,不仅带不来创新,还会丢失了传统,是不可行的。对工匠如此,对手艺如此,对员工如此,对工作更是如此。

在工作中,有的人常恪守成规,按照前人的做法或盲目跟从别人去做一些事情,没有独立的思考,更没有改变或者创新的想法,一心只想盲目地效仿,根本不去思考适不适合自己,还有没有更好的做法,这样做对工作是不利的。

能够创新的并不只是拥有专业技术的人,因为当今可创新的方面非常广泛,如思维创新、技术创新、科学创新、商业创新、模式创新、体制创新等。创新并不用刻意到其他领域寻找,做好手中的工作便能获得灵感,让你获得新想法,助你完成新设计。

职业教育在人才培养上应加入传承与创新"工匠精神"的教育,从学生一开始接受职业教育,就应该让工匠精神扎根心中。因此职业教育有责任将职业精神的教育给到课程中,尤其需要标准化的课程设置。

现代学徒制的引入,是提升"工匠精神"的一剂良药。从偏重于理论模型的讲解,转向注重动手能力和实践能力的培养,学徒制是极具传承意蕴的,它不仅注重对技术的传授,更是在老匠人的"传帮带"中,实现了对"工匠精神"的传承。

在工作的指导思想上,要从职业教育的内在规律要求出发,摒弃普通教育目标的制约,正确认识"工匠精神"对于职业教育的价值,从而为深化职业教育教学改革提供思想武器,奠定现实基础。利用校企合作的人才培养模式改革平台,加强"工匠精神"的养成教育、体验教育和实践教育,从而使"工匠精神"与技术活动、技能培育有机结合起来,并内化于学生的精神之中。在师生共同成长的实践中,要以"工匠精神"培育为抓手和载体,给学生、教师一个密切互动、共同成长的机制,只有这样,精神培养才可能成为一个有机而又有效的、教与学统一的过程。我们经常以为技能的培育是学生的事,精神的培育也是学生的事,殊不知,精神的培育离开了师生的共同成长,是不可能真正实现的。所以"工匠精神"的培育,对于职业院校的所有教师,都是一次全新的教育改革、教育理念创新的挑战。

马云曾经在清华创新论坛上说过一句话:"我不相信有一流的人才,我只相信有一流的努力。创新不是与对手竞争,而是跟明天竞争。"马云谈及人才时说,我们公司需要的是平凡的人、肯学习的人和乐观的人。我希望我们的公司是个动物园,而不是农场。农场永远做不出创新,农场就是一群鸡一群鸭都一样,服装都统一的。我们需要的是各类动物,有开心,有快乐,有自己的想法,做自己想做的事。

创新有时候听起来是很矛盾的事情,创新是没有模式的,往往只是个人的一种感触,一种对待问题的看法。有时创新就是一些常规的事情或者为物品点缀上一点个人的想法,就像在网上可以搜到很多创意的图片,都是常规的内容加些特别内容的组合,最后就是创意了,但是加上的这个内容可不是乱加,要适当合理而且美观。马云在说到企业的时候说,企业的创新就是创造新的价值,创新不是要去打败对手,不是为更大的名,而是为了社会、为了客户、为了明天,真正的创新一定是基于使命感。

唐代张祜有诗云:"精华在笔端,咫尺匠心难。"这大概是汉语中关于"匠心"二字的最早记载。"匠心"它代表了对操作工艺的技艺传承,以及一种对每个环节、每道工序、每个细节都精工细作的匠心精神。在很早之前的手工艺时代,匠字作为后缀,所代表的多是某一类职业属性,比如木匠、鞋匠、铁匠。而今,"匠心"被提炼和赋予了更多的内涵,代表了对各类操作工艺的技艺传承,以及一种对每个环节、每道工序、每个细节都精工细作的匠心精神。

匠心精神,匠人情怀。真正的匠心,不是以情怀为号召,不是以灵感为动力,而是耐得住寂寞,经得起考验的坚守与专注每天重复同样的工作,但始终以完美主义的追求,将简单的事情做到极致。[128]

(二)岗位创业实现人生价值

岗位创业体现着创业的广义解释,爱岗敬业则是立足本职工作,通过个人努力,实现岗位工作业绩的提升,同时也实现了个人价值,这是岗位创业的真谛。敬业体现在工作的责任心上,岗位责任是什么?是做你岗位上应该做的事情,而且必须要做好,这就是责任。是范仲淹笔下的"先天下之忧而忧,后天下之乐而乐";是林则徐的"苟利国家生死以,岂因福祸避趋之";是孟郊的"谁言寸草心,报得三春晖",这些是责任的真实写照!

举个例子,立足岗位、踏实奋进——上海交通职业技术学院优秀毕业生、大国工匠、十九大代表张彦:2004年,张彦从上海交通职业技术学院毕业踏上了工作岗位,成为上海港生产一线的一名桥吊司机。10年的时间,在建设上海国际航运中心的大舞台上,在组织的关怀和伙伴们的帮助下,从普通学徒成长为企业的高级技师,他和他的团队先后打破 7 项集装箱作业效率世界纪录，也成为名副其实的桥吊"状元"，跻身上海首批 88 名"上海工匠"之列，先后获得了全国优秀共产党员、全国劳动模范等多项荣誉称号。

很多人看到他今天的成绩都会说，"80 后就当上全国劳模，厉害！"他觉得自己很幸运，选对了行业。他认为对于一般产业工人而言，职业道路上能走多快多远，不仅依托于企业的整体发展，也取决于自身的努力和付出。

刚入职的时候，张彦也曾是同期学徒中的"差生"。在学习初期，他上手很慢，考核成绩最差，师傅甚至说他可能不适合开桥吊，当时张彦十分失落，但并不服气，觉得"自己不比别人笨，为什么不能开好桥？吊"为了争这口气，更为实现自己心中成为最好桥吊司机的梦想，张彦决定要比别人花更多的时间来学习和钻研操作技能。他细心观察师傅的操作，在脑海一遍一遍回忆模拟操作过程，体会自己的想法与师傅的实际操作存在的差别，并把重点部分记录下来，从中汲取师傅的操作经验。就这样，他几乎将班组里所有优秀司机的操作方式都观察了 10 多遍，相互比较和印证、取长补短。下班回家后，他也在脑海中反复回放当天上班时所看、所听、所思，寻找自身不足，在下一次操练时加以改进，这样的工作习惯保留至今。

世上无难事，只怕有心人。经过这样不间断的观察、学习、总结、实践、改进，自己的操作技能一天天不断提升，当即将结束自己学徒生涯的时候，张彦已经在同期学徒的考核中由"最差生"变成了"最优生"。凭借着高超的技术，在 2008 年、2009 年、2010 年、2011 年，张彦和团队先后 4 次刷新了集装箱装卸作业效率的世界纪录，并最终创造了目前每小时装卸 197 箱的桥吊作业效率的世界纪录。

在洋山深水港区工作 10 年来，张彦获得了很多荣誉，并成为"2016 感动上海年度人物"，2017 年 10 月张彦还作为党代表赴京出席中国共产党第十九次全国代表大会。很多新同事会羡慕地追问他成功的秘诀是什么，回顾自己的成长经历，张彦说道："立足岗位、踏实奋进、功到自然成！"

第三节　高职学生创新创业主观幸福感研究

关于什么是幸福？这是古往今来哲学家、伦理学家一直争论不休的问题。例如，亚里士多德认为"最公正的事""健康"都可"视为幸福"；伊壁鸠鲁认为"肉体的健康和灵魂的平静乃是幸福生活的目的"；谢林认为"道德的原则是幸福"；苏格拉底认为"幸福是由知识和智慧决定的"；柏拉图认为"幸福是善的理念"等。[129] 随着积极心理学的兴起和发展，研究者对人们的主观幸福感也越来越关注，目前对幸福感的研究已经涉及人们对幸福感的看法，人们追求幸福的方式以及影响人们获得幸福感的因素等领域。"创新创业实现个人梦想"已经成为大家耳熟能详的话语，更深深内化到我们的观念中，在实现梦想的过程中，人们的满足感和幸福感自然而然地得到提高。本节将对高职大学生在创新创业学习和活动中所感受到的主观幸福感进行调查研究,以期提升学生创新创业能力和素养。

一、主观幸福感的概述

(一) 概念

主观幸福感即 subjective well-being,简称 SWB。从 20 世纪 50 年代开始,相关研究成果层出不穷,但就主观幸福感的概念,心理学家们的意见并不统一。根据他们各自的研究中,我们对主观幸福感可以做以下的理解。

(1) 以外界标准界定主观幸福感。幸福是基于观察者的价值体系和标准,而不是行动者自己的主观判断。Coan 认为拥有自己所希望得到的东西就是快乐,却不考虑行动者的感受;Aristotle 将"价值"作为判断标准,把对于人有用的外界事物作为评判标准;Tatarkiewicz 将"成功"作为标准,认为成功能使人感到快乐。

(2) 以情感体验来界定主观幸福感。幸福就是愉快的情感体验,通过比较积极情感和消极情感来判断,较多的积极情感和较少的消极情感就是幸福。

(3) 负面反映主观幸福感。心理健康是幸福的基础,用 SCL-90 和抑郁自评量表来测量,得分低者被认为是幸福的,亦即负性情绪少者被认为是幸福的。但是,有研究表明,正性情感和负性情感是相对独立的,负性情感减少并不能代表正性情感的增加,所以这种观点存在不足之处。

(4) 自我评价界定主观幸福感。主观幸福感是个人对其生活质量的整体评估。"主观幸福感是个体依据自定的标准对其生活质量的整体的评价"。

目前大多数研究者认同的关于主观幸福感的定义是 Diener 对主观幸福感的定义:"主观幸福感是个体依据自定的标准对其生活质量的整体性评价。"一方面,该定义符合人们对主观幸福感的一般理解;另一方面,该定义也得到了大多数研究的证实。本研究将以此作为自己的理论支持,把主观幸福感界定为:个体依据自定的标准对其生活质量所做的整体评价,对自身的生活满意感和情感状况所做的整体性地评估与心理体验。

从这个定义中可以看出主观幸福感具有三个特点:① 主观性,指对它的评定主要依赖于行为者本人内定的标准,而不是他人或外界的准则;② 相对稳定性,指虽然在评定主观幸福感时会受到情景和情绪状态的影响,但是研究证实它是一个相对稳定的值;③ 整体性,指主观幸福感是一种综合评价,它包括对情感反应的评估和认知判断,即包括正性情感、负性情感和生活满意度三个维度。

对于主观幸福感的结构,近期的研究中人们都普遍认同 Andrews 和 Withey 将它分成正性情感、负性情感和生活满意度三个维度的观点。[130]生活满意度是个体对生活的总体质量的认知评价,即总体上对个体生活做出满意程度的判断;其余两者均指个体生活中的情感体验。正性情感包括愉快、轻松、满足等；负性情感包括抑郁、焦虑、紧张等。换句话讲，对于高职学生而言，在创新创业学习和实践中的主观幸福感就是由对当前学习状态和生活的满意度、正性情感的体验和负性情感的缺乏所构成，对整体生活的满意程度愈高，体验到的正性情感愈多，负性情感愈少，则个体的幸福感体验愈强。

（二）影响主观幸福感的主观因素

1. 人格特质

主观因素中最重要的影响因素是人格特质，人格特质之所以能预测主观幸福感的原因在于，首先，幸福感是一个长期的条件而不是短暂的效应。在测量幸福感时，人们心境的瞬间变化往往被忽略。人格因为与短期因素无关，更有可能对幸福感产生强烈的影响。其次，幸福感跨时间的稳定性和一致性更加依赖气质而不是外在行为。最后，人格通过影响与幸福感相关的其他因素进而影响幸福感。Diener 指出，在预测幸福感时，人格因素即使不是最好的预测指标，至少也是最可靠、最有力的预测指标之一。

2. 自尊

许多研究表明自尊与幸福感相关。Gilman 发现，青少年总体生活满意度和总体自尊呈中等程度的相关。Furnham 的研究结果同样表明，自尊是幸福感的一个最有力的预测因素。自尊被认为是预测生活满意度的最佳指标之一。跨文化的研究则发现，自尊和生活满意度的相关性达到 0.47，但是自尊和幸福感的高相关关系并不具有普遍性，在集体主义文化背景下两者的相关程度不是很高。由于自尊的研究受文化差异的影响，不同的文化背景下，对自尊的理解也不尽相同，这方面的研究至今还没有统一的结论，所以自尊的跨文化研究还有待深入。

3. 自我效能感

自我效能感被认为是一个人在完成一项任务或者工作时具有的自信心，这种自信心会产生积极情感，从而提高主观幸福感；同时，也有研究表明自我效能感强的人往往把行为归因于自己的能力和努力，而把失败归功于外部不可控因素。这样的归因方式能促使个体提高动机水平，增强正性情感，提高主观幸福感。另外，自我效能感水平高的个体在遭受困难和挫折时，常采取积极的应对方式，试图通过自己的努力和利用周围有用的支持而获得成功，这种成功的喜悦将有助于主观幸福感的提高。还有研究表明，自我效能感强的人对自己成功的信念更强，目标确定后更容易使目标达成，从而提高了主观幸福感。所以在创新创业学习和实践的过程中，主观幸福感的水平与学生设立的目标息息相关。固然，创新创业的个人目标是其幸福感指数的重要影响因素。在岗位创业和工匠精神大环境的不断熏陶下，学生创新创业目标的设定也更加接地气，职业素养和岗位技能的学习收获同样可以提升创新创业的主观幸福感。

二、高职大学生创新创业过程主观幸福感调查数据分析

主观幸福感调查过程与上文中创新创业活动的应对方式调查是同步进行的,由于疫情影响,也是采取腾讯电子问卷形式匿名填写。选取3所高等职业技术学院和1所应用型本科高校在校学生作为研究对象,被试来源为一至三年级(本科为一至四年级)大学生。学生问卷作答时,强调其主观感受,以创新创业活动为作答情境。

(一)高职大学生主观幸福感的总体情况

表6-1所示的是高职大学生主观幸福感及各维度的最大值、最小值、平均数和标准差,其中生活满意度得分为3.3475(得分范围为1~7),低于理论中值4,表明他们的生活满意度低于中等水平;积极情感得分为4.2290(得分范围为1~7),高于理论中值4,表明他们的积极情感略高于中等水平;消极情感得分为3.0270(得分范围为1~7),低于理论中值4,表明他们的消极情感低于中等水平。主观幸福感的总体情况低于中等水平。

表6-1 高职大学生主观幸福感的总体情况

项目	人数	最小值	最大值	平均数	标准差
生活满意度	610	1.00	6.20	3.3475	1.03718
积极情感	610	1.83	6.33	4.2290	1.00425
消极情感	610	1.00	6.00	3.0270	0.95382
主观幸福感	610	2.05	5.42	3.4909	0.60217

(二)高职大学生主观幸福感的差异研究

1. 高职大学生主观幸福感的年级差异

运用ANOVA考察高职大学生在主观幸福感上的年级差异,如表6-2、表6-3所示。从结果可以看出:不同年级的高职大学生在主观幸福感上存在一定的差异。在生活满意度上,一年级高职大学生得分低于二年级和三年级高职大学生,且一年级学生和三年级学生的差异达到显著水平(MD(3-1)=0.3030,$P=0.003<0.05$),一年级学生和二年级学生以及二年级学生和三年级学生的差异不显著。在积极情感和消极情感上,二年级学生得分均高于一年级学生和三年级学生。在主观幸福感上,一年级学生得分显著低于二年级学生和三年级学生(MD(2-1)=0.1993,$P=0.001<0.05$;(MD(3-1)=0.1382,$P=0.018<0.05$)),二年级学生和三年级学生的差异不显著。

表 6-2　不同年级的高职大学生主观幸福感的差异比较

项目	一年级		二年级		三年级		F
	M	SD	M	SD	M	SD	
生活满意度	3.2034	0.97805	3.3699	1.12021	3.5064	1.00382	4.581*
积极情感	4.1172	0.98267	4.3369	1.13634	4.2624	0.87464	2.654
消极情感	2.9555	0.90191	3.1600	1.04241	2.9854	0.91644	2.663
主观幸福感	3.3876	0.52311	3.5869	0.69815	3.5258	0.57529	6.256**

注:"*"表示差异显著性水平 $P<0.05$;"**"表示差异显著性水平 $P<0.01$。

表 6-3　不同年级的高职大学生主观幸福感的多重比较

项目	（I）年级	（J）年级	均数差异（I−J）
生活满意度	1 年级	2 年级	−0.1665
		3 年级	−0.3030**
	2 年级	1 年级	0.1665
		3 年级	−0.1365
	3 年级	1 年级	0.3030**
		2 年级	0.1365
主观幸福感	1 年级	2 年级	−0.1993**
		3 年级	−0.1382*
	2 年级	1 年级	0.1993**
		3 年级	0.0611
	3 年级	1 年级	0.1382*
		2 年级	−0.0611

注:"*"表示差异显著性水平 $P<0.05$;"**"表示差异显著性水平 $P<0.01$。

2. 高职大学生主观幸福感的性别差异

对性别进行独立样本 t 检验,考察高职大学生在主观幸福感上的性别差异,如表 6-4 所示。结果表明:不同性别的高职大学生在生活满意度、积极情感、消极情感和主观幸福感上均没有显著性差异。但是也可以看出在生活满意度和积极情感两个分量表中,女生的得分均高于男生;在消极情感的分量表中,女生的得分低于男生。这说明女生的生活满意度高于男生,女生出现积极情感的频率也高于男生,而女生出现消极情感的频率则是低于男生的。总体来看,高职大学生中女生的主观幸福感略高于男生。

表 6-4 不同性别的高职大学生主观幸福感的差异比较

项目	男性		女性		t
	M	SD	M	SD	
生活满意度	3.2967	1.05931	3.3814	1.02221	−0.988
积极情感	4.1598	1.06626	4.2750	0.95942	−1.389
消极情感	3.1066	1.00726	2.9740	0.91403	1.651
主观幸福感	3.4892	0.60937	3.4921	0.59815	−0.058

3. 高职大学生主观幸福感的文理科差异

对专业性质进行独立样本 t 检验,考察高职大学生在主观幸福感上的文理科差异,如表 6-5 所示。结果表明:在生活满意度、积极情感、消极情感和主观幸福感几项得分上,文科学生均高于理科,但差异均未达到显著水平。

表 6-5 不同专业性质的高职大学生主观幸福感的差异比较

项目	文科		理科		t
	M	SD	M	SD	
生活满意度	3.3831	1.07381	3.3166	1.00480	0.790
积极情感	4.3040	1.03213	4.1636	0.97621	1.725
消极情感	3.0590	0.89619	2.9992	1.00187	1.771
主观幸福感	3.5374	0.61384	3.4504	0.58977	1.783

4. 高职大学生主观幸福感的生源地差异

对生源地进行独立样本 t 检验,考察高职大学生在主观幸福感上的生源地差异,如表 6-6 所示。结果表明:在生活满意度、消极情感和主观幸福感这几项得分上,来自城镇的高职大学生均高于来自农村的高职大学生,并且在生活满意度上的差异显著($P=0.022<0.05$);在消极情感和主观幸福感上的差异不显著。在积极情感的得分上,来自城镇的高职大学生低于来自农村的高职大学生,但差异不显著。

表 6-6 不同生源地的高职大学生主观幸福感的差异比较

项目	城镇		农村		t
	M	SD	M	SD	
生活满意度	3.4800	1.03549	3.2780	1.03256	2.293*
积极情感	4.2238	1.01211	4.2317	1.00136	−0.092
消极情感	3.0738	0.99576	3.0025	0.93138	0.877
主观幸福感	3.5439	0.58543	3.4632	0.60965	1.575

注:"*"表示差异显著性水平 $P<0.05$。

5. 独生子女与非独生子女高职大学生主观幸福感的差异

对独生子女状况进行独立样本 t 检验,考察高职大学生在主观幸福感上的差异,如表6-7所示。结果表明:在生活满意度和主观幸福感的得分上,独生子女高于非独生子女,但差异不显著。在积极情感和消极情感的得分上,独生子女低于非独生子女,且差异也不显著。

表6-7 不同独生子女状况的高职大学生主观幸福感的差异比较

项目	独生子女		非独生子女		t
	M	SD	M	SD	
生活满意度	3.4360	1.02501	3.2969	1.04201	1.596
积极情感	4.2147	1.04388	4.2371	0.98214	−0.265
消极情感	3.0023	0.91909	3.0412	0.97402	−0.485
主观幸福感	3.4993	0.62435	3.4862	0.58987	0.259

6. 高职大学生主观幸福感和普通本科生主观幸福感的比较

对高职大学生和普通本科生进行独立样本 t 检验,考察高职大学生和普通本科生在主观幸福感上的差异情况,如表6-8所示。结果表明:在积极情感和主观幸福感的得分上,高职大学生均高于普通本科生,并且积极情感上的差异显著($P=0.003<0.05$),主观幸福感的差异不显著。在生活满意度和消极情感的得分上,高职大学生均低于普通本科生,但差异不显著。

表6-8 高职大学生主观幸福感和普通本科生主观幸福感的差异比较

项目	高职		本科		t
	M	SD	M	SD	
生活满意度	3.3475	1.03718	3.3639	0.97797	−0.249
积极情感	4.2290	1.00425	4.0352	1.02316	2.949**
消极情感	3.0270	0.95382	3.0496	0.96258	−0.363
主观幸福感	3.4909	0.60217	3.4436	0.56632	1.240

注:"*"表示差异显著性水平 $P<0.05$;"**"表示差异显著性水平 $P<0.01$。

(三)高职大学生应对方式与主观幸福感的相关分析

将创新创业活动中学生的主观幸福感数据与本书第五章第四节中的应对方式数据结合,对高职大学生应对方式与主观幸福感进行相关性分析,如表6-9所示。可以看出:解决问题和求助这两种应对方式与生活满意度、积极情感和主观幸福感存在着显著的正相关关系,而与消极情感呈显著负相关;自责与生活满意度、积极情感存在着显著的负相关关系,而与消极情感呈显著正相关;幻想与生活满意度和积极情感呈负相关,但都不显著,与消极情感呈显著正相关;退避与生活满意度呈负相关,但不显著,与积极情感呈显著的负相关,与消极情感呈显著的正相关;合理化与生活满意度和积极情感呈负相关,但不显著,与消极情感呈显著正相关。总体来说,应对方式中的积极的成熟的应对方式(解决问题、求助)与主观幸福感有着密切的相关。

表6-9 高职大学生应对方式与主观幸福感的相关分析

应对方式	生活满意度	积极情感	消极情感	主观幸福感
解决问题	0.210**	0.356**	−0.177**	0.165**
自责	−0.230**	−0.245**	0.398**	−0.032
求助	0.174**	0.253**	−0.135*	0.122**
幻想	−0.100	−0.063	0.223**	−0.069
退避	−0.035	−0.113**	0.147*	−0.023
合理化	−0.025	−0.065	0.224**	0.104

注:"*"表示差异显著性水平 $P<0.05$;"**"表示差异显著性水平 $P<0.01$。

(四)高职大学生应对方式对主观幸福感的回归分析

为了进一步明确应对方式与主观幸福感之间的因果关系,考察应对方式是否能预测主观幸福感,尤其是成熟型(解决问题和求助)应对方式是否对生活满意度、积极情感和总体幸福感有显著的预测作用,分别以生活满意度、积极情感、消极情感和总体主观幸福感作为因变量,以六种应对方式作为自变量进行回归分析,得到的预测指数见以下四个表。

表6-10所示,求助、自责和解决问题三种应对方式对生活满意度有显著的预测作用。解决问题与求助有助于生活满意度的提升,而自责有碍于生活满意度的提升。

表6-10 应对方式对生活满意度的回归分析

应对方式	R^2	ΔR^2	β	t
求助	0.030	0.027	0.174	3.074**
解决问题	0.044	0.041	0.210	3.736***
自责	0.053	0.050	−0.230	−4.123***

注:"*"表示差异显著性水平 $P<0.05$;"**"表示差异显著性水平 $P<0.01$;"***"表示差异显著性水平 $P<0.001$。

表6-11所示,解决问题、求助和自责三种应对方式对积极情感有显著的预测作用。解决问题、求助可体验到更多的积极情感,而自责却不利于积极情感的获得。

表 6-11　应对方式对积极情感的回归分析

应对方式	R^2	ΔR^2	β	t
自责	0.060	0.057	−0.245	−4.393***
求助	0.064	0.061	0.253	4.547***
解决问题	0.127	0.124	0.356	6.641***

注:"*"表示差异显著性水平 $P<0.05$;"**"表示差异显著性水平 $P<0.01$;"***"表示差异显著性水平 $P<0.001$。

表 6-12 所示:六种应对方式均对消极情感有显著的预测作用。解决问题和求助两种应对方式消极情感的体验较少,而退避、合理化、幻想和自责可能会体验到更多的消极情感。

表 6-12　应对方式对消极情感的回归分析

应对方式	R^2	ΔR^2	β	t
求助	0.018	0.015	−0.135	−2.373*
退避	0.022	0.018	0.147	2.590*
解决问题	0.031	0.028	−0.177	−3.138**
合理化	0.050	0.047	0.224	3.996***
幻想	0.050	0.046	0.223	3.973***
自责	0.158	0.156	0.398	7.550***

注:"*"表示差异显著性水平 $P<0.05$;"**"表示差异显著性水平 $P<0.01$;"***"表示差异显著性水平 $P<0.001$。

表 6-13 所示,解决问题和求助两种应对方式对主观幸福感有显著的预测作用。解决问题和求助两种应对方式下的主观幸福感会更高。

表 6-13　应对方式对主观幸福感的回归分析

应对方式	R^2	ΔR^2	β	t
求助	0.015	0.012	0.122	2.137*
解决问题	0.027	0.024	0.165	2.903**

注:"*"表示差异显著性水平 $P<0.05$;"**"表示差异显著性水平 $P<0.01$;"***"表示差异显著性水平 $P<0.001$。

三、关于高职大学生主观幸福感的差异分析

(一) 关于高职大学生主观幸福感的年级差异

在本次调查研究中,高职大学生主观幸福感存在显著的年级差异。高职大学生

在生活满意度的得分上,三年级学生高于一年级和二年级学生,且三年级和一年级之间的差异显著。在积极情感、消极情感和总体主观幸福感得分上,均是二年级最高。在总体主观幸福感上,二年级和一年级以及三年级和一年级的差异均达到显著水平。产生这一结果的原因可能是因为三年级的学生课程比较少,创新创业的课程学习和实践学习已经基本完成,学生即将走出校园,步入社会,通过近三年的学习和生活,能力也得到提高,对未来充满无限的憧憬和向往,导致三年级学生的生活满意度相对较高。主观幸福感的判断理论表明:现实自我和理想自我的不一致会导致沮丧、抑郁,从而降低主观幸福感。一年级的学生刚刚踏入校园,对很多事物感到陌生,缺乏安全感。再加上高职院校相对本科院校起点低,高职大学生刚入学时往往会产生自责,他们没有高考本科上线的喜悦,但仍然会在入校前对大学生活产生诸多憧憬和设想,这种憧憬和设想多是美好的,入学后,一旦现实生活与理想不相符,甚至出现较大差距时,就易产生对生活的不满。而二年级是学业最紧张的一年,也是知识积累和能力得到迅速提高的一年,自信心增强,导致二年级学生的积极情感和总体主观幸福感相对较高。但是情感困扰的出现、复杂的人际关系、学习的压力都让他们感到压力重重,难免会使他们体验到更多的消极情感。

(二) 关于高职大学生主观幸福感的性别差异

在生活满意度、积极情感、消极情感和总体主观幸福感上,男女生差异均不显著。这与研究假设的不一致。不同学者关于大学生主观幸福感的性别差异的研究结论也不一致,可分为以下四种情况。① 李靖、赵郁金研究表明,男生主观幸福感水平显著高于女生。② 严标宾等人研究表明,女生的主观幸福感及生活满意度显著高于男生。陈静、杨宏飞的研究表明,女生的生活满意度显著高于男生。③ 李景华、胡洁等人的研究表明,男女大学生的主观幸福感不存在显著性差异。④ 段建华研究发现,大学生的总体幸福感不存在显著的性别差异,但是负性情绪状态存在显著的性别差异:男性的负性情绪显著少于女性。

本研究中高职大学生的主观幸福感不存在显著的性别差异,原因可能是:由于近几十年来,特别是改革开放以来,我国生产力迅速发展的同时也带来了人们思想的大发展,高职大学生作为一个活跃的群体已经广泛地接受了各种观念,原有的各种性别差异也因此逐渐缩小,作为接受高等教育的女性已经站在与男性平等的位置,在创新创业活动中,她们承担与男性同样的工作和学习,也同样面对激烈的竞争,他们的情绪体验趋于一致并不奇怪。

从研究结果中,我们可以发现,在生活满意度、积极情感上女生均高于男生,在消极情感上女生低于男生。究其原因可能是,由于女性的思想解放使各种性别差异在逐渐缩小,而传统的思想使得男性依旧认为在家庭和社会中承担着更多的责任。因而逐渐成熟的男性自感将来担负的重任,对未来也有着较远大的抱负,但当他们面对现实的社会环境时,现实与期待的巨大反差又往往容易让他们产生"徒有远大抱负却无施展之地"的感觉。而女生则比较容易满足现状,心态也较之平和。

(三) 关于高职大学生主观幸福感的文理科差异

本调查研究测量结果显示,在生活满意度、积极情感、消极情感和总体主观幸福感上,文理科差异均不显著。李靖、赵郁金的研究表明,文科、理科大学生之间幸福感指数无显著差异。陈静、杨宏飞的研究表明,文理科大学生生活满意感无差异。这些都与本研究结果一致。形成这一结果的原因可能是:文理科高职大学生均存在有利于和不利于主观幸福感提高的特点,这是造成他们在总体幸福感水平上差异不显著的原因。例如,在创新创业活动上,文科学生具有较丰富的生活情趣,比较浪漫,这种特点有助于他们体验到快乐和幸福;而理科学生进取精神强,处事冷静则有助于他们面对困难和挫折时沉着应对,消极情感体验的强度和频率较低,从而也可以提高主观幸福感。

(四) 关于高职大学生主观幸福感的生源地差异

在生活满意度上,来自城镇的学生显著高于来自农村的学生。在积极情感、消极情感和主观幸福感上,来自城镇的学生和来自农村的学生无显著差异。这与陈静、杨宏飞的研究结果一致。形成这一结果的原因可能是:由于在物质文明和精神文明方面农村与城市相比还有距离,社会发展带来的各种便利,包括更多的食品和更好的居住条件,而且还有休闲、学习设备、信息设备等,相对而言,由于经济水平的限制,来自农村的学生在这些方面难以很快满足需求。来自农村的高职大学生在学校中可能面临着比来自城市的高职大学生更多的问题,如学校适应不良、人际困扰、学业压力、经济困难以及对前途的不确定等。这导致来自城镇的学生在生活满意度上显著高于来自农村的学生。

在积极情感、消极情感和主观幸福感上,来自城镇的学生和来自农村的学生无显著差异。形成这一结果的原因可能如下所示。首先,城乡差异只是影响大学生主观幸福感的一个因素而已,大学生主观幸福感受到多种复杂因素的影响,因此城乡差异可能有的时候就凸显不出来。其次,本研究对生源所做的分类很简单,仅仅包括"城镇"和"农村"两类。当把城市、县城、小镇全部并入"城镇"以后,城乡之间的差距就会缩小了。最后,对农村学生而言,传统观念认为考上大学意味着跳出农村,从此可以告别"面朝黄土背朝天"的生活,考上大学是一件光宗耀祖的大喜事。

(五) 关于独生子女与非独生子女高职大学生主观幸福感的差异

研究结果显示,独生子女高职大学生与非独生子女高职大学生在生活满意度、积极情感、消极情感和主观幸福上均不存在显著差异。这与丁园园的研究结果一致。

出现这一结果的原因可能是：独生子女和非独生子女各有各的特点，独生子女的外向性格较非独生子女略多；独生子女的气质类型中多血质明显多于非独生子女，而胆汁质和抑郁质显著少于非独生子女；独生子女的境况、自我评价和信心等方面显著优于非独生子女；独生子女的聪慧性、求知性、灵活性方面较非独生子女略优。这些特点都为独生子女获得幸福感提供了有利条件。而非独生子女相对于独生子女也有自身的优点：情绪的稳定性较强；自制力、果敢性和耐久性方面较高；平衡感及利弊权衡能力稍好。因此，独生子女高职大学生与非独生子女高职大学生在主观幸福感上不存在显著性差异自然可以理解。

（六）关于高职大学生主观幸福感和普通本科生主观幸福感的差异

研究结果显示：在生活满意度、积极情感、消极情感和主观幸福感上，只有积极情感上存在显著差异，高职大学生的积极情感显著高于普通本科生的积极情感，其他维度差异均不显著。这一结果与前人研究的结论并不一致。出现这一结果的原因可能有以下两点。① 普通本科生对自己的要求相对较高，学习压力也比较大。再加上现今普通本科毕业生逐年增多，普通本科生的就业形势比较严峻，大四学生面临考研、就业等多方面的挑战，导致很多本科生心理压力较大，缺乏自信，对自身的能力充满怀疑，不利于普通本科生积极情感的提升。② 由于高职生比较实际，少有挑剔的就业观，而且，汽车、电子、计算机、维修、工程等技术含量比较高一些的一线技术岗位，高职生经过短时间的适应就可以上手，本科生与其相比，反而缺少实际经验。高职大学生的就业率高于本科生。

（七）高职大学生应对方式与主观幸福感的相关分析

本研究结果显示，应对方式与主观幸福感存在显著的相关性，这与研究假设一致。解决问题和求助这两种应对方式与生活满意度、积极情感和主观幸福感存在着显著的正相关，而与消极情感呈显著负相关；自责与生活满意度、积极情感存在着显著的负相关，而与消极情感呈显著正相关；幻想与生活满意度和积极情感呈负相关，但都不显著，与消极情感呈显著正相关；退避与生活满意度呈负相关，但不显著，与积极情感呈显著的负相关，与消极情感呈显著的正相关；合理化与生活满意度和积极情感呈负相关，但不显著，与消极情感呈显著正相关。

结果显示，应对方式和主观幸福感存在密切的关联，较多地使用解决问题和求助类应对方式的个体幸福感水平高，而较多使用自责、退避、幻想、合理化等消极的行为应对方式的个体主观幸福感水平低。这与胡洁的研究比较一致。这可能是由于拥有积极成熟的行为应对方式的人，在面对困难和压力时也会有着积极合理的认识方式来指导其行为，通过实质性解决问题来合理地缓解压力，因而其主观幸福感和各满意度相对较高；反之，在面对困难和压力时更倾向于采取消极的行为应对方式的人，因不能正视所存在的困难和压力,其问题也无法得到合理的解决,必然会使困难和压力进一步成为降低主观幸福感和各满意度的根源。当大学生遇到困难的时候,采取积极的应对方式会有助于大学生心理健康,与人交谈、倾诉烦恼、向亲戚朋友寻求帮助这些积极的应对方式有助于建立一个关系网络,有利于社会支持的获得,从而在遇到困难的时候,学生可以获得较多的帮助,从而体验更多的幸福感。

研究结果还发现主观幸福感水平不同的个体,他们所采用的应对方式也有区别。主观幸福感水平较高的个体,他们倾向于采用如"解决问题""求助"等成熟的应对方式,而主观幸福感水平较低的个体,则倾向于采用如"自责""退避""幻想""合理化"等不成熟的应对方式。McCrae 和 Costa 发现某些应对行为被认为是有效地应对反应,如理性行为、求助、真诚对待等,而且发现使用这些应对方式的个体也报告有较高水平的主观幸福感。

进一步地回归分析发现,在六种应对方式中,解决问题和求助对生活满意度、积极情感、消极情感和主观幸福感都有显著的预测作用。其原因可能是采用解决问题和求助应对的高职大学生在面临应激情境时,更有可能建立一个关系网络,获得社会支持,从而体验到更多的主观幸福感。在创新创业活动中,行为应对方式和主观幸福感存在着密切的关联度,较多地使用解决问题和求助类的行为应对方式的个体,其主观幸福感水平高,而较多使用退避、不良情绪和发泄类的行为应对方式的个体,其主观幸福感水平较低。总之,应对方式是影响个体主观幸福感的一个重要因素,积极成熟的行为应对方式与高主观幸福感呈正相关,而消极的行为应对方式则对主观幸福感有着消极影响作用。因此,培养积极成熟的创新创业行为应对方式有助于主观幸福感的提高。

第四节　众创空间与创新创业能力提升

随着我国经济和科学技术的飞速发展,我国的经济结构也在升级转型。但是,在这些成绩的背后,不能忽视的是随着我国人口的快速增长和人口老年化的加快,社会的就业压力日益严重。作为社会主义建设未来建设主要力量的当代大学生,提高自主创业能力,成了缓解就业压力的重要途径。高校大学生创业必须以众创空间为依托、积极发挥政府政策的引导作用,在创业导师的正确指导下,加强创业项目技术和资金的投入,生产符合市场价值观念的新产品。[113]

一、大学生众创空间建设

(一)高校创业教育中阻碍"众创空间"发展的因素

近年来我国政府对于高校创业教育的重视程度不断加强,一系列鼓励和扶持大学生创业的政策相继颁布,而且高校也逐渐加大了创业教育的执行和重视力度,但是显然,传统的教育模式和落后的教育理念,都极大地限制了我国高校创业教育的进一步发展,也影响了我国大学生创业的进程。这也是阻碍众创空间平台有效发展的重要因素。

1. 高校对于创业意识的培养有所缺乏

当前我国高校的创业教育中对于大学生创业意识的培养还有着很多薄弱的环节,我国经济形势的变化为就业带来了很大的改变,大学生传统的就业观念已经落后于社会发展现实。因此,当代大学生应该从思想上转变以前旧的就业观念,要积极地实现从就业者到创业者的转变。这不但需要大学生自身的学习和对就业问题的了解,也需要高校的参与。可是现阶段我国的大部分高校都缺乏对于创业意识培养的相关课程,在高校内部对于创业意识的宣传微乎其微,在一大部分高校中仅有一小部分大学生对于创业有着比较基本的概念和认识。同时在已经开办创业教育课程的高校例如复旦大学、浙江大学等,创业教育课程也比较不规范,缺乏系统地学习规划,这样的现象导致我国高校中大学生的创业意识淡薄,创业观念培养存在着很大的缺陷。

2. 高校创业教育师资队伍力量较弱

高校创业教育是一个系统性的教育体系,从专业的创业教育教师,到科学的创业教育体系,再到先进的教学内容,这些都是创业教育体系中必不可少的一部分。然而对于我国高校而言,创业教育是一个全新的教育工程,在我国高校中的起步较晚,相关的师资队伍建设十分落后,具备专业创业教育素养的教师严重匮乏。非但如此,创业教育体系是一个理论与实践相结合的体系,不但需要课堂教学,更需要实践。这样更给我国的创业教育开展带来了很大的阻碍。由于我国高校创业教育实践性课程的开展需要大量的资金和渠道,对于一部分高校而言是很大的困境,而且高校的创业基地建设也比较落后,很难形成完整的创业体系。

3. 高校创业教育的资金不足

虽然近年来我国政府和高校对于创业教育的支持力度逐年增加,但是不可否认的是支持力度还是有所欠缺,由于资金有限和观念的缺失,大部分的资金扶持都用来支持学生创业活动的开展,而对于基础教育设施的资金投入则十分有限。从而导致了高校的创业教育面临困境,相关的教材内容落后,实践案例不足等一系列问题的出现使得创业教育很难培养出具备专业素养的大学生,自然导致了大学生创业热情的消减,使得大学生创业活动的开展受到阻碍。

(二)从高校创业教育角度促进众创空间的发展

中国的创业教育在现阶段已经取得了一定的成效,也积累了一些经验和教训,但是在严峻的社会就业形势下,我们更是在已有的经验和教训的基础上,加大对于高校创业教育改善的支持力度,要有针对性地对创业教育中出现的问题加以及时解决,才能够更好地推动我国大学生创业教育的开展和实践,以提高我国高校众创空间的发展水平。

1. 加强高校创业教育体系的完善

大学生创业教育的顺利开展需要一个完善的教育体系,高校创业教育是一个理论与实践相结合的复杂过程,因此在实际的创业教育中、在课堂教学过程中,要拓宽大学生的创业思维,采用立体式教学手段来开展创业教育活动,将理论学习贯穿在实践活动中,将实践活动结合在理论学习中,使二者有机地结合在一起,来加强大学生对于创业知识的学习和创业理念的培养。例如,可以在教学的过程中将课堂放在创业基地,在对创业基地创业活动的开展中传授课堂知识,达到理论和实践的统一。除此之外,要有效地加强大学生创业教育的创新性,要积极地学习发达国家先进的教育体系,结合高校实际情况,创造出符合高校实际情况的创业教育体系,对大学生的创业活动进行完善的培养和支持,提供专业的创业指导和规划为我国大学生的创业活动提供保障。

2. 加强高校创业教育师资队伍的培养

高校创业教育师资队伍是高校创业教育发展的重要动力,他们作为高校创业教育的一线教师,自身的专业素养对于创业教育的开展有着很大的影响。所以高校必须要加强对于创业教育师资队伍建设的投资,要加大资金支持,选拔具备专业素养的创业培训教师,并且适当地吸收发达国家的先进创业教育理念,在开展创业教育的过程中,邀请优秀的创业人士和专家对大学生关于创业过程中的疑问加以讲解,培养合理的创业思想和正确的观念。除此之外,还要加强教师队伍的定期培训,选派教师出国学习交流,学习先进的创业教育知识,以确保创业教育能够保持先进水平,培养出适合社会发展的创业型大学生。

3. 加强对创业教育的资金投入

我国的创业教育由于其起步较晚,虽然国家有关部门和高校对其重视程度和支持力度都在逐年增加,可还是有所欠缺。因此,国家有关部门和高校仍然要进一步加大创业教育的资金投入,并且要加大对于基础创业教育的资金投入,要组织优秀的创业教育专家和成功人士编写高质量的创业教育教材,要加大对创业教育的基础性设施建设,使用多媒体教学,促进创业教育课堂教学的丰富性和多样性,为大学生更好地学习创业知识提供保障。

(三) 提高高校众创空间整体水平的建设思路

高校众创空间想要得到进一步的发展,同时发挥自身的特色,真正为大学生的创业活动做出贡献就需要立足于当地的文化以及特色产业,在为大学生提供优质就业平台的同时还要带动当地经济的发展。这就要求高校众创空间平台与当地经济发展相互融合,并且发展自身高校创业平台的特点以及优势,建立专业且具有现实性意义的创业空间。高校创业平台应该深入分析当地的经济发展特点,同时发现其中的细分产业,抓住区域经济发展过程中的空缺或者薄弱之处,这样才能在激烈的市场竞争中获得自身的一席之地,并且促进当地经济的进一步发展。高校众创空间还应该重视与当地企业、科学研究所等机构的相互合作,建立起一个互利共赢的发展平台,促进各方共同发展,培养真正的创业型人才,为社会经济的整体发展做贡献。高校众创空间应该清楚地意识到自身价值,明确自身与外界创业平台的差异,具体来说,众创空间应该从以下几个角度入手。

1. 众创空间的创新技能培训教学

众创空间作为高校内部的创业平台应该提高培养人才,为如今的创业及经济市场注入新鲜血液,所以创新技能培训功能是众创空间必须具备的一项功能。想要真正具备创新技能培训功能首先将这项功能与普通的创业培训课程相区别,应该注入创新的元素。这就需要培训人员具备丰富且专业的知识技能,甚至包括相关软件的编程等内容。众创空间需要在必要的时候聘请专业的讲师和技术人员来为众创空间中的大学生进行专业的培训。只有创业大学生具备了这些基本的能力才能实现创新产业的开发与营销等后续工作。

2. 创业创新产品的研发

成功实现创新产品的研发需要创业人员进行深入的市场调研分析,明确如今市场上需要的金融及其他类经济产品,了解市场以及客户对创新产品的要求,同时掌握当代市场对创新产品的满意度应该如何去实现,进而有针对性地进行开发研制,这样才能产生市场需要的创新产品。所以众创空间在运作的过程中需要重视这一内容,让大学生具备根据市场需求来创业的意识,同时组织不同专业、不同领域的学生共同加入一个创业项目的工作中来,各自发挥自身的长处,完成一项高质量的创新产品。除此之外,众创空间内的相关人员应该意识到创新产品开发对于创业的重要作用,且投入必要的人力、物力及资金进行产品研发工作。

3. 众创空间的创业孵化功能

创业孵化功能是社会上许多创业平台在发展过程中最重视的功能之一,对于高校的众创空间而言亦是如此,只有具备了这一功能在能够实现创业平台上的项目真正融入社会经济的发展,带来实质性的经济效益。为了使高校众创空间真正具备这项功能,应该通过科学合理的方式为创业项目注入社会资源,甚至为高校众创空间建立专门的创业基金,并且为众创空间平台上的创业项目提供必要的服务,这样才能提高创业孵化的成功率,让众创空间为社会经济的发展贡献其真正的效益。

二、大学生众创空间的运营

目前,对于众创空间的构建是当下创业体系发展的特点,这在很大程度上鼓励了大学生创业的热情,同时为大学生提供了一定的平台。目前,我国对于众创空间的研究还处于初级阶段，存在着一定的不足，如制度、运营模式的不完善等。因此，我国相关部门可以通过相关的制度、条例改善众创空间的发展环境，缓解城市内部能源过剩等情况，减少大学生的创业成本，实现城市内部不动产的有效流动，实现行业的升级与创新，提升资源的利用效率，从而为国家经济的发展提供新的动力。

（一）大学生众创空间的主要建设目标

大学生众创空间是近些年才逐渐兴起的一项服务体制，同时具有教育、载体以及产业等属性，能够为大学生提供科学、可靠的创业平台。大学生创业教育是高校教育的重要内容，能够有效实现学生的自我价值，创造更大的利益。众创空间是高校进行创业改革与教育的主要平台，能够为大学生创造必要的创业条件与理论基础。因此，相关高校应该将创业活动教育归入创业平台建设的主要内容。

1. 实现新项目的创建

产业性是大学生众创空间建设的重要内容，可以通过相关的市场与产业信息完成创业活动的实践，能够有效实现创业活动向产业实践的转换，从而为大学生接触产业活动提供一定的平台，即可以利用项目的培育实现企业的起步，从而赢得更高的经济收益，实现经济效益的增长与提升，促进我国市场的发展。

2. 建立生态化的创业系统

大学生众创空间的构建能够为我国的创业体系注入更多的活力与动力，不断自我推动创业系统的进步，从而实现其生态化发展。大学生众创空间是创业系统生态化的建设基础，可以通过有效的项目管理与资源配置实现众创空间的发展，从而最大程度提升市场人力、物力以及理论资源的利用效率，提升创业项目的质量与可行性。

（二）大学生众创空间的运营机制问题的应对策略

1. 实现校企合作

对于大学生众创空间的构建，主要是以学校为主体，但是学校应该加强与企业的合作、交流，从而为创业活动项目的实践提供一定的产业平台。在传统的运营机制中，学校往往将大学生众创空间全部承包给企业，这在很大程度上会影响众创空间教育职能的发挥，而学校独立承包大学生众创空间的运营，则在很大程度上会影响产业的积极性，从而降低学生对于创业项目的创新性。除此之外，对于学生独自运营的众创空间，它不仅具有很大的运营风险，还容易导致发展方向的偏移，使其过分重视项目的经济效益，而忽视创业方面的教育。实现校企合作，不仅能够为创业项目的实践提供必要的企业资源与平台，还能够对其进行有效的教育，因此学校应该加强对于大学生众创空间校企方面的合作。

2. 提供以项目为主的服务

创业项目是大学生众创空间的主要内容，因此其全部服务都应该以创业项目为主实现服务质量的提升。学校应该为满足学生创业项目的具体需求,提供基本的条件与平台,如政策、资金、人力以及企业平台等,从而更好地实现众创空间的发展与进步。以创业项目为主的服务,首先,应该实现众创空间运营的市场化,从而为项目的实践提供可靠、有效的平台;其次,学校应该建立高效的信息平台,拓展学生获取信息的渠道,从而更好地实现信息获取的时效性,为创业项目的实践奠定基础;最后,学校可以加强对技术与相关机制的完善,通过技术辅导、融资平台等体系,提升众创空间的服务质量。

3. 完善顶层设计

对于顶层的设计,能够在很大程度提升资源的使用效率,面对高速发展的市场趋势,相关工作人员应该确定合理的考核标准,实现大学生众创空间运营的合理性与标准性。除此之外,学校还应该重视众创空间的运营质量,通过与具有实力与经济基础的企业合作,从而有效提升大学生众创空间的对外竞争力,实现其规模的拓展,积极引导学生的相关创业项目向各大领域发展。总而言之,顶层设计对于大学生众创空间的整体运行来说具有非常重要的作用。

4. 政府职能的应用

政府相关部门应该鼓励大学生众创空间的构建,通过相关的政策与制度,降低大学生的创业门槛,为其自主创业提供一定的便利。例如,可以有效简化企业登记程序、实现产业体系的改革、降低大学生创业税率等,从而鼓励大学生的创业,提升其创新能力、自主意识与经营理念等,创造更加良好的创业市场氛围,从而塑造符合市场需求的人才,进一步实现我国企业与经济的发展,将创业作为推动经济进步的主要动力。除此之外,政府还应该加强对相关方面的人才与物资投入,为大学生的创业提供更为优质、全面的环境与资源,有效调动大学生的积极性。

三、大学生创新创业能力提升

(一)岗位创新创业能力提升策略

岗位创业者培养实现了创业与创新的融合。只有少数人生来就是创业家,但是教育却可以激发年轻人的创业理想。应该让那些愿意自主创业的年轻人掌握基本的技术和市场能,以帮助他们实现这一愿望。创业不应仅仅看作是自己开公司,事实上,创业是每个公民日常生活和职业生涯取得成功所应具备的一种普遍素质。培养岗位创业者的理念不仅关注大学生的创业精神和创业能力的培养,更关注全体大学生创新能力的培养,并将创新和创业结合起来,使大学生在以后的"岗位"活动中能迅速适应环境并有不俗的表现。因此,基于岗位创业者培养的创业教育正是以全体在校大学生为对象,旨在培养大学生现在或未来开拓事业所需素质的一种教育活动。

岗位创业者培养契合了岗位创新创业能力提升,是面向全体学生,立足社会的人才需求，重视发挥学生学习知识的主观能动性，尤其注重创新人才培养的课程教学与实践途径，倡导"产学研用"一体化的人才培养模式，它围绕"知识"这一要素，把产业界以及相应生产活动、学校的课堂教学与实践教学活动、学术科研活动以及知识应用等方面进行有机结合。岗位创业型创新人才培养的模式，是高校创新创业教育功能的延伸，是高校专业教育与创业教育深度融合的必然人才培养模式，既着眼自主创业者的培养，也着眼岗位创业型创新人才的培养，它必将成为我国高校创新创业教育发展的新思路、新趋势。

1. 坚持需求导向，把加强岗位胜任力培养作为逻辑起点

科学完善的人才培养方案，合理系统的课程设置和专业学习，使大学生获得了必要的知识、培养了必要的技能、树立了正确的自我定位，这是高校在社会职业人才培育方面的优势。对大学生特别是高职院校大学生来说，接受高等教育或高等职业教育的最终目的是让自己能够胜任以后的职业、角色或岗位，即具备胜任就业岗位的能力，称之为岗位胜任力。岗位胜任力是针对特定职位表现要求组合起来的一组胜任特征，或者是指担任某一特定任务角色所需具备胜任特征的集合，体现了人们高效完成工作所必备的综合能力。高校着力培养大学生的岗位胜任力，首先要理清区域产业的人才需求、企业发展的人才需求，明确岗位创业的人才要求，这是高校创新创业教育的题中应有之义，是岗位创业型创新人才培养模式的优势所在，更是岗位创业型创新人才培养的逻辑起点。这里所讲的需求导向至少包含三个层面的意思：一是以区域产业发展的人才需求为导向，培养的人才要主动适应区域经济转型发展、产业升级的需求，与区域经济形成良性互动，相互协调发展，实现双方利益的共赢；二是以企业发展的人才需求为导向，需求是现代经济发展最大的动力，围绕企业新产品研发、生产方法革新、新市场开辟、新材料获取等方面创造产业发展新空间，问需于企业，构建校企人才战略合作共赢的人才培养长效机制；三是以岗位创业的人才要求为导向，着力培养大学生相关岗位的专业特长、持续学习的能力、强烈的成就动机以及创新意识、创新精神、创新创业能力，培养经济社会发展需要的既懂专业又具有创业能力的高素质应用型人才。

2. 善于激发热情，把强化岗位就业意愿作为动力源泉

学生创新创业能力的培养，即实践能力的培养。除了在企业实习以外，在很大程度上取决于校内的实践教学。高校有着丰富的教学实践资源，为学生提供了良好学习环境及创新创业平台，充满着有序竞争的活力，这也是高校人才培养的优势。每位学生都渴望成功，都有自己的就业意愿，这为高校培养岗位创业型创新人才提供了不竭的动力源泉，是仅着眼培养为数不多的自主创业者的创业教育无法媲美的。

高校要借助大学生岗位就业意愿之动力源泉，从三个方面入手激发学生的主动学习热情。一是以就业意愿为动力，帮助学生做好职业生涯规划。激发学生生涯规划的意识，引导进行自我探索和职业社会探索，尤其是自身的职业性格、职业兴趣、职业能力和职业价值观等。二是以就业意愿为动力,为学生指明努力学习的方向。高校的每个专业都要弄清楚本专业的核心竞争力包括哪些,学生除了学好专业基础知识以外,还要培养哪些专业特长。只有明确专业的核心竞争力要素,学生才能清楚努力学习的方向,才能有紧迫感和学习动力。三是以就业意愿为动力,激发学生探索未知领域的好奇心,学以致用。问需于企业、消费者,鼓励学生参加课题研究,引领学生善于发现问题、正确分析问题、积极解决问题,从而不断提高创新意识、创业精神和创新创业能力。

3. 重视知识建构,把改革课程体系作为教学基础

高校的课程结构体系比较完善、教学内容比较丰富,教学模式也多样化,这为岗位创业型创新人才培养奠定扎实、宽厚的基础。实际上,岗位创业型创新人才培养是为回应社会普遍关注的人才培养质量话题而提出,它直接指向高校创业教育片面性和最为薄弱的教学环节,是高校深化创业教育改革的必然趋势。"产学研用"一体化培养岗位创业型创新人才,直接抓住教育教学改革中最受社会担忧的课程体系这块短板,要求设计专业教育与创业教育深度融合的课程体系。一是在理论课程设计上,既面向全体学生开设创业类通识课程必修课,帮助他们形成创新思维、关注创业问题的习惯,培养他们必须具备的创业素质和基本能力,也根据学生的个性化需求开设专业类创业课程选修课,以提升学生适应专业岗位发展的知识和技能,还积极挖掘专业课程中的创新创业知识元素,或者让创业知识有效融入成为专业教育的有机构成,利用多种方式将创业教育内容纳入专业课程体系,激发学生创新创业的兴趣,以强化学生适应专业岗位发展的能力。二是在实践课程设计上,注重理论与实践的有机结合,积极搭建校内外实践教学实践基地。特别是与创新型中小企业签订专业见习合作协议,既能让学生熟悉区域产业发展趋势以及企业对专业人才素质的要求,进一步明确提高人才培养专业核心竞争力的努力方向,也能让学生拥有更多把所学知识应用于实践的机会,培养学生强烈的成就动机,在解决问题中学习研究,在学习研究中提高解决实际问题的能力。

4. 提供人力保障,把整合优秀团队作为师资支撑

师资力量是高校人才培养的优势之一,相对于社会教育和培训,高校的师资教学、科研、创新能力等综合教育实力更强,更有利于根据人才培养目标的需要强化大学生岗位创新创业能力培养。"产学研用"一体化培养岗位创业型创新人才,需要一支结构合理、优势互补且知生产、懂教学、善科研、会应用的师资团队作为人力支持。在师资团队建设方面,需要组建与培养并举。

5. 强化实践教学,把优化众创空间作为实训磨刀石

创业实践教育是创新创业教育必不可少的环节,高校在校内或者校外协同建设了众多的实训基地,作为理论教学与实践教学相结合之用,是高校人才培养的优势支撑。将"岗位创业认知、岗位创业训练、岗位创业实习"等三个阶段构成的连续性创业实践教学形式贯穿于人才培养进程的始终,是强化岗位创业能力为主的创业实践教学的路径。高校现有的大学生众创空间,为岗位创业型创新人才的培养提供了一个优越的实践教学平台。同时,高校要充分利用科研条件、对接区域产业的研发平台等优势,问需于企业,主动与企业合作,与地方小微(科技)企业创业园区合作,为人才培养搭建开发新产品、应用新技术、获取新材料、开辟新市场、培育新业态等实践教学的岗位实训平台。

(二)自主创新创业能力提升策略

1. 个体层面

(1) 树立正确的创新创业观。首先,要做好积极创新创业的思想准备。择业是起点,创业是追求。创业是拓展职业生活的关键环节,在就业压力较大的社会环境中,创业意识强烈并且思想准备充分获得好的发展机会的概率就会大一些,甚至还能帮助他人就业。其次,要有敢于创新创业的信心和勇气。创业艰苦且磨难多,需要有创业的勇气,有勇气才敢于创业、善于创业和成功创业。勇于创业已经成为教育培养人才的一个目标。最后,要提高创新创业素质和能力。创业需要勇气,但需要的是智勇,而不是蛮干。人们在创业的问题上除了要立足创业、勇于创业的思想准备之外,还要努力提高自己的创新创业能力,既要不拘泥于陈式,又要充分考虑自身的条件、创业的环境等各种现实因素。

(2) 端正创新创业态度。态度决定一切,正确地创新创业态度能影响创新创业能力的提升。对于大学生来说,好的团队合作精神和强烈的责任意识就是好的创新创业态度。首先要具有团队合作精神,任何项目需要完成都需要团队的凝聚力,必须重视大局、服务大局,都应该将团队的利益作为第一位;其次就是要有责任心,责任是一种担当,是一种重托,更是一种付出。

(3) 培养创新创业兴趣,多参与创新创业活动。创业始于兴趣,成于管理。好的兴趣才能够激发创造性的活动,提高创新创业的积极性。对于大学生来说,兴趣就是最好的老师,一旦对创新创业感兴趣,那么势必会激发你主动学习的积极性,你会想法通过各种渠道去了解相关的信息,学习相关的知识。据统计,当下大学生群体活跃的平台有很多,如哔哩哔哩、微博、知乎、抖音以及虎扑等,这些平台每天都会有相同爱好的人发布一些学习心得、学习资源等,作为大学生可以时刻关注这类信息,主动获取发展机遇的机会能力,进而积累丰富的知识,为创业奠定坚定的理论基础。

2. 家庭层面

(1) 转变家庭观念。在调查"你的家人对于你创业的态度"时,家人给予的态度多数是不支持,即便是支持的家人也会有怀疑的态度,在传统观念的禁锢下很多家庭出现了不支持孩子创业的现象。家庭是学生启蒙教育的重要场所,对孩子的影响是至关重要的,创业过程的周期非常长,这个过程如果能得到家庭的支持,会大大地提升创业的成功率。首先,家长要转变传统的家庭教育观念,正确地认识到"创业观"和"守业观",并不是只有找到一份好工作才算是最好的,拥有全面均衡发展的创新创业能力才是最终守业的根本。父母还要及时帮助子女转变就业和创业观念,帮助子女尽快适应多样化的就业方式。其次,家长要从小教育和培养子女树立自我独立、积极进取、艰苦奋斗、勇于开拓、大胆创新的精神。

(2)增加创业支持。家人对孩子创业的态度非常重要,在孩子选择创业或有创业意向时,家人不要替孩子做选择,即使你更希望他找个稳定的工作,这时他们更希望的是来自家人的肯定,家长们应该做的是遵从孩子的意愿,给予更多的鼓励和支持,如果在经济允许的情况下,可以给孩子提供一定的资金支持。当孩子在创业的过程中遇到困难,家人可以尽自己所能地帮助孩子分析创业时遇到的问题,家长应及时地给予开导,跟孩子一起克服,做孩子成长道路上坚实的后盾,当孩子有一天真正选择创业时能够少一些后顾之忧,对创业保持源源不断的热情。创业过程异常艰难,如果有家人的鼓励,创业者会信心大增。另外,当大学生产生创业意愿或创业计划时,要帮助其分析当前创业环境,对创业选择进行理性地引导。

3. 高校层面

(1)营造浓厚的创新创业氛围。高校营造创新创业氛围有多种形式,比如鼓励学生多参与创新创业实践。首先,高校在实施大学生创新创业能力培养的过程中,应跟企业保持密切的联系。根据一些企业的需求,各教学院分管领导要带领团队积极与企业沟通与联系,加强与企业的合作,提供更多的实习单位让本院各专业学生进行实习,并安排老师指导和管理。其次,建立相应的社团,社团的领导负责人最好挑选一些具有创业实践经历的学生来承担,然后带头人将自己的实际经历跟大家一块分享,让更多具有创业想法的学生聚集在一起探讨研究创业,同时社团还可以自发聘请学校教师或者已经毕业的创业成功的学长过来指导,通过多种形式来鼓励和指导更多的学生利用业余时间实践创业。

(2)创新创业教育的课程应与学校专业课教学结合。创新创业教育是一个全面可持续提升过程,据上述调查,高职大学生的专业课成绩很好,但是创新创业能力中的学习能力却不强,说明专业教育和创新创业教育没有很好地融合在一起。对于高校而言,创新创业教育早已跨越了专业的限制,已成为全校师生精神风貌的展示,应该与本专业教育融合在一起,根据各个学科设置一些特色课程,真正满足不同学生的学习需求,成为知识型的创业者。设置的创新创业课程绝对不能够脱离高校的专业课教育培养,也就是说,创新创业教育要融入高校的专业课教学中。

4. 政府层面

(1)增大创新创业政策的宣传力度。当前,各地针对大学生创新创业项目,政府无论是在资金准备、场地设备还是在业务办理都一路给大学生创新创业"开绿灯",为大学生创新创业提供了强大的政策支持和良好的舆论导向。无论是国家还是地方都为大学生制定了很多优惠政策,然而却没能传达到大学生群体中,大多数同学只知道国家出台了很多创新创业政策,但至于出台了哪些具体的创新创业政策,给予了大学生哪些优惠和帮助,往往大多数大学生是不清楚的,只有那些有创业意愿、着手创业准备的学生才会有意识地去了解。地方相关部门与高校沟通联动,或是直接联系大学生创新创业群体负责人,深入校园和学生群体中做好宣传和讲解,为大学生创新创业群体开辟"绿色通道",使大学生创新创业群体对相关政策听得清、学得懂、办得快,打通大学生自主创业的"最后一公里"。

(2) 加大创业教育资金投入。政府可以在高校内设置孵化器证明计划,比如把这个计划分成三步,分别为想法验证、设想验证和商业验证,只要你是有创意的学生,都可以来免费参加。在想法验证阶段,会给学生提供检测工具,这个工具会测出学生的想法在产品需求、价值理念、目标市场规模、客户群体、团队以及资金方面的竞争力,然后指导学生验证想法的成熟度和可行性。在这个阶段,孵化器证明计划会给学生提供各种研讨会,帮助学生利用检测工具重新梳理和审视创业想法,形成商业计划书,也会有专业的创业教师团队评判出创业想法是否可行。在设想验证阶段,创业者可以免费使用孵化器证明计划的所有资源,比如办公室、律师和会计服务,而且还可以加入研讨会。在研讨会上可以接触到咨询专家、项目导师、企业家和产品合作商,创业者可以与他们深入论证项目实施的可行性,并在专家的指导下,完善企业目标、精准定位企业发展方向、制定企业可行性方案。在商业验证阶段,创业者也将全面接受企业开发和运营方面的培训,并有项目专家和导师全程为创业者及其团队提供跟踪指导和服务。

接下来,本书将从自主创业的角度,从创业机会的把握及自主创业实践两个方面详细讲述,以期提升高职大学生的创新创业能力。

第四篇

开启你的自主创业之旅

第七章 众里寻他千百度——创业机会

机会是人在各种经济和社会活动中遇到的，能促进自身事业发展的客观现象，是人能取得成功的重要因素。在经济和社会发展的过程中，存在着多种多样的机会，如商机、战机等。创业机会是诸多不同类型机会中的一种。由于创业者的自身特质、知识、经历有所不同，必然会导致创业者或潜在创业者对机会的认识有所差异。抓住创业机会的关键是去认真了解创业机会，即所谓的"慧眼识珠"。

第一节 创业机会是什么

一、创业机会的含义及特征

(一) 创业机会的含义

什么是创业机会呢？卡森(Casson)认为，创业机会是指在新生产方式、新产出或生产方式与产出之间新的关系形成过程中，引进新的产品、服务、原材料和组织方式等，得到比创业的成本具有更高价值的状态。柯兹纳(Kirzner)认为，创业机会的初级形态是"未明确界定的某种市场需求，或未得到利用、也可能是未得到充分利用的资源和能力"。熊彼特(Schumpeter)指出，创业机会是通过把资源创造性地结合起来，以满足市场的需求，创造价值的一种可能性。蒂蒙斯(Timmons)认为一个创业机会"其特征是具有吸引力、持久性和适时性，且伴随着可以为购买者或者使用者创造或增加使用价值的产品或服务"。亚奇维利(Ardichvili)认为，从获取预期消费者的角度来看，机会事实上意味着创业者探寻到的潜在价值。依据上面的定义，创业机会应该由以下三部分构成。[114]

首先，创业机会包含创业理念或新企业想法。创业理念是指创业者或创业团队识别出创业机会或对环境中现实需求的回应。发现一个好的创业理念或新想法是实现创业者理想和识别创业机会的第一步。创业理念尽管非常重要，但它只是一个工具，还需要进一步转化成有价值的创业机会，因为一个好的创业理念或新想法未必就能形成一个好的创业机会。例如，利用一项新技术发明了一个很有创意的新产品，但是有可能市场并不接受它；或者一个创业理念或新企业想法听起来还不错，但在市场上缺乏一定的竞争力，也不具备必要的创业资源，同样是不值得后续发展的。尽管有些市场存在需求，但是需求的规模还不足以收回创业的成本。那么，如何将创业理念或新企业想法转化为一个创业机会呢？简单来说，就是当创业收益超过成本，从而能够获取利润时，创业理念才能变成机会。

其次，相信事物会产生有利的结果，或者相信创业理念或新企业想法可能带来一个或更多的新产品或新服务产生。

最后，由一系列具体的经济行为完成最终创业目标（经济行为可以是新产品或服务，也可以是建立一个新企业或市场，或者是一些新的规章制度的建立等）。

由此可见，好的创业机会一般要符合以下标准（或特征）：实现目标，即满足那些愿意冒险的创业者或创业团队的愿望；某个市场的真实需求，即那些具有购买力和购买欲望的消费者有未被满足的需求；具有有效的资源和能力，即在创业者或创业团队具备的资源、能力和法律必备条件范围内；具有一定的市场竞争力，即消费者认为购买创业者或创业团队的新产品或服务比购买其他企业的类似产品或服务能够获取更高的价值；能够收回创业成本，即在承担风险和努力创业后，可以带来创业的回报和收益。

因此，创业机会作为一种特殊的机会，可以理解为一种商业机会或市场机会。它是指较为持久的、有吸引力的和适时的一种商务活动的空间，并最终表现在能够为消费者或客户创造价值或增加价值的产品或服务过程中，同时能为创业者带来回报（或实现创业目标）。

（二）创业机会的基本特征

1. 客观性和偶然性

创业机会是客观的，无论新企业是否意识到，它都会客观存在于一定的市场环境之中。然而，对某个新企业来说，创业机会并不是每时每刻都显露，机会的发现具有一定的偶然性，关键是新企业要努力寻找，从市场环境变化的必然规律中预测和寻找创业机会。

2. 时效性和不确定性

创业机会具有很强的时效性。俗话说，机不可失，时不再来。新企业如果不能及时捕捉，就会丧失机会。另外，机会和威胁是一个事物的两个方面。在一定范围内，创业机会随着环境的变化而产生，并随着时间的推移而减弱和消失甚至演变为威胁。因此，创业机会利用的结果难以预料，具有不确定性。

3. 均等性和差异性

创业机会在一定范围内对同类新企业是均等的，但不同新企业对同一创业机会的认识会产生差别。而且，由于新企业的素质和能力不同，利用同一创业机会获益的可能性和大小也难免产生差异。另外，对某类新企业来说是创业机会的环境变化，对于其他新企业则可能构成环境威胁。

二、创业机会类型

1. 根据创业机会可识别性分类

根据创业机会的可识别性,可将创业机会划分为显现创业机会和潜在创业机会。

在市场上存在着明显的未被满足的某种需求称为显现创业机会;而隐藏在现有某种需求背后的未被满足的某种需求称为潜在创业机会。例如,20世纪80年代兴起的吸氧热就是一个明显的显现创业机会。很多创业者都发现并捕捉了这个创业机会,但这种创业机会容易寻找和识别,发现的人多,创业者也就多,创业者人数一旦超过一定限度,就会造成供过于求,最终给创业者带来亏损。在市场中,并非所有的创业机会都是一目了然、凸显于创业者面前的,更多的机会是"隐身"于市场之中,需要创业者运用敏锐的嗅觉去发掘。由于很难为多数创业者发掘,潜在的创业机会一般也意味着较高的市场回报。因此,深入挖掘市场中的潜在机会,对于创业者来说,具有较大的诱惑力和更为光明的前途。20世纪80年代以来,我国化妆品市场日渐兴旺,这是显现创业机会。而个别创业者对市场需求进行分析后,找到一个隐藏在化妆品市场背后的大市场——工业护肤品细分市场。他们认为,各种劳动过程和劳动岗位,由于劳动条件不同,如高温、有毒、野外等,对护肤品的要求也不同,生活护肤品满足不了这种要求。因此,他们把这一机会作为新企业的目标市场,结果获得很大的成功。

2. 根据创业机会来源分类

根据创业机会的来源,可以将创业机会划分为行业创业机会与边缘创业机会。

出现在新企业经营领域内的创业机会为行业创业机会;出现在不同行业的交叉点、结合部的创业机会为边缘创业机会。通常创业者对行业创业机会比较重视,而忽视行业与行业之间的"夹缝""真空地带"产生的未被满足的需求。由于行业内竞争比较激烈,行业创业机会利用的效益相对较差,而在"真空地带"产生的边缘创业机会,其竞争不激烈,机会利用的效果也较好。所以,边缘创业机会是创业者在行业外寻找创业机会比较理想的选择。例如,"中国铁画"就是把冶金和绘画结合起来产生的;"药膳食品"是把医疗同食品结合起来产生的。再如,芭比娃娃是将婴幼儿喜欢的娃娃与少男少女的形象结合起来,形成了一个新的组合,满足了脱离儿童期但还未成年的人群的需求,最终获得了巨大成功。

3. 根据创业机会影响时间的分类

根据创业机会的影响时间,可以将创业机会划分为现实创业机会与未来创业机会。

目前市场上存在的尚待满足的某种需求为现实创业机会;目前市场上还没有或仅表现为少数人的消费需求,但预期在未来某段时间内会出现的大量需求为未来创业机会。现实创业机会是已经出现的,所以创业者容易识别和把握,但对未来创业机会的识别和利用则要困难得多。这两种创业机会之间并没有严格的界线,任何一个未来创业机会经过一定的时间、在特定的条件下,最终都可能变成现实创业机会。从营销的角度来看，创业者要提前预测未来创业机会，并积极进行相应的准备，一旦未来创业机会变为现实创业机会，即将预备的产品抢先进入市场，以获得市场的主动权。例如，20世纪60年代，西欧和美国都热衷于制造大型豪华汽车的时候，日本汽车业对未来汽车市场进行了预测，结论是：随着家庭人口的变少，以及就业机会、闲暇机会的增多，一户一车将会向一户多车转变；中东紧张局势有可能引发能源危机。鉴于上述分析结果，日本汽车业认为，小型、低耗、价格便宜、驾驶灵活的汽车将会有越来越大的市场需求。因此，日本汽车业着手研制小型汽车，并从20世纪70年代开始进军欧美市场，到20世纪80年代，日本小汽车已在美国市场上形成了强有力的竞争优势。

4. 根据创业机会主体分类

根据创业机会主体，可以将创业机会划分为社会机会和个别机会。

社会机会是指在一个特定的历史时期由于社会或经济形势的某种变化所形成的有利客观因素，是一个系统性、全面性的机会，不需要考虑某一社会活动主体的自身条件，而是以全体社会成员为对象的。同处一个特定时代的人，都能拥有或利用这种机会。个别机会是针对个别创业者在特定时间的良好机遇而言，是指从事某一社会或经济活动的个别创业者所需要的创业机会，所以也称个人发展机会。这种创业机会因人而异，非常具体。由于创业者自身的情况不尽相同，对有些创业者来说可能是机会，但对另一些创业者来说未必就是机会。需要指出的是，个别机会是从社会机会中派生出来的，要在社会机会的前提下，才能发挥作用。在目前市场经济的社会机会里，许多创业者能各显神通。比如说，能源危机引起对新能源的需求；优生优育，独生子女向二胎子女的转变，引发对儿童用品量增加的需求；生活水平提高，人们保健意识增强，引起对保健品的需求等。而在社会机会中，那些符合创业者目标能力、有利于形成新企业优势的社会机会才是个别机会。

5. 根据创业机会客体分类

根据创业机会客体，可以将创业机会划分为市场创业机会和技术创业机会。

市场创业机会是指市场机会及环境中存在的未被充分满足的市场需求。这些未被充分满足的市场需求是客观存在的，而不是创业者所创造的；技术创业机会是指技术商业化的机会。技术创业机会和市场创业机会有时候或许难以区分，但是这两者存在着一个显著差异：市场创业机会是指创业者首先感知到未被满足的市场需求，然后整合资源（包括整合技术资源）去满足这些市场需求；技术创业机会是指创业者首先拥有技术资源，然后为这些技术资源寻找市场。

三、创业机会来源

（一）技术变革

技术变革带来的创业机会，主要源自新的科技突破和社会经济的科技进步。一般来说，技术上的任何变化，或多种技术的组合，都可能给创业者或创业团队带来某种创业机会，具体表现在以下四个方面。

1. 新技术替代旧技术

在某一领域出现了新的科技和技术突破，并且它们足以替代某些旧技术时，通常随着旧技术的淘汰和新技术的未完全占领市场而暂时出现创业机会。例如，当人类基因图像获得完全解决，可以预期必然在生物科技与医疗服务等领域带来很多的创业机会；又如，随着健康知识的普及和技术的进步，围绕"水"就带来了许多创业机会，上海就有不少创业者加盟"都市清泉"而走上了创业之路。

2. 实现新功能

创造新产品的技术出现无疑会给创业者带来新的创业机会，比如互联网的迅速发展伴随着一系列与网络有关的创业机会的涌现。

3. 创造发明

创造发明产生了新产品或服务，能更好地满足消费者的需求，同时也产生了新的创业机会。例如，随着电脑产业规模的不断发展，电脑维修、电脑操作的培训、软件开发、信息服务、图文制作等创业机会也随之而来，即便创业者不发明任何新的事物，也可以销售和推广新产品，从而给其带来创业机会。

4. 新技术带来的新问题

许多新技术的产生者都有两面性，即在给大家带来某种新的利益的同时，也会带来某些新的问题，这就会迫使创业者为了消除新技术的某些不利影响而再开发新技术并使其商业化。例如，汽车的消声器和楼房的避雷针，这也会带来新的创业机会。技术变革使人们可以从事新的事业或者以更有效率的方式从事以前的事业，比如因特网技术的出现，改变了人们沟通的方式，使沟通更快捷、更有效。当然，不是所有的新技术都对新企业有利。研究发现，小规模、个性化生产的柔性制造技术和数字技术更适合于新企业的建立。

（二）社会和人口因素的变化

社会和人口因素的变化同样会创造出创业机会。市场需求是不断变化的，不同阶段的社会和人口因素变化会产生不同的市场需求。随着当前社会和经济发展的加快，这种社会和人口因素变化带来的市场需求更加明显。例如，人的寿命延长导致的老龄化问题，产生了老年人用品市场方面的创业机会；相当数量的女性就业，产生了家政服务业和快餐饮食方面的创业机会。社会和人口因素是紧密相连在一起的，有时社会文化的变革也是创业机会生成的引擎，比如随着中国国家实力的不断增强，中国文化产业的相关市场也相应地蓬勃发展起来，越来越多的其他国家的人开始学习太极拳、中医等，唐装、中餐和中国结等中国文化产品在国外的市场规模也越来越大。

社会和人口因素的变化影响了消费者对产品和服务的需求，而这种需求的变化就生成了创业机会。如欧美人口逐渐减少的趋势就引发国外一些大学吸收来自发展中国家的留学生的需求,从而也就产生了一些针对国际学生的服务项目。

社会和人口因素的改变也生成了针对新的市场需求所要求的新问题解决方案,这些方案会比现有方案更加有效。如西方国家的母亲节、情人节、圣诞节等节日,也越来越多地渗透到中国人的生活中去,并逐渐成为年轻人追求的一种时尚,从而生成了或将要产生出许多新的创业机会。

(三)市场需求条件

市场需求条件表现为某个产业里消费者对产品和服务的偏好特性。市场需求条件产生的创业机会,通常主要有以下三种。

1. 新需求

市场上产生了与经济发展阶段相适应的新需求,相应地,就要有新企业去满足这种新的市场需求。如居民收入水平的提高,导致私人轿车的保有量将会不断增加,从而就会派生出汽车修理、销售、清洁、配件、二手车交易、装潢等诸多创业机会。

2. 市场供给缺陷

非均衡经济学认为,市场供给是不可能真正地完全均衡,总会有一些市场供给不能充分满足。因而,如果创业者能够发现这些市场供给的结构性缺陷,同样也能找到可资利用并成功创业的机会。例如,由于双职工的家庭没有时间照顾小孩,于是就有了托儿所;人们没有时间去买菜,就产生了送菜公司等。

3. 发达国家(或地区)产业转移

从历史上看,世界各国、各地区的社会经济发展进程有快有慢,即便同一国家的不同区域的社会经济发展速度也不尽相同。因而,一个发展的级差在发达国家或地区与不发达国家或地区之间就产生了,当这个级差大到某种程度的时候,由于国家或地区相互之间存在一定的成本差异,再加上社会经济发展到一定程度时,诸如环境保护等问题往往会先被发达国家或地区提到议事日程上来,发达国家或地区就会向外转移某些产业,这就有可能为不发达国家或地区的创业者创造新的创业机会。

(四)产业差异

研究发现,创业者生成新企业的能力在不同产业中是有较大差异的,形成这些差异的原因通常可能包含四个方面:产业生命周期、知识条件、产业结构和产业动态性。

1. 产业生命周期

新企业在产业的成长期比其在产业的成熟期表现通常更好。依据产业的生命周期,一般能将其分为成长性产业、成熟性产业和衰退性产业。成长性产业一般是指社会对其产品或服务的市场需求比国民收入和(或)人口的增速快的产业;成熟性产业一般是指其产品或服务的市场需求与国民收入和(或)人口的增速相当的产业;衰退性(走下坡路)产业一般是指其产品或服务的市场需求比国民收入和(或)人口的增速慢的产业。彼得·德鲁克认为,20世纪末的成长性产业主要包括政府、卫生保健、教育和休闲产业,21世纪的成长性产业主要是金融服务。

2. 知识条件

知识条件表现为某个产业中支持产品和服务形成的知识类型。产业知识条件中有三种类型对新企业有利。第一,创新源促进新企业的创造。由公共机构(比如政府部门、大学、科研机构等)组织生成新技术的产业比由企业组织生成新技术的产业通常会形成更多的新企业,其中一个原因是大学、政府部门等公共机构对知识外溢并不敏感。第二,具有更高研发强度(单位销售额中企业投入的研究与开发费用,可用来表明企业在新知识创造方面的投入)的产业通常更有利于新企业的生成。一般来说,研发密集型产业生成的新企业会更多。第三,创新过程的性质影响新企业的形成。如果创新和新技术开发要求有较大的资金投入和业务规模,那么往往只有成熟的大型企业才能进行,汽车产业是其中的典型代表。相反,在一些诸如软件这样的产业,对初始规模要求很低,新创的中小企业在这些产业里则具有很好的生存能力,能比大企业提供更灵活的服务。

3. 产业结构

不同的产业结构具有不同的发展空间,决定了进入某个产业的企业实施不同的经营决策和行为,并最终导致不同的经营绩效。由此可见,在选择创业机会的过程中,对于产业结构特征的准确判断显得尤为重要,如果对于产业结构进行了错误的判断,必将导致创业所进入的产业空间变得狭隘,成功概率下降。从某种程度上说,选择一个合适的市场或产业作为创业的方向,是创业成功的重要保障。

4. 产业动态性

动态性的产业一般是指技术变革速度较快的产业,如IT产业等。通常,成长或动态的产业能创造出更多的创业机会,催生出大量新企业。

总的来说,新产品(或新服务)、新原料或新管理方法的发明、探索和创造催生出大量的创业机会。它需要创业者更多地注意、预测和分析动态的技术、人口、政策和需求等的变化规律,从这些复杂、不确定的社会经济变化中发掘创业的机会信息,从而确定与之相匹配的机会类型。

第二节 如何识别创业机会

创业机会识别是创业过程的起点,也是创业过程中的一个重要阶段。许多好的创业机会并不是突然出现的,而是对"一个有准备的头脑"的一种"回报"。成功的创业者能及时捕捉创业机会,并在众多的创业机会中选择适合自己的进行创业。而有的创业者在面对机会的时候却不知所措,无动于衷,其事业仍没有起色。这当中的一个关键差别是对机会的识别有所不同。

一、创业机会识别的内涵和目的

(一) 创业机会识别的内涵

创业机会识别是从创意中筛选出具有客户需求的创意。创意只是创业者认识创业机会的阶段成果或创业机会的雏形,创意是指好的想法,但好的想法并不一定都能形成创业机会,只有那些能满足客户需求的、能够提供或开发满足需求方式的创意才可能发展成为创业机会。从辩证唯物的思维来看,需求与满足需求的方式是一个事物的两个方面,是辩证统一的。需求决定了满足需求的方式,满足需求的方式又制约了需求的实现。没有需求,满足需求的方式就失去了存在的意义;反之,有需求,没有能满足需求的方式,需求也就没有可能实现。所以,创业机会究其本质是一种未满足的需求。

因此,创业机会识别本质上是对客户需求的识别,由于客户需求的复杂性、多元化和动态性,使得创业机会识别也成为一个复杂的过程。

(二) 创业机会识别的目的

创业机会识别是从若干的创意(商业想法或念头)中筛选出潜在(可能)的创业机会,或者就单一的创意从有无需求和"满足特定需求的方式"两方面来进行识别,其结果往往形成一个商业概念。这个概念包括市场需求如何满足或资源如何配置等问题。在识别过程中,主要是针对创意的市场需求进行分析,进而从创意中识别出具有市场需求且现实可行的创意。在综合考虑创业者和创业环境等方面因素的前提下,建立创业机会识别的标准,针对被识别创意,通过对市场环境的系统分析以及一般的行业分析来判断该创意是否属于有利的创业机会,从而筛选出具有市场需求的、有价值的创意。创意可能数量众多,其中很多在现实条件下根本无法实现,只有少量的创意经得起推敲或能够通过随后进行的技术性、经济性等方面的分析。创业机会识别的主要意义是剔除那些具有明显不合理性的创意,为创业机会的形成降低不确定性和减少工作量。

(三) 创业机会识别的过程

创业机会识别是创业者与外部环境(机会来源)互动的过程,在这个过程中,创业者利用各种渠道和各种方式掌握并获取有关环境变化的信息,从而发现在现实世界中产品、服务、原材料和组织方式等方面存在的差距或缺陷,找出改进或创造目的手段关系的可能性,最终识别出可能带来新产品、新服务、新原材料和新组织方式的创业机会。

二、影响创业机会识别的因素

虽然研究者对创业机会与机会识别的内涵与概念的表述不尽相同,但绝大多数人都认为,创业机会可能被创业者所发现甚至被创造。毋庸置疑的是,要成功地识别出创业机会,需要创业者在个性特征以及先验知识和工作经验等方面具有一定的基础。同时,创业者的社会关系网络、创业环境的特性以及不同类型创业机会的异质属性均对创业机会的识别具有不同程度的影响。

（一）创业者的个体特性

不少研究者发现,创业者自身所拥有的特性如创造力、创业警觉、先前的知识与工作经验、特有的想象能力、信息搜寻及处理能力等都可能会成功识别创业机会。

1. 创业警觉性

毫无疑问,现实中的每一个个体都有自己独特的关注点。创业机会的识别过程中受到各种不同因素的综合性影响,已有研究证明,创业警觉性是创业机会识别过程中的关键因素之一。具代表性的观点如 Kirzner 认为绝大多数创业机会的识别是偶然发生的,创业机会识别的能力在很大程度上会依赖于创业者所拥有的与技术和市场等有关的独特知识和能力,但是,唯有那些具有创业警觉性的个体才能够发掘出创业机会并成功地加以利用。Hisrich 指出,个体所拥有的创业警觉性越高,则个体所具有的机会认知能力就越强;一些个体所拥有的独特的个性特征会帮助其提高自身的创业警觉性,个体跟环境之间的互动交流也有助于提高创业警觉性。只有那些具有创业警觉性的创业者才能成功识别出具有商业价值潜能的最初创意。Ardichvili 等人认为,具有较高创业警觉性的创业者更有可能成功地识别和开发出创业机会。当然,该模型还同时强调了社会网络、创业者的特殊爱好以及创业者所拥有某些特定市场的知识等因素,并强调了较高创业警觉性与个体所具有的较强创造力以及开朗、乐观的个性息息相关。

2. 创业者的性格特质

创业者的个人特质有很多方面的具体内容,比如创业者年龄、性别、教育背景、成长环境、创造性、风险认知能力等。运用实证方法研究可以发现创业者对创业机会的评价跟自身的风险感知能力呈显著相关,这种风险感知能力与创业者的自信、行事不依赖于计划的灵活性、较强的控制欲等方面特征密不可分。创业机会识别能力跟个体的创造力关联很大。同时,个体的创造性和创造力在创业机会识别过程中至关重要,但不同创业者的创造性在其创业机会识别中所起作用大小存在差异。有学者认为,个性更为乐观的个体更有可能会去付出相应的努力去实现创业目标。在多数人倾向于只是看到存在风险的环境中,成功创业者却会将该风险看成是创业的机会。有研究发现,在所调查的二百多名创业者及经理人员中,创业者一般具有更充分的自信,会促使其更快地做出有关决策,拥有更大成功的可能性。个体的自我效能感(人们对自己是否能够成功进行某一成就行为的主观判断)越强,越能引发乐观主义个性,由此,个体将会更多地看到机遇而不是仅仅意识到威胁的存在。因为创业者的自我效能的强弱跟一个人能否成功地完成各种创业任务的个人信念密切相关,也发现成功的机会识别跟个体长期保持的乐观心态、较强的自我效能有关联。创业者具有较强的自我效能感将会影响其在机会识别过程中的决策和具体行动。可见,大量研究表明,如果潜在的创业者个性更乐观、更自信、更有控制欲、更强的自我效能、更强的信息敏感度、更强的风险感知能力等,创业机会的识别与开发将会更有可能取得成功。

3. 先前的知识和工作经验

研究人员普遍认为,对于新技术企业的绩效与成败而言,在很大程度上取决于创业者在过去的学习和工作中所积累起来的知识、技能和各种经验。过去积累的知识和工作经验有助于创业者不断积累出更多有用的创业机会识别和开发所需的商业知识和信息。在20世纪80年代,不少学者在研究风险资本家做出决策的依据时发现,创业者个人或创业团队的知识或经验构成起着十分重要的作用。经过近些年的研究,众多学者已经就创业者或团队所拥有先前知识和经验在创业活动中所起的正面促进作用达成了共识。例如,Shane指出,个体所积累的知识和经验构成了创业者在面对相同的信息时做出决策或行动的重要参考变量或诱因,创业者最终所识别出的创业机会通常与先前知识和工作经验密切相关。

4. 创业者个体认知风格

近年来,行为科学学者倾向于从个体认知特征的角度去分析创业者的创业行为特点。创业机会识别在实质上是一种较为特殊的信息认知和加工过程,认知过程的结果如何,与创业者个体的认知特征密切相关。不少研究认为,那些最终取得成功的创业者,其认知风格呈现出典型的创新型的特征。具备这种认知风格的创业者,其风险担当意识和勇于挑战意识等方面均超乎常人。在具体行动上,该类创业者往往不会拘泥于已有的条条框框,呈明显的发散性思维模式特征。如前所述,创业机会识别是一个动态的过程,创业者感知并发掘出创业机会实质上是对创业机会的认知。创业者不断认知和学习,除了基于自身的知识和经验,也会不断地模仿他人的行为、经验或吸取教训。一些学者甚至认为通过他人创业行为去认知创业机会或许更有利于实施创业活动,从而不断地提升创业者的机会识别与开发的能力和实践。

可见,创业者的个体认知风格和认知能力对机会识别能力的培养和提高至关重要。

5. 创业者的资源禀赋

从经济学角度来看,资源禀赋在一定程度上影响着个体理性决策的方式与结果。创业者个体拥有的人力资本(包含知识、能力、个人信念以及价值观等各个方面)、物质资本(有形资产)、技术资本(生产经验和各种工艺、操作方法与技能等)、金融资本

(货币资产)及社会资本(创业者的社会网络联系及网络中的各种资源),对于创业机会的识别无疑会起着非常重要的作用。基于创业者资源禀赋的不同,对创业机会的识别更有可能会呈现出不同的结果。如前所述,以往关于创业者的个体因素对创业机会识别的研究中,多数学者研究了创业机会识别因素中的单个或多个因素对创业机会识别的影响,还未能全面揭示创业者自身各因素对创业机会识别的影响机制。为深入理解创业机会识别的内在规律,需要综合考虑个体的多种特质对于机会识别的影响机制及其程度。

(二) 社会网络对机会识别的影响

社会网络可以理解为社会活动参与者及其相互之间联系而形成的有机整体,即由特定的人群之间由于相互联系而构成的社会结构单元,它承载了相关的信息、知识、各种社会情感等多种错综复杂的社会资源。创业活动的参与者可以通过这种网状的社会结构单元来获取相应的资源,识别和利用客观存在着的创业机会。基于社会学研究范式社会网络理论,初始阶段的创业决策在很大程度上取决于创业者从其社会网络中所获取的知识和社会资源。个体可以通过社会网络以扩大自身创业所需的知识边界,促成创业行为的形成。通过实证研究发现,约有一半的创业者是通过自身社会关系网络中他人的支持与帮助而识别出创业机会的。创业者利用社会网络资源识别出创业机会的可能性将比单独行动的创业者更大,这是因为创业者在机会识别的过程中不可避免地会受到"不完全性信息"以及个人"有限理性"的影响。创业者所处的社会网络能够为其提供大量有价值的信息资源和有用的知识,从而有效地扩展自身的"有限理性"。

可见,社会网络有助于创业者获取更多有用的知识和社会资源,起到连接创业机会与创业者的桥梁作用,个人通过社会网络更易于识别出环境中的创业机会。个人所处社会网络的复杂程度、多样性、网络中各种社会关系的强度和密集程度均会对创业机会的识别产生深刻影响。

(三) 环境因素对机会识别的影响

创业环境可以看成是影响创业活动的所有外部因素的总称。影响创业的环境因素复杂多样,不同的研究通常立足于差异化视角而进行。创业活动的外部环境常常表现出明显的不确定性特征,这恰恰是创业机会识别的重要来源。有研究指出,在机会识别中所需各种信息需要从外界环境中获取。影响机会识别的环境因素包括市场因素、政府政策、法规因素、技术因素、社会文化价值观念等。Busenitz 曾提出"跨文化认知模型",该模型认为,创业者的个人特点、个体的文化价值观以及创业者的独特社会背景都有可能会对创业机会识别的过程产生非常重要的影响。创业环境兼具有动态性、复杂性和宽松性三个方面的特点,创业机会识别是一个非常复杂的、动态的研究领域。与此同时，各种环境因素的变动可能酝酿着大量的创业机会，是各种创业机会产生的重要源泉。[131]

三、创业机会识别的技巧

（一）掌握信息

创业机会来源于某种信息，创业者或潜在创业者在平时要养成不断地留意、收集各种有关机会信息的好习惯，这对创业者事业发展会有帮助。信息渠道通常是很多的，如广播电视、报纸杂志、国际互联网等传播媒体，可以是专业书籍、资料，也可以是专家讲授、街谈巷议、朋友交流等所见所闻。那么，创业者究竟要掌握哪些重要的信息呢？创业者要想有计划地掌握创业机会信息，通常可以通过以下渠道。

1. 消费者

消费者是企业的产品需要面对的最终购买者，如何直接到消费者中间去，让消费者表达自身的观点，分析消费者的市场需求特征，是创业者要走的重要一步，同时也是创业机会的重要信息来源。很多创业者自认为很了解新企业面对的细分市场的消费者，而事实是，往往以自身的感觉替代了消费者的感觉，或者以点概面，不能客观地、系统地分析消费者的市场需求，导致自身的产品市场不对路。很多创业者都是通过和消费者的交流来获取意想不到的创业机会信息。

对于创业机会的好与坏，新产品市场的大与小，消费者具有最终的决定权。创业者需要保持足够的敏感性，对随着时间推移变化中的消费者的需求变化有清楚的认识，对于消费者不断涌现出来的新生需求能够快速地识别。创业者需要从消费者对新企业的产品评价甚至抱怨中获得创业机会的信息，很多创业机会如果不是消费者，很难有切身感受，即使相同地区、职业、社会地位的消费者，也有各种不同的市场需求。在日常生活中留意身边的消费者需求，深入到其中去，对身边任何消费者的市场需求保持敏感性，是成功的创业者获取创业机会的重要信息来源。

2. 现有企业

创业者在初步确定了自己的创业方向后，创办的企业所处产业内的现有企业是创业机会的另外一个重要信息来源。创业者对产业内现有企业的产品或服务进行追踪、分析和评估，能够找到现有企业的产品或服务存在的可能缺陷，从而有针对性地制定更加有效地改良手段，或者发掘产业内现有企业尚未涉足或者相对比较羸弱的领域。创业者不仅可以在现有企业的市场中发掘有关创业机会的信息，而且也可能发现其他领域的相关创业机会信息。例如，一家汽车整车厂商，往往能给某个区域提供零配件产业和物流业的创业机会；一家商场的开业，意味着给周围地区提供电影业、餐饮业、娱乐业等行业的创业机会。现有企业可能是新企业的竞争者，同样也可能是新企业的消费者或者合作者。对现有企业的分析，必须做到细致、系统、客观，才能发现其他人难以发现的创业机会。

3. 政府机构

在我国,政府部门是创业机会的重要信息来源,政府制定法律、法规和各种发展规划,对于新企业的生成有时起着决定性的作用,相关政策的变化,往往意味着创业机会的产生。例如,政府的电信管理部门对于5G技术的发展规划,使华为等通信产品厂商得到5G通信设备的良好发展机会;而很多城市对于摩托车的限制,却使摩托车厂商的市场大为萎缩;政府对于企业排污等指标的强制标准,使得企业不得不投入相关环保费用,这也提供了环保产业的创业机会。

政府本身并不参与市场,但新企业的经营是处于政府的种种法律、法规管制之中的,政府的法律和政策是人们发生经济行为的指针,创业者更是要顺应法律和政策的动向,去寻找和把握创业的机会。特别是在社会处于转型或变革之际,政府在产业发展等方面的法律或政策出现调整变化,实际上就是对产品或服务的范围和结构进行新的调整,在这种情况下,新的创业机会必然出现。例如,我国前两年实行的"家电下乡"政策,就是为了应对全球性的金融危机而采取的扩大内需举措的一部分,这为许多创业者提供了难得的机遇。政策所提供的创业机会要求创业者对政府政策变化要十分了解,把握住每次政策变动所带来的创业机会。

4. 研发机构

研发可以是在大学、科研机构、企业中进行,也可能仅仅是个人行为。很多科研机构或者大学都拥有很强的研发能力,但由于种种原因而没有实现产业化,或者没有发挥有关研究成果的最大效用,创业者将其重新包装和推出,往往可以取得出人意料的效果。

施乐公司是鼠标、复印机、图形用户界面和以太网等IT技术的发明者和标准的制定者,但它对这些领域没有予以足够的重视而导致错失良机。反倒是佳能、微软等后来的创业者更好地利用了这些研究成果并在相关领域获得了成功。很多创业者一开始就是研发者,他们可能一开始并没有创业的意识,只是因为自己的研究成果无法商业化而选择创业,这在IT行业中是比较普遍的。我国最早的一批软件公司就是一些程序员以出售自己的研发成果而开始创业的,美国的硅谷更是科技创业者的天堂,创业者不仅可以自己研发,也可以通过和其他研究者的合作获得创业的思路。

(二) 善于观察

作为经常性的有关总体市场变化情况的分析,通常从下列几个方面来观察。

1. 他人的成功经验

许多创业者在有了自己的创业梦想后,常常会陷入不知道如何观察、分析创业机会或无从下手的境地。虽说成功创业者的经验不能放之四海而皆准,但学习成功创业者的优点与长处却可以使其他创业者的思维更开阔,遇到创业机会也能更容易把握。下面举例一位美国小企业家的经验也许会给创业者一些启迪。当麦凯布（McCabe）夫妇的"录像天地"开张时，除了在柜台内摆放了常见的好莱坞电影外，还储备了许多稀奇古怪的电影，并打出了"保证供应城内最糟的电影"的招牌。结果消费者蜂拥而至，来租一些电影院通常极为讨厌而不愿上演的电影。麦凯布夫妇还通过免费电话向全美出租电影录像带，一年的生意额达 50 万美元。有时候，一项新事业的开端可能来自一次偶然的观察发现。

2. 市场竞争情况

观察分析潜在竞争者、替代品竞争者、行业内原有竞争者的基本情况，确切实际地了解新企业是否能赢得赖以维持经营所需的足够数量客源、销售额乃至利润。现实中，一旦某个创业机会逐渐显露出来，就会有不少的创业者、竞争者蜂拥而来，这是经常会出现的现象。但是，倘若某个创业者想利用特定机会并获得创业的成功，他就必须具备与其他创业者、竞争者相互竞争的能力。如四川成都彩虹电器集团开发电热毯产品，即在公司二次创业之初，国内在同一时间段有上百家企业参与了电热毯产业的机会竞争，但由于"彩虹"有强于他人的创业精神和创新能力，几轮竞争下来，"彩虹"成了电热毯产业的龙头企业。

3. 创业机会的现实性

即使某个创业机会是一个很有前景的机会，但对于特定的创业者而言，他仍然需要进一步分析机会的现实性，判断"这一机会是否是自己能够加以利用的，是否值得自己开发"。

对某个创业者而言，为了能做出理性的判断，其必须回答以下几个问题。

第一，观察自身是否拥有利用创业机会所需的关键资源。面对某个创业机会，企图利用这一机会的创业者不一定要拥有所需的全部资源，但其一定要拥有利用这一机会的关键资源，如新企业相应的运营能力、技术设计与制造能力、公共关系、营销渠道等。否则，要么创业无法起步，要么在创业过程中会受制于他人。例如，一家新企业的掌上电脑投入市场后十分畅销，但不难想象，如果该企业缺乏运营掌上电脑的多数关键资源，其也就无法生产并销售这一产品，更不要说借此创业。

第二，观察自身是否能够"构建网络"跨越"资源缺口"。在多数情况下，在特定的创业机会面前，新企业不可能拥有创业所需的一切资源，但它需要有能力在资源的拥有者与自身之间建立网络，以弥补相应的资源禀赋不足之处。前述的某掌上电脑公司，可能其本身并没有研制开发该类产品的能力，但它有能力组织相应的设计公司和制造商加盟自身的创业活动。如该公司将自己的设计思想按契约方式外包给某家专业设计公司，设计公司为其设计出符合消费者功能要求的产品方案，将订单委托给某些制造企业后，制造企业为其生产产品。可以说，这家公司以掌上电脑业务起步的创业活动，是创业者利用社会网络跨越资源禀赋不足、成功创业的一个典范。将此推而广之，可以看出，在市场经济中，创业者只要善于建立网络补足资源缺口，整合利用创业所需资源,就有可能取得创业的成功。

第三,观察是否存在可以开发的新增市场以及可以占有的远景市场。理性地判断某个创业机会是否值得创业者利用,除了要有足够大的原始市场规模外,其市场也应是潜在可创造、可扩展的,拥有良好的成长性,存在远景市场。创业者真正可把握的是"可开发的市场部分",而不是"顺其自然成长的市场部分。"例如,目前一些创业者热衷于"网络增值服务"的创业活动,其原因在于网络增值服务市场是可创造的。只要创业者适时地提供"鼠标加水泥"的增值服务产品,就可能培育起广泛的网络增值服务市场。

第四,观察利用特定机会存在的风险是否是可以承受的。显然,创业者要想利用某个创业机会,他就必须具备利用该机会的风险承受能力,主要包括财务风险、法律风险、技术风险、政策风险、市场风险和宏观环境风险等方面的承受能力。就特定的创业者而言,如果利用特定创业机会的风险是该创业者不可承受的,而创业者硬要知难而进,在创业之初就可能自取灭亡。

(三)冷静分析

想要及时了解市场变化情况,或者说对市场变化保持敏感的触觉,唯一办法就是做好经常性的市场调查分析工作。许多大公司通常设有专职部门负责进行此项工作。当然,创业者通常难以仿效他们的做法,不过也可以采用其他途径和方法进行此项工作,如果运用得当,同样会收到良好的效果。这些途径和方法有经常订阅有关行业的各种报纸杂志,及时了解最新消息;参加行业及其他专业性的社团组织,争取机会多参加某些贸易展销会之类的公众集会;经常监测所组织的各类营销业务活动的效果,察悉变化情况,查明之所以会造成销售增长或销售衰退的原因;对于任何一种营销新观念、推广新方法、广告新技术或传媒新方法等,应先经实验,然后再选用,要断然采用减少损失的各种措施。

虽然创业机会有显性和潜在之分,但在大多数情况下,创业机会不是一成不变的,而是动态复杂的,好的创业机会和不好的创业机会往往只有一步之遥。那么,这就对创业者提出了更高的要求,他们必须对市场及未来的发展趋势做出准确的分析,并在此基础上进行充分的准备。"凡事预则立,不预则废",创业者只有做好市场分析,准确把握市场未来发展的方向,才能赢得更多更好的创业和成功的机会。纵观国内外许多成功的创业者,大多数都是经过对市场趋势的准确、冷静分析而获得创业机会并走上成功之路的。

(四)及时捕捉

1. 从市场供求差异中捕捉创业机会

在市场经济条件下,宏观供求,总是有一定差异的,这些差异正是创业者的创业机会。创业机会存在于为顾客创造价值的产品或服务中,而顾客的需求是有差异的。创业者要善于寻找顾客的特殊需要,盯住顾客的个性需要并认真研究其需求特征,这样就可能发现和把握商机。时下,创业者热衷于开发所谓的高科技领域等热门机会,但创业机会并不只属于"高科技领域",在保健、饮食、流通这些所谓的"低科技领域"也有机会。随着打火机的普及,火柴慢慢退出了人们的视线,而创业者沈子凯却在这个逐渐被人淡忘的老物件里找到了新商机,他创造的"纯真年代"艺术火柴红遍大江南北。还有为数不少的创业者追求向行业内的最佳企业看齐,试图通过模仿快速取得成功,结果使得产品和服务没有差异,众多企业为争夺现有的客户和资源展开激烈竞争,企业面临困境。所以,创业者要克服从众心理和传统习惯思维的束缚,寻找市场空白点或市场缝隙,从行业或市场在矛盾发展中形成的空白地带把握机会。如海尔就善于巧妙地填补供需结构空间的"空隙"。几年前,海尔总裁张瑞敏出差四川,听说洗衣机在四川销售受阻,原因是农民常用洗衣机洗地瓜,排水口一堵,农民就不愿用了。于是,张瑞敏就要求根据农民的需求,开发出一种出水管子粗大,既可洗衣又可洗地瓜的洗衣机。这种洗衣机生产出来以后,在西南农村市场很受欢迎。

2. 从市场的"边边角角"捕捉创业机会

边角往往容易被人忽视,而这也正是新企业可以利用的空隙。创业机会无时不有,无处不在,许多机会甚至俯拾即是,但机会又转瞬即逝。因此,想要捕捉创业机会,必须不断强化机会意识,随时留意身边发生的各种事情,同时要具有敏锐的洞察力和超前意识,于一般人熟视无睹或见惯不惊的细微小事中,捕捉到有利可图的创业机会。

中小企业,尤其是小型企业,要充分发挥灵活多样、更新更快的特点,瞄准边角,科学地运用边角,另辟蹊径,通过合理的经营,增强自己的竞争实力,最终达到占领目标市场的目的。日本东京有家面积仅有43平方米的小型不动产公司。一次,有人向这家公司推销一块几百万平方米的山间土地。由于这块地人迹罕至,没有公共设施,不动产价值被认为是零,因此其他不动产商都不感兴趣。然而,这家公司的老板渡边却认为,城市现在已是人挤人了,回归大自然将是不可遏止的潮流。因此,他毫不犹豫拿出全部财产,又大量举债将地买了下来,并将其细分为农园用地和别墅用地;而后大做广告,其广告醒目、动人,充分抓住山坞青山绿水、白云果树的特色,适应了都市人向往大自然的心理,结果不到一年,就卖出415亩土地,净赚50亿日元。

3. 从竞争对手的缺陷中捕捉创业机会

很多创业机会是源于竞争对手的失误而"意外"获得的,如果能及时抓住竞争对手策略中的漏洞而大做文章,或者能比竞争对手更快、更可靠、更便宜地提供产品或服务,也许就找到了机会。为此,创业者应追踪、分析和评价竞争对手的产品和服务,找出现有产品存在的缺陷,有针对性地提出改进产品的方法,形成创意,并开发具有潜力的新产品或新功能,就能够出其不意,成功创业。例如,美国的罗伯梅塑胶用品公司自 1980 年高特任总裁起,其业绩增长了 5 倍,净利增长了 6 倍。罗伯梅公司成功的秘诀之一就在于采取了积极参与市场竞争,"取竞争者之长,补竞争者之短"的方式,在竞争对手塔普公司开发出储存食物的塑胶容器后,罗伯梅公司对其进行了认真的分析研究,认为塔普公司的产品,品质虽然高,却都是碗状,放在冰箱里会造成许多小空间无法利用。于是,对其加以改进,开发出了性能更好、价格更低,又能节省存放空间的塑胶容器。就这样,在塔普公司及其他公司还未看清产品问题的时候,罗伯梅公司却已将之转化为重要的竞争优势。

4. 从市场变化的趋势中捕捉创业机会

产业的变更或产品的替代,既满足了顾客需求,同时也带来了前所未有的创业机会。比如,电脑诞生后,软件开发、电脑维修、图文制作、信息服务和网上开店等创业机会随之而来。任何产品的市场都有其生命周期,产品会不断趋于饱和达到成熟直至走向衰退,最终被新产品所替代,创业者如果能够跟踪产业发展和产品替代的步伐,就能够通过技术创新不断寻求新的创业机会。

变化中常常蕴藏着无限商机,许多创业机会产生于不断变化的市场环境。环境变化将带来产业结构的调整、消费结构的升级、思想观念的转变、政府政策的变化、居民收入水平的提高等。创业者透过这些变化,就会发现新的机会。例如,随着私人轿车拥有量的不断增加,将产生汽车销售、修理、配件、清洁、装潢、二手车交易和陪驾等诸多创业机会。任何变化都能激发新的创业机会,需要创业者凭着自己敏锐的嗅觉去发现和创造。许多很好的创业机会并不是突然出现的,而是对"先知先觉者"的一种回报。聪明的创业者往往选择在最佳时机进入市场,当市场需求爆发时,他已经做好了准备。

此外,追求"负面"也会找到机会。所谓追求"负面",就是着眼于那些大家"苦恼的事"和"困扰的事"。因为是苦恼,人们总是迫切希望解决,如果能提供解决的办法,实际上就是找到了创业机会。例如,双职工家庭没有时间照顾小孩,于是有了家庭托儿所。这就是从"负面"寻找机会的例子。

5. 从行业交界处捕捉创业机会

每个企业都有其特定的经营领域。比如木材加工公司所面对的就是家具及其他木制品经营领域,广告策划公司所面对的是广告经营领域。一般来说,企业对行业创业机会比较重视,因为它能充分利用自身的优势和经验,发现、寻找和识别机会的难度系数小,但是它会因遭到同行业的激烈竞争而失去或降低成功的机会。由于各企业都比较重视行业的主要领域,因而在行业与行业之间有时会出现夹缝和真空地带,无人涉足。这种机会比较隐蔽,难于发现,需要有丰富的想象力和大胆的开拓精神才能发现和开拓。这种创业方式选择的空间很大。

第三节 创业机会的评价准则与方法

创业机会评价是评价主体从效益、市场、策略等方面对创业机会的价值进行综合评估,并决定下一步是否对创业机会开发和利用的过程。所有的创业行为和活动都来自良好的创业机会,但创业者如何才能知道自身所拥有的创业机会是否具有发展前景呢?众所周知,80%以上的创业活动最后都以失败告终。成功与失败之间,除了存在不可控的运气因素外,显然还存在着一些必然因素,在创业者的创业之初就决定了未来的成败。因此,创业者如果能在创业之前,进行精心的准备与机会评价,无疑能提高创业的成功率。

一、创业机会评估准则

创业机会评估,其实就是要回答目标市场是否存在、有多大规模,以及作为主体的企业或创业者是否适合这个市场的问题。创业机会的评估一般有以下几条衡量标准,包括产业和市场、资本和获利能力、竞争优势、管理班子等方面。这些可以作为创业者从第三方角度看自己,进行自我剖析的重要参考。[132]

(一) 产业和市场

1. 市场定位

一个好的创业机会,或一个具有较大潜力的企业必然具有特定的市场定位,专注于满足特定顾客的需求,同时也可能为顾客带来增值的效果。因此评估创业机会的时候,可从以下几个方面着手。第一,市场定位是否明确,有没有做到。别人不做的,我做;别人没有的,我有;别人做不到的,我做得到。第二,顾客需求分析是否清晰,是否从顾客需求或需求变化趋势着手,发现市场产品问题、缺陷,寻找市场进入机会。第三,顾客接触通道是否流畅,是否有效地建立了与顾客沟通的途径和方法,能及时寻找和发现有价值的市场营销机会。第四,产品是否持续延伸。也就是说,产品能否从深度和广度上不断拓展,产品是否能有效地进行各类组合等。从以上几个方面我们可以来判断创业机会可能创造的市场价值,创业带给顾客的价值越高,创业成功的机会也会越大。对用户来说,回报时间如果超过三年,而且又是低附加值和低增值的产品或服务是缺乏吸引的。一个企业如果无力在一单产品之外扩展业务也会导致机会的低潜力。

2. 市场结构

美国学者迈克尔·波特曾提出了一种结构化的行业环境分析方法,指出有五种基本力量决定了一个市场或细分市场长期的、内在的吸引力,较好地反映了新创企业的行业竞争因素。

针对创业机会的市场结构我们可以进行下面几项分析。第一,进入障碍。潜在竞争者进入细分市场,就会给行业增加新的生产能力,并且从中争取一定的重要资源和市场份额,形成新的竞争力量,降低市场吸引力。如果潜在竞争者进入行业的障碍较大,比如规模经济的要求,或者购买者的转换成本太高,或者政府政策的限制等,潜在竞争者进入市场就比较困难。第二,供应商。如果企业的供应商能够提价或者降低产品和服务的质量,或减少供应数量,那么企业所在的细分市场就没有吸引力。因此,与供应商建立良好的关系和开拓多种供货渠道才是防御上策。第三,用户。如果某个细分市场中用户的讨价还价能力很强或正在加强,他们便会设法压低价格,对产品或服务提出更多要求,并且使竞争者相互斗争,导致销售商的利润受到损失,所以要提供用户无法拒绝的优质产品和服务。第四,替代性竞争产品的威胁。如果替代品数量多、质量好,或者用户的转换成本低,用户对价格的敏感性强,那么替代性产品生产者对本行业的压力就大,行业吸引力就会降低。第五,市场内部竞争的激烈程度。如果某个细分市场已经有众多强大的竞争者,行业增长缓慢,或该市场处于稳定或衰退期,撤出市场的壁垒过高,转换成本高,产品差异性不大,竞争者投资很大,则创业企业要参与竞争就必须付出高昂的代价。

由以上的市场结构分析可以得知新企业未来在市场中的地位,以及可能遭遇竞争对手反击的程度。对新创企业来说,将要进入的市场具有一个怎样的市场结构,市场竞争是否十分激烈,对于创业的成果具有重要意义。一个分裂的、不完善的市场或正在形成的企业常常会产生未满足的市场空缺,这对于市场机会的潜力大小也就具有重要影响。例如,在可以获得资源所有权、成本优势这些好处的市场上,即使存在竞争,其盈利的可能性也是相当大的。

3. 市场规模

市场规模大小与成长速度,也是影响新企业成败的重要因素。一般而言,市场规模大者,进入障碍相对较低,市场竞争激烈程度也会下降。如果要进入的是一个成熟的市场,那么纵然市场规模很大,由于已经不再成长,利润空间比必然很小,因此新企业就不值得再投入。反之,一个正在成长中的市场,通常也会是一个充满商机的市场,所谓水涨船高,只要进入时机正确,必然会有获利的空间。一般来说,一个总销售额超过1亿美元的市场是有吸引力的,在这样的一个市场上,占有大约5%的份额甚至更少的份额就可以获得很大的销售额,并且对竞争对手并不构成威胁,这样可以避免高度竞争下的低毛利和风险。

4. 市场渗透力

市场渗透力也就是增长率,对于一个具有大市场潜力的创业机会,市场渗透力(市场机会实现的过程)评估将会是一项非常重要的影响因素。聪明的创业者知道选择在最佳时机进入市场,也就是市场需求正要大幅度增长之际,做好准备等着接单。一个年增长率达到30%~50%的市场为新的市场进入者创造新的位置。

5. 市场占有率

在创业机会中预期可获得的市场占有率,可以显示新创业公司未来的市场竞争力。一般而言,成为市场的领导者,最少需要拥有 20% 以上的市场占有率。如果低于 15% 的市场占有率,则这个新企业的市场竞争力不高,自然也会影响未来企业上市的价值,尤其处在具有赢家通吃特点的高科技产业,新企业必须拥有成为市场前几名的能力,才比较具有投资价值。

6. 产品的成本结构

对于风险投资者来说,如果创业计划显示市场中只有少量产品出售而产品单位成本都很高时,那么销售成本较低的公司就可能面临有吸引力的市场机会。产品的成本结构,也可以反映新创企业的前景是否靓丽。例如,从物料与人工成本所占比重之高低、变动成本与固定成本的比重,以及经济规模产量大小,可以判断新企业创造附加价值的幅度以及未来可能的获利空间。

(二) 资本和获利能力

如果说市场机会评估只是创业机会评估工作的一个方面,并且很多因素难以量化,那么效益评估就是更为全面的价值评估,它需要对未来企业的收益情况有量化的评估,不论对创业者还是投资者都是非常有益的参考依据。

1. 毛利

单位产品的毛利是指单位销售价格减去所有直接、可变的单位成本。对于创业机会来说,高额和持久的获取毛利的潜力是十分重要的。

毛利率高的创业机会,风险相对较低,也比较容易取得损益平衡。反之,毛利率低的创业机会,风险相对则较高,遇到决策失误或市场产生较大变化的时候,企业很容易就遭受损失。一般而言,理想的毛利率是 40%。当毛利率低于 20% 的时候,这个创业就不值得考虑。例如,软件业的毛利率通常都很高,所以只要能找到足够的业务量,从事软件创业在财务上遭受严重损失的风险相对比较低。

2. 税后利润

高而持久的毛利率通常转化为持久的税后利润。一般而言,具有吸引力的创业机会,至少需要能够创造 15% 以上税后利润。如果创业预期的税后利润是在 5% 以下,那么就不是一个好的投资机会。

3. 损益平衡所需的时间

损益平衡所需的时间也就是取得盈亏相抵和现金流量的时间,合理的损益平衡时间应该能在两年以内达到,但如果 3 年还达不到,恐怕就不是一个值得投入的创业机会。不过有的创业机会确实需要经过比较长的耕耘时间,通过这些前期投入,创造进入障碍,保证后期的持续获利。比如保险行业,前期仅注册资金就需要数亿元,而一般投资回报周期为7到8年,这样的行业一般来说不会适用于第一次创业者。在这种情况下,可以将前期投入视为一种投资,才能容忍较长的损益平衡时间。

4. 投资回报率

考虑到创业者可能面临的各项风险,合理的投资回报率应该在25%以上。一般而言,15%以下的投资回报率,是不值得考虑的创业机会。

5. 资本需求量

资本需求量较低的创业机会,投资者一般会比较欢迎。事实上,许多个案显示,资本额过高其实并不利于创业成功,有时还会带来稀释投资回报率的负面效果。通常,知识越密集的创业机会,对资金的需求量越低,投资回报反而会越高。因此在创业开始的时候,不要募集太多资金,最好通过盈余积累的方式来创造资金。而比较低的资本额,将有利于提高每股盈余,并且还可以进一步提高未来上市的价格。

6. 策略性价值

是否创造新创企业在市场上的策略性价值,也是一项重要的评价指标。一般而言,策略性价值与产业网络规模、利益机制、竞争程度密切相关,而创业机会对于产业价值链所能创造的价值效果,也与它所采取的经营策略与经营模式密切相关。

7. 退出机制

所有投资的目的最终都是在于更大的回收。从某种意义上看,投入就是为了退出。因此,退出机制与策略就成为一项评估创业机会的重要指标。企业的价值一般也要由具有客观鉴价能力的交易市场来决定,而这种交易机制的完善程度也会影响新企业退出机制的弹性。由于退出的难度普遍要高于进入,所以一个具有吸引力的创业机会,应该要为所有投资者考虑退出机制,以及退出的策略规划。

(三) 竞争优势

1. 可变成本和固定成本

成本优势是竞争优势的主要来源之一。成本可分为固定成本和可变成本,从另一个角度来说,又可分为生产成本、营销成本和销售成本等。较低的成本给企业带来较大的竞争优势,从而使得相应的投资机会较有吸引力。一个新企业如果不能取得和维持一个低成本生产者的地位,它的预期寿命就会大大缩短。

2. 控制程度

如果能对价格、成本和销售渠道等实施较强的或强有力的控制,这样的机会就比较有吸引力。这种控制的可能性与市场势力有关。例如,一个对其产品的原材料来源或者销售渠道拥有独占性控制的企业,即使在其他领域较为薄弱,它也仍能够取得较大的市场优势。占有市场份额40%、50%甚至60%的一个主要竞争者通常对供应商、客户和价格的控制都拥有足够的控制力,从而能够对一个新企业形成重大的障碍,在这样一个市场上创办的一家企业将几乎没有自由。

3. 进入障碍

如果不能把其他竞争者阻挡在市场之外,新创企业的欢乐就可能迅速消逝。这样的例子可以在硬盘驱动器制造业中发现。在20世纪80年代早期到中期的美国,该行业未能建立起进入市场的障碍,到了1983年底,就有约90家硬盘驱动器公司成立,激烈的价格竞争导致该行业出现剧烈震荡。因此,如果一家企业不能阻止其他公司进入市场,或者它面临着现有的进入市场的障碍,它就没有吸引力。

(四)管理班子

企业管理队伍的强大对于机会的吸引力是非常重要的,这支队伍一般应该具有互补性的专业技能,以及在同样的技术、市场和服务领域有赚钱和赔钱的经验。如果没有一个称职的管理班子或者根本没管理班子,这种机会就没有吸引力。

二、创业机会评价步骤

创业机会的具体评价步骤如下。

(1)确定评价目标。确定评价目标是创业机会评价的第一步,评价目标直接影响到评价指标体系、评价方法等后续步骤的实现。在创业机会评价开始的时候,要对评价目标的特性进行充分分析,以更好地确定创业机会的影响因素,从而确定创业机会评价的基本框架。

(2)创业机会影响因素分析。影响创业机会的因素有很多,既有内部创业团队的因素,也有外部创业环境的因素;既有社会因素,也有经济因素;既有市场因素,也有社会网络因素等。从各种影响创业机会的因素中抽象出关键性的因素,便构成了创业机会评价指标体系。

(3)构建评价指标体系。创业机会评价指标体系是在对创业机会影响因素分析的基础上构建的。蒂蒙斯(Timmons)法的指标体系是最全面的创业机会评价指标体系,可以作为创业机会评价的属性库。在此基础上,可结合我国国情及创业机会实际情况,构建新的评价指标体系。

(4)评价方法的应用。评价方法是对评价指标的排序和量化。创业机会评价涉及很多指标,有些指标可以量化,如潜在的市场规模、市场增长率等;而有些指标不易量化,如产品的结构等。单纯的定性方法难以对创业机会的优劣进行排序,单纯的定量方法难以对决定创业机会的关键要素进行选择。因此,应在借鉴相关模型的基础上,选择定量与定性相结合的方法进行评价。

(5)评价实施。创业机会评价的实施是评价的实际操作阶段,对定量指标和定性指标进行处理,引入需要的数据和相关专家的评定,并结合相关模型,最终得到评价结果。评价实施也是对创业机会进行选择和淘汰的过程，关键是相关数据的获取和模型的选择。

（6）评价反馈。创业机会评价是一个动态的过程，其本质上是一个主观的、理论的分析过程。创业机会是否能真正成为一个成熟机会，是否可以在现实中开发，还需要进一步从实践中证明，依据创业活动实践，可以从风险规避和价值创造这两个方面对创业机会评价的结果做进一步修正。

三、创业机会评价方法

（一）定性评价

对创业机会的评价事实上是预期创业过程中将遇到的问题，因此是一种前瞻性的评价。而事情的发展往往是出人意料的，创业的过程中将会遇到许多问题。许多问题无法精确，这就给机会的评价增加了很大的难度。因此，定性的评价方法在创业机会评价方面是一种主要的方法。下面对两种主要的创业机会定性评价方法进行评述。

1. 史蒂文森法

史蒂文森（Stevenson）法提出从以下几方面定性评价创业机会：第一，机会的大小，存在的时间跨度和随时间成长的速度这些问题；第二，潜在的利润是否足够弥补资本、时间和机会成本的投资，并带来令人满意的收益；第三，创业机会是否开辟了额外的扩张、多样化或综合的机会选择；第四，在可能的障碍面前，收益是否能持久；第五，产品或服务是否真正满足了真实的需求。

2. 朗格内克法

朗格内克（Longenecker）法指出了定性评价创业机会的五项基本标准：第一，对产品有明确界定的市场需求，推出的时机也是恰当的；第二，创业机会所形成的投资项目必须能够维持持久的竞争优势；第三，创业机会必须具有一定程度的高回报，从而允许一些投资中的失误；第四，创业者和创业机会之间必须互相适合；第五，创业机会不存在致命的缺陷。

（二）定量评价

1. 标准打分矩阵

选择对创业机会有重要影响的因素，并由相关专家对每一个因素进行打分，最后求出每个因素在各个创业机会下的加权平均分，从而对不同的创业机会进行比较。

2. 蒂蒙斯法

著名的创业学家蒂蒙斯概括了一个定性评价创业机会的框架体系，其中涉及八大类共53项指标。创业者可以利用这个体系模型对产业与市场、竞争优势、经济因素、收获条件、管理团队和致命缺陷等做出判断,来定量评价一个新企业的投资价值。

对于上述每个因素,在具体定量评价时,都设有创业机会的吸引力潜力最高和创业机会的吸引力潜力最低两个极端情况,一般来说所有的创业机会都会处于这两个极端情况之间,创业者根据具体情况对其打分。最后根据打分结果的高低判断该创业机会的潜在价值。

3. 普坦辛米特法

普坦辛米特(Potentionmeter)法是一种让创业者填写针对不同因素的不同情况、预先设定好权值的选项式问卷的方法,详情如表7-1所示。

表7-1 普坦辛米特法的评价指标

序号	指标
1	生命周期中预期的成长阶段
2	预期的年销售额
3	对于税前投资回报水平的贡献
4	销售人员的要求
5	投资回收期
6	进入市场的容易程度
7	商业周期的影响
8	为产品指定高价的潜力
9	占有领先者地位的潜力
10	从创业到销售额高速增长的预期时间
11	市场试验的时间范围

对于各种因素,不同选项的得分为$-2\sim+2$分,对所有因素得分加总就是最后的总分,总分越高的特定创业机会成功的潜力就越大,只有那些最后得分高于15分的创业机会才值得创业者进行下一步的行动,低于15分的是应该舍弃的机会。

4. 巴蒂选择因素法

巴蒂(Baty)选择因素法是通过对11个选择因素的设定来对创业机会进行判断。如果某个创业机会只符合其中的6个或者更少的因素,那么这个创业机会就不可取;反之,则说明该创业机会成功的希望很大,如表7-2所示。

表 7-2　巴蒂选择因素法

序号	因素
1	这个创业机会在现阶段是否只有创业者本人发现了
2	产品初始生产成本是否是创业者可以承受的
3	创业机会市场初始开发成本能否承受
4	新企业的产品是否具有高利润回报的潜力
5	是否可以预期产品投放市场和达到盈亏平衡点的时间
6	创业机会潜在的市场是否巨大
7	创业者的产品是否是一个快速成长的产品系列中的第一个产品
8	创业者是否拥有一些现成的初始客户
9	创业者是否可预期产品的开发成本和开发周期
10	新企业是否处于一个成长中的行业
11	金融界是否能理解新企业的产品和消费者对它的需求

总体而言，无论采用什么方法识别和评价创业机会的价值，得出的结论大体上是相似的。好的创业机会一般具有以下五个重要特征：市场前景可明确界定；未来市场中前5~7年销售额稳步且快速增长；创业者能够获得利用机会所需的关键资源；创业者不被锁定在刚性的技术路线上；创业者可以用不同的方式创造额外的机会和利润。

第八章 绝知此事要躬行——创业实践

第一节 商业模式的设计与创新

一、商业模式概述

(一) 商业模式的含义和特征

1. 商业模式的含义

企业与企业之间、企业的部门之间,乃至企业与顾客之间、企业与渠道之间都存在的各种各样的交易关系和联结方式被称为商业模式。商业模式即创业者创意,商业创意来自机会的丰富和逻辑化,并有可能最终演变为商业模式。有一个好的商业模式,成功就有了一半的保证。商业模式就是企业通过什么途径或方式来营利。简言之,饮料公司通过卖饮料来营利;快递公司通过送快递来营利;网络公司通过点击率来营利;通信公司通过收话费来营利;超市通过平台和仓储来营利等。只要有盈利的地方,就有商业模式存在。

所以,商业模式就是创业者为满足消费者价值最大化的需求系统,这个系统组织管理企业的各种资源(资金、原材料、人力资源、作业方式、销售方式、信息、品牌和知识产权、企业所处的环境、创新力,又称输入变量),形成能够提供消费者无法自力且必须购买的产品和服务(输出变量),是一个完整高效的具有独特核心竞争力的运行系统。

2. 商业模式的特征

长期从事商业模式研究和咨询的人士认为,成功的商业模式具有以下三个特征。

(1) 成功的商业模式能提供独特的价值。这个独特的价值有时候可能是新的思想,而更多的时候,它往往是产品和服务独特性的组合。这种组合要么可以向客户提供额外的价值,要么使得客户能用更低的价格获得同样的利益,或者用同样的价格获得更多的利益。

(2) 成功的商业模式是难以模仿的。成功的商业模式是具有自己能复制且别人不能复制,或者自己在复制中占据市场优势地位的特性。企业通过确立自己的与众不同,如对客户的悉心照顾、无与伦比的实施能力等,来提高行业的进入门槛,从而保证利润来源不受侵犯。例如,直销模式,人人都知道其如何运作,但是戴尔公司是直销模式的标杆,一般人很难复制戴尔的模式,其原因在于"直销"的背后是一整套完整的、极难复制的资源整合和生产流程。

（3）成功的商业模式是脚踏实地的。企业要做到量入为出、收支平衡。这个看似不言而喻的道理，要想年复一年、日复一日地做到，却并不容易。现实当中的很多企业，不管是传统企业还是新型企业，对于自己从何处获利、为什么客户看中自己企业的产品和服务，乃至有多少客户实际上不能为企业带来利润、反而在侵蚀企业的收入等关键问题，都不甚了解。

（二）商业模式的构成要素和逻辑

1. 商业模式的构成要素

近几年来，从主流讲话到网络媒体、从创业精英到投资基金，"商业模式"一词已经成为探讨新经济的必用词汇，越来越多的企业意识到，商业模式是资本市场甄别企业的关键要素，也是企业获得商业成功的根本原因。商业模式由不同的要素组成，不同的学者对商业模式的构成要素有不同的看法，本书主要介绍两种广泛认同的观点。

1）六要素理论

我们把商业模式的构成要素概括为战略定位、业务系统、关键资源能力、盈利模式、现金流结构、企业价值及其相互关系，[133] 如图 8-1 所示。

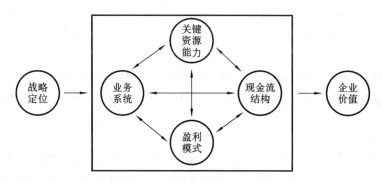

图 8-1　商业模式六要素相互关系

（1）战略定位是企业战略选择的结果，也是商业模式体系中其他几个要素的起点。战略定位需要考虑三个方面，即长期发展、利润增长、独特价值。商业模式中的"定位"更多的是作为整个商业模式的支撑点，同样的定位可以有不一样的商业模式，同样的商业模式也可以实现不一样的定位。

（2）业务系统是指企业达到战略定位所需要的业务环节、各合作方扮演的角色以及利益相关者合作方式。企业围绕战略定位所建立起来的业务系统将形成一个价值网络，明确了客户、供应商/其他合作方在通过商业模式获得价值的过程中扮演的角色。

（3）关键资源能力是指业务系统运转所需要的重要资源和能力，任何商业模式构建的重点工作之一就是了解业务系统所需要的重要资源和能力有哪些、如何分布，以及如何获取和建立。不是所有的资源和能力都同等珍贵，也不是每一种资源和能力都是企业所需要的，只有与战略定位、业务系统、盈利模式、现金流结构相契合并能互相强化的资源和能力，才是企业真正需要的。

（4）盈利模式是指企业获得收入、分配成本、赚取利润的方式。盈利模式是在给定业务系统价值链所有权和价值链结构的前提下，相关方之间利益的分配方式。良好的盈利模式不仅能够为企业带来利益，还能为企业编织一张稳定、共赢的价值网。传统盈利模式的成本结构往往和收入结构一一对应，而现代盈利模式中的成本结构和收入结构不一定完全对应。同样是制造、销售手机，那些通过专卖店、零售终端销售手机的企业，其销售成本结构主要是销售部门的管理费用、销售人员的人工成本等，而通过与运营商提供的服务捆绑、直接给用户送手机的制造商的销售成本结构则完全不一样，尤其是在当今的移动互联网时代，创新性的盈利模式屡见不鲜。

（5）现金流结构是指企业经营过程中产生的现金收入扣除现金投资后的状况。不同的现金流结构反映了企业在战略定位、业务系统、关键资源能力以及盈利模式方面的差异，决定了企业投资价值的高低、投资价值递增的速度以及受资本市场青睐的程度。

（6）企业价值是指企业的投资价值，是企业预期未来可以产生的现金流的贴现值。企业的投资价值由其成长空间、成长能力、成长效率和成长速度等因素共同决定。

商业模式的六个要素是互相作用、互相影响的。相同的战略定位可以通过不一样的业务系统实现，同样的业务系统也可以有不同的关键资源能力、盈利模式和现金流结构。

2）九要素理论

亚历山大·奥斯特瓦德认为，价值主张、客户细分、分销渠道、客户关系、收入来源（或收益来源）、关键资源、关键活动（或关键业务）、伙伴网络、成本结构是商业模式九大构成要素，如图8-2所示。

（1）价值主张，即企业通过其产品和服务能向消费者提供何种价值，具体表现为标准化/个性化的产品/服务/解决方案、宽/窄的产品范围。

（2）客户细分，即企业经过市场划分后所瞄准的消费者群体，具体表现为本地区/全国/国际、政府/企业/个体消费者、一般大众/多部门/细分市场。

（3）分销渠道，即描绘企业用来接触、将价值传递给目标客户的各种途径，具体表现为直接/间接、单一/多渠道。

（4）客户关系，即企业与其客户之间所建立的联系，主要是信息沟通反馈，具体表现为交易型/关系型、直接关系/间接关系。

（5）收入来源（或收益来源），即描述企业通过各种收入流来创造财务的途径，

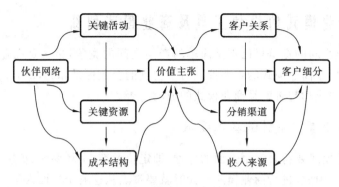

图 8-2　商业模式九要素相互关系

具体表现为固定/灵活的价格、高/中/低利润率、高/中/低销售量、单一/多个/灵活渠道。

(6) 关键资源,即概述企业实施其商业模式所需要的资源和能力,具体表现为技术/专利、品牌/成本/质量优势。

(7) 关键活动(或关键业务),即描述业务流程的安排和资源的配置,具体表现为标准化/柔性生产系统、强/弱的研发部门、高/低效供应链管理。

(8) 伙伴网络,即企业同其他企业为有效提供价值而形成的合作关系网络,具体表现为上下游伙伴、竞争/互补关系、联盟/非联盟。

(9) 成本结构,即运用某一商业模式的货币描述,具体表现为固定/流动成本比例、高/低经营杠杆。

2. 商业模式的逻辑

从对商业模式要素研究的各个观点来看,提及最多的是价值主张、盈利模式、价值传递和价值获取,由此构成商业模式的核心。商业模式是以顾客为中心来解决一般价值创造问题的核心逻辑,必须将其贯穿于商业模式之中。如图 8-3 所示,以科技企业孵化器商业模式为例分析。

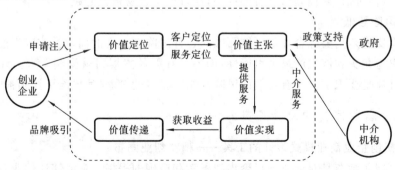

图 8-3　科技企业孵化器商业模式的逻辑

二、商业模式的设计工具及商业模式创新

如今企业之间的竞争早已不是简单的产品之间的竞争,更多是商业模式之间的竞争,说明了如今商业模式的重要性。对于初创的企业更是如此,所有的创业者都应该明白,企业的成功与否就是商业模式的成功与否。

(一)商业模式设计的基本要求

好的商业模式要符合五个方面的标准,即定位要准、市场要大、扩展要快、壁垒要高、风险要低。因此,进行商业模式设计时就要重点从这五个方面入手。

1. 定位要准

定位要准是指清楚地定义目标客户的问题和痛点,并通过对行业环境的梳理,制定企业产品发展战略,规划产品或服务。为这个市场提供满足顾客需要的、有价值、独有的产品,让顾客愿意为此付费。

2. 市场要大

目标市场是创业企业打算通过营销来吸引的客户群,并向他们出售产品或服务。要寻找一个快速、大规模、持续增长的市场,这是确定是否为优秀市场定位的一个关键标准。

3. 扩展要快

收入是否快速扩展,是衡量商业模式能否迅速做大规模的关键要素。商业模式从本质上讲就是如何获利、如何定价、收入现金流是否会满足所有的花费等问题。商业模式的设计可以从以下几个方面考虑:① 产品或服务本身的收益;② 提高产品附加值,形成新的利润;③ 围绕产品核心,设计新产品,形成新的利润;④ 给资金加速,挖掘沉淀利润;⑤ 流程优化,剔除无效流程,创造新的利润。

4. 壁垒要高

好的商业模式一定要和自身独有的优势紧密结合。企业通过确立自己的独特优势,提供独特价值,来提高后进者的壁垒,使自己不容易被人赶超。

5. 风险要低

风险要低是指要综合评估可能面临的各种风险。优秀的商业模式应当使企业具有发展成为龙头和链主的最大可能性,而不是在开始发展时就受制于人。评估风险的最终目标是要识别出所有可能的风险并制定相应的策略,使风险可控和被管理。

(二)商业模式的设计工具

1. 初创企业商业模式设计的工具——精益创业画布

精益创业画布是对创业项目聚焦的思考和精确的提炼。它能够让创业者抓住事物的本质,把握创业项目的核心。这一模型最早由美国学者莫瑞亚提出。莫瑞亚对

精益创业画布(lean startup canvas)的最早的设想是来自非常熟悉的商业模式画布(business model canvas)。精益创业画布主要有以下基本要素。

1) 客户细分

创业者最先要思考的是客户是谁、为谁服务。为什么要考虑这些呢,为什么要做细分呢？这是因为,每个客户群体都是有差异的,没有一种产品能够满足市场的所有群体。只有对用户挖掘得足够准确,产品或服务的针对性才越强,越能贴近用户的核心需求。在创业的早期,一定是要从狭小的领域入手,满足这一领域的客户,然后才有机会慢慢延伸。有时候,创业者只有单边客户,比如早期的 QQ 用户;有时候,创业者可能有双边或者多边用户,比如滴滴出行平台,既要考虑乘客,也要考虑司机。

2) 需求痛点

痛点就是目标人群未能被满足的需求,这里的需求要能够满足刚需、痛点、高频的特点,有可能是显性未能实现的需求或者是潜在的需求。比如滴滴出行平台满足用户的短途出行叫不到车的需求。而在分析这个需求的时候,要考虑一点,就是这个需求点,是不是目前用户有替代产品,能通过其他方式满足。市场上谁会是潜在的竞争对手,他们有什么特点。在滴滴出行平台出来之前,出租车是满足这些需求的。但是这一需求满足得并不好,因为乘客只有等待出租车经过时才会打到车,而出租车也不知道哪里有乘客。这个需求在被满足,但是效率不高。共享单车市场也是如此。过去人们对更短距离的出行,是通过乘坐公交、步行或者乘坐出租车来完成的。但是这些方式并不是很方便,要么耗时,要么耗钱。单车短租的方式,解决了人们的时间和金钱的成本,也很好地满足了人们的需求。

3) 解决方案(产品/服务)

这就是针对前面目标客户群存在的问题的具体解决方案。这个方案要能够帮助用户真正解决问题,而且用户愿意为此付出时间和金钱购买产品或服务。如果创业者的方案是自己认为满足用户需求的产品,但是到了客户那里客户并不愿意为之买单,那可能就存在问题。因此,在这个过程中,要用精益创业的方式,先开发出 MVP(最小化可行产品)去验证想法和方案是否正确。如果客户对 MVP 接受了,那说明创业者的设计是正确的;反之,创业者就要重新回过头来去挖掘客户的需求,再设计产品。

4) 独特价值定位

对解决方案的设计,创业者可能会有很多的选择和考虑。但是在创业团队的成员心中一定要有一个统一的认知,那就是创业团队到底能提供什么样的价值。这里的价值可以有两个层面。一个层面是来自企业层面,就是创业企业的愿景,即企业存在的价值是什么。比如阿里巴巴,它存在的使命是"让天下没有难做的生意"。这个统一的认知很重要,因为它会决定企业做什么和不做什么。阿里巴巴因为有这样的使命,所以他们业务中的淘宝网、支付宝、菜鸟驿站等都是为了帮助人们做生意。价值定位的另外一个层面，是用户层面，就是用户为什么选择你，你为用户提供了什么样的价值，你在用户心目当中的那个印象到底是什么。比如小米手机，大家想起小米手机会说，产品品质不错，价格不贵。这是由小米手机建立的价值定位，但这个价值定位，后来就又可以延伸到小米品牌的其他产品，包括路由器、空气净化器、净水器等一系列产品。再比如京东，同样做电商，除了自营模式为主之外，京东给许多消费者的另一个影响就是"物流快"。京东的当日达是它投入巨资建立起来的。

5) 核心竞争力

当企业进入一个市场后，一定会有其他的商家加入，这个时候该如何应对，创业者有什么撒手锏能够立于不败之地。什么样的能力才算核心竞争力呢？想要拥有核心竞争力，就是要掌握市场上稀缺的资源，这种资源就是核心竞争力。那这样的稀缺性资源有哪些呢？具体有以下四类。

第一类是无形资产，包括品牌、专利和牌照。说品牌是核心竞争力很好理解。例如，同样是咖啡，在普通咖啡馆15元一杯，在星巴克就要35元一杯。星巴克这一品牌是唯一的，全球不可能有第二家，这样的无形资产是无法超越的。牌照对企业来说是一种准入资格，也是一种稀缺资源。比如在金融领域，要做保险、基金等业务，没有牌照是不可能进入行业的。

第二类是成本优势。如果创业者因为工艺、地理位置、规模效应或者独特资产的便利性而获得了成本上的优势，而且这些优势是竞争对手无法超越的，创业者便拥有了核心竞争力。

第三类是转换成本。当用户在使用产品或者服务后，如果转向其他品牌，要损失很高的成本时，这对企业来讲也是一种竞争优势。这是企业在客户关系管理中，运用忠诚度管理而带来的优势。中国国际航空股份有限公司会根据旅客的飞行记录给予两方面的奖励，一方面是里程积分，旅客可以用里程积分兑换机票或者其他商品；另一方面是差异化服务，比如为旅客提供贵宾休息室、免费升舱等。这些看似和钱没有直接关系，但是却挖掘了人性中很重要的一点，就是要"与众不同"，显示了身份的差异感。当旅客拥有了中国国际航空股份有限公司提供的这些待遇以后，如果让旅客换乘其他航空公司，旅客一定会在心里衡量一下转换成本。因为，旅客会损失一些看不到的权益，即有形或者无形的成本。

第四类是网络效应。这一效应在互联网行业显得更加明显。当身边的同事、朋友都在使用微信进行沟通和交流的时候，让你去使用一个新的产品，你肯定会觉得不行。因为你的关系网络在微信这里，到另一个平台关系网络就不存在了，那关系网络也就失去了价值。

6) 触达用户

企业的产品或服务如何才算真正触达用户，除了用户使用了产品或服务外，还应包括用户感知到了企业的核心价值定位。这就需要企业考虑如何销售产品或服务，通过直销还是通过传统渠道,通过线上销售还是线下推广,如何能够"引爆"用户,这些涉及很多操作层面的计划和措施。

7) 收入模型

这一要素要求创业者考虑产品的盈利模式是怎样的,该如何定价,是依据成本定价还是价值定价,利润率水平如何,在不同的阶段是追求收入还是利润。在与客户的交易过程中,要考虑谁是真正的产品付费者,或者谁是产品的使用者。从收入来源来看,不同的收入模式有不同的收入来源,如销售商品的收入、提供服务的佣金收入、广告收费、订阅收费、中介收费。另外,定价模式决定利润来源。通常有三种不同的定价模式:一是基于成本的定价模式,这一模式在传统行业使用比较多;二是基于需求和用户认知的定价模式,在这一定价模式的产品中,品牌等无形价值在其中扮演着重要的角色;三是根据供需比例的动态定价模式,比如滴滴出行平台,在不同的时点,根据车辆的供应量,动态调整单价。同时,还要考虑融资计划、股权结构及方式。

8) 成本结构

这一要素要求创业者考虑资金如何分配,如何做预算。成本结构是决定利润来源的一个重要因素,成本结构由以下几个方面决定。

一是创建企业与上游的关系以及自身讨价还价的能力。对创业公司来讲,这需要通过时间的积累。当企业自身积蓄了足够的优势后,就可以从上游供应商那里获得比较低廉的采购价格。二是企业的运营管理效率和水平。如果企业的运营管理水平较高,人均产出较高,那么该企业的成本(管理费用)支出就可以有效降低,这也可以为利润挤压出空间。三是融资。不论是股权融资还是债权融资,都需要考虑成本。债权融资要考虑利息的支出成本,股权融资要考虑股份的成本。同时,融资的时间点以及稀释的比例都是企业需要考虑的。

9) 战略目标

在对前面几个要素模块进行分析之后,可以得出企业未来1~2年的目标,包括财务目标及其他方面要实现的目标。目标的设定应当是可以量化的。对早期创业企业来说,战略目标的确定需要兼顾以下两个方面:一方面是战略目标的内容,即企业应处于哪一个行业领域,针对哪些目标人群,提供什么样的服务或产品,达到什么样的效果;另一方面是战略目标的统一。然而,很多时候企业的高层非常清楚企业的战略目标和方向,但是员工甚至中间管理层都对企业的战略目标不明确了解。模糊的战略目标会导致企业中的各层人员各自朝着自己认为正确的目标前进,进一步导致资源分散,摩擦和扯皮现象频发。

10) 战略举措

战略举措是对实现战略目标企业需要做的工作。这里的战略举措一定要考虑企业各层面的内容,不单单是从业务策略的层面,还应考虑支撑层面的内容,如产品体系、运营管理、技术架构、战略合作,以及企业的支撑体系组织架构、人员管理、财务管理等,都应相互匹配才能有利于目标的实现。

精益创业画布其实就是在一张纸上,有13个空格需要填写,分别是目标客户细分、需求/问题/机会、解决方案/产品、战略价值定位、竞争优势、种子用户、替代方案/竞争对手、传播点、营销、成本结构、收入来源、战略目标和战略举措,如图8-4所示。

目标客户细分	需求/问题/机会	解决方案/产品	战略价值定位	竞争优势	战略目标
种子用户	替代方案/竞争对手		传播点	营销	战略举措
成本结构			收入来源		

图 8-4 精益创业画布

制作精益创业画布的步骤如下:第一步是将初步计划写出来,这里不要刻意是追求最好的解决方案;第二步是找出计划中风险最高的部分,这才是要重点考虑的因素,是决定成败的关键;第三步是系统的测试计划,可以通过深度访谈、小范围试验,确定计划的可行性。

2. 企业创新商业模式设计的工具——商业模式画布

商业模式画布是指一种能够帮助创业者催生创意、降低猜测、确保他们找对目标用户,合理解决问题的工具。商业模式画布不仅能够提供更多灵活多变的计划,而且更容易满足用户的需求。最重要的是,它可以将商业模式中的元素标准化,并强调元素间的相互作用。

商业模式画布图由9个方格组成,每一个方格都代表着成千上万种可能性和替代方案,创业者要做的就是找到最佳的方案,如图8-5所示。

重要伙伴	关键业务	价值主张	客户关系	客户细分
	核心资源		渠道通路	
成本结构				收入来源

图 8-5 商业模式画布

商业画布的使用者需要按照一定的顺序制作画布。首先要了解目标用户群(客户细分),然后确定他们的需求(价值主张),设计好如何接触到他们(渠道通路),怎样盈利(收入来源),凭借什么筹码实现盈利(核心资源),找到能向自己伸出援手的人(重要伙伴),根据综合成本定价(成本结构)。

(三) 商业模式创新

1. 商业模式创新的含义

商业模式创新是改变企业价值创造的基本逻辑,以提升顾客价值和企业竞争力的活动。这既可能包括多个商业模式构成要素的变化,也可能包括要素间关系或者动力机制的变化。

2. 商业模式创新的必要条件

商业模式创新企业具有以下几个共同特征,或者说是构成商业模式创新的必要条件。

(1) 商业模式创新企业提供全新的产品或服务、开创新的产业领域,或以前所未有的方式提供已有的产品或服务。如京东商城平台卖的书和其他零售书店没什么不同,但其售卖的方式全然不同。

(2) 商业模式创新企业其商业模式至少有四个要素明显不同于其他企业,而非少量的差异。如京东商场平台相比传统书店,其产品却具有选择范围广、通过网络销售、在自有仓库配货运送等特点。

(3) 商业模式创新企业有良好的业绩表现,体现在成本、盈利能力、独特竞争优势等方面。如京东商场平台在一些传统绩效指标方面良好的表现,也表明了它商业模式的优势。京东商场平台数倍于竞争对手的存货周转速度给它带来独特的优势。

3. 现代商业模式创新的四个维度

企业可以通过改变价值主张、目标客户、分销渠道、顾客关系、关键活动、关键资源、关键伙伴、收入来源和成本结构等多种因素来激发商业模式创新。归纳起来,主要是从四个维度,即战略定位创新、资源能力创新、商业生态环境创新以及这三种创新方式结合产生的混合商业模式创新,如图 8-6 所示。

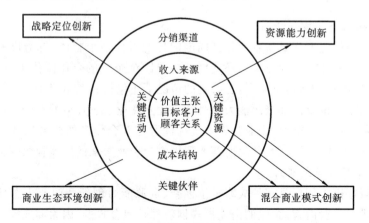

图 8-6 商业模式创新四个维度

1）战略定位创新

所谓战略定位创新，主要是围绕企业的价值主张、目标客户及顾客关系方面的创新。在激烈的市场竞争中，没有哪一种产品或服务能够满足所有的消费者，战略定位创新可以帮助企业发现有效的市场机会，提高企业的竞争力。

在战略定位创新中，企业首先要明白自己的目标客户是谁，其次是如何让企业提供的产品或服务在更大程度上满足目标客户的需求，在前两者都确定的基础上，最后分析选择何种客户关系。合适的客户关系也可以使企业的价值主张更好地满足目标客户。

王老吉将企业的产品定位于"饮料＋药饮"这一市场空隙，为广大顾客提供可以"防上火"的饮料，正是这种不同于以往饮料行业只在产品口味上创新而不在产品功能上创新的竞争模式，最终使王老吉在中国饮料行业独树一帜。

2）资源能力创新

所谓资源能力创新，是指企业对其所拥有的资源和能力进行整合和运用的创新，主要是围绕企业的关键活动，对商业模式所需要的关键资源进行创新。所谓关键活动，是指影响企业核心竞争力的行为。关键资源是指能够让企业创造并提供价值的资源，亦指那些其他企业不能代替的物质资产、无形资产、人力资本等。在确定了企业的目标客户、价值主张及顾客关系之后，企业可以进一步进行资源与能力的创新。

20 世纪 90 年代，当通用电气公司发现传统制造行业的利润越来越低时，他们试图改变行业中为其关键活动提供产品的商业模式，创新性地提出以利润和客户为中心"出售解决方案"的模式。在传统的经营模式中，企业的关键活动是为客户提供能够满足其需求的机械设备，但在"出售解决方案"模式中，企业的关键活动是为客户提供一整套完整的解决方案，而设备则成为这一方案的附属品。这一创新带来了通用电气公司业绩的快速提升，在 20 世纪 80 年代中后期，通用电气公司年收入增长率达到了 18%。

3）商业生态环境创新

商业生态环境创新是指企业将其周围的环境看作一个整体，打造出一个可持续发展的共赢商业环境。商业生态环境创新主要围绕企业的合作伙伴进行创新，包括供应商、经销商及其他市场中介，在必要的情况下还包括其竞争对手。

企业战略定位及内部资源能力都是企业建立商业生态环境的基础。没有良好的战略定位及内部资源能力，企业将失去挑选优秀外部合作者的机会以及与他们议价的筹码，一个可持续发展的、共赢的商业环境将为企业未来的发展提供保证。

4）混合商业模式创新

混合商业模式创新是一种战略定位创新、资源能力创新和商业生态环境创新相结合的方式。一般而言，企业的商业模式创新都是混合式的，因为商业模式的构成要素中，战略定位、内部资源、外部环境之间是相互依赖、相互作用的，每一部分的创新都会引起另一部分的相应变化。

总之,商业模式创新既可以是战略定位创新、资源能力创新、商业生态环境创新三个维度中某一维度的创新,也可以是其中的两个甚至三个维度的结合创新,有效的商业模式创新正在成为企业家重塑企业、追求超值价值的有效工具。

第二节 创业计划书的内容与撰写

一、创业计划书概述

(一) 创业计划定义

创业计划是创业者对与创业项目有关的所有事项进行的总体安排,包括人力、物力、财力、信息等各种资源的整合,以及经营思想、目标和战略的确定等。其主要内容是为创业项目制定一份完整、具体、详细的创业计划书。一份完善的创业计划书,应该能够清晰、有理有据地说明企业的发展目标,实现目标的时间进度、方式及所需资源。制订创业计划的基本目标在于分析市场机会,说明创业者的基本思想和预期目标分析并阐述创业者如何利用这一创业机遇进行发展分析说明影响创业成败的关键因素以及如何控制风险分析并确定创业企业筹集资金的办法。[134]

(二) 创业计划书的作用

创业计划书是企业规划、实施、发展、风险控制、融资计划、投资回报等一切经营管理活动的重要指南。在系统地撰写一份创业计划书时,创业者会对企业未来的发展方向与着力点有更深入的了解与更深刻的认识。

创业计划书主要有以下作用。

1. 明确企业发展方向

创业计划书是企业发展过程中的指路灯,在企业发展过程中起到指明发展方向的作用,让企业在具体事务的执行过程中有明确的方向。它帮助企业确定每一个发展阶段,分析每个发展阶段中的发展目标,找出该阶段的主要工作和中心任务。

同时,创业计划书能够规范企业的执行与发展。它能够让企业按照之前确立的方向和蓝图执行下去,指导企业有步骤、有秩序地发展。

2. 全面了解企业发展

创业者通过创业计划书,可以对自己企业的发展有全面、清晰、透彻的了解。创业计划书也会指导企业更好地分析目标客户,分析竞争环境,制定营销策略,并有效地执行,从而在预期市场中获得收益。在制定创业计划书的过程中,创业者可以发现项目具有竞争力的优势与机会,以及项目本身的不足与弱点,并在此基础上进行竞争策略的分析和选择。

3. 吸引投资者投资

创业计划书其中一项非常重要的作用就是招商引资，整合资源。一份好的创业计划书会把项目发展前景、项目优势、企业核心资源、项目投资回报等重要因素一一向投资者展示，投资者通过创业计划书，分析项目的发展前景、投资回报收益，决定是否向创业者注资或提供资源。

创业计划书是打动和说服投资者的重要工具，好的创业计划书会帮助创业者获得融资。投资者在众多的项目计划书中，结合投资的评价标准进行评估，最终决定是否投资以及对某个项目投资。

4. 促进团队了解项目

创业团队成员可以通过创业计划书了解企业的愿景与使命，确立短期、中期、长期的发展目标。创业计划书激励团队往设定好的宏伟蓝图前进，确保团队万众一心，众志成城，为共同的目标而奋斗。

（三）创业计划书的内容

创业计划书没有严格统一的内容格式。创业计划书的内容会根据不同产品或者服务，或者创业计划书的主要用途等而有所不同。但是，计划书的内容应尽可能地完整、详细，以便为潜在投资者描绘一幅完整的企业蓝图，使他们对创业企业有一个较为准确的理解，并帮助创业者深化对企业经营的思考。

经过长期不断的实践，创业计划书的内容也逐步形成了约定俗成的基本格式。一般来说，一份完整的创业计划书主要包括企业概况、产品与服务、市场分析、选址、营销策略、法律形式、组织结构与创业团队、成本预测、现金流管理计划、营利情况预测、资产负债表等内容，这些都是整个创业过程中不可或缺的元素。

1. 封面和目录

一份优秀的创业计划书应该有一个令人印象深刻的封面，封面的设计要能够吸引审阅者的眼球。计划书的封面应该体现出产品或服务的特色与企业文化。此外，封面应该有基本的企业信息，包括公司名称、地址、联系电话、核心创业者的联系方式等内容，甚至包括企业的网址、二维码等。封面底部可以放置警示阅读者保密等事项信息。如果公司已经注册有商标，应该把它放在靠近封面中心的位置。目录页紧接着封面，应列出创业计划书和附录的组成部分以及对应页码。

2. 执行概要

执行概要很重要，是计划书开篇的精华之处。它应该以和创业计划中各部分相同的顺序来描述，基本包括企业简介、产品或服务的描述和定位、市场分析、可行性分析、营销策略、管理团队与组织结构、财务分析、融资方案与风险投资的退出策略这几个方面。

执行概要部分应重点向投资者传达 5 点信息：① 创业企业的理念是正确的，创业企业在产品、服务、技术等方面具有竞争优势；② 企业的商业机会和发展战略是有科学根据且经过深思熟虑的；③ 企业团队有管理能力，企业团队是专业的、有领导力和执行力的队伍；④ 创业者清楚地知道进入市场的最佳时机，知道如何进入市场，并且预料到什么时候该恰当地退出市场；⑤ 企业的财务分析是实事求是的，投资者可以得到预期的回报。

3. 企业概况

企业概况是对创业企业或创业者拟建企业总体情况的介绍，其主要内容包括企业组织结构、业务性质、企业类型、业务展望、企业的投资比例结构与额度、供应商、分销商、商业合作伙伴等，重点描述公司未来业务发展计划，并指出关键的发展阶段、本企业生产所需人力、物力和财力。

4. 产品与服务

产品和服务是创业项目的核心部分，创业者对产品与服务的说明要详细、准确、通俗易懂，明确产品优势，同时对开发工作的进展程度以及需要推进的其他工作进行简要的说明。内容主要包括以下方面。

（1）产品或服务的名称与用途产品的概念、性能及特性。

（2）产品或服务的市场竞争优势。

（3）技术优势、功能优势、产品的品牌优势以及优势的保护。

（4）产品或服务的发展产品的前景预测、技术与功能的变化、产品的系列化、新产品计划、风险与困难。

（5）产品或服务的理念。

（6）产品的技术开发状况。

产品和服务能否满足消费者需求是很关键的。产品服务介绍中通常要回答以下问题。

① 消费者希望产品或服务能解决什么问题？消费者能从企业的产品或服务中获得什么好处？

② 与竞争对手相比，创业企业的产品具有哪些优势？消费者为什么会选择本企业的产品？

③ 企业为自己的产品或服务采取了何种保护措施？拥有哪些专利、许可证或与已经申请专利的厂家达成哪些协议？

④ 为什么产品定价可以使创业企业产生足够的利润？为什么消费者会持续购买本企业的产品？

⑤ 创业企业采用何种方式改进产品性能？企业对发展新产品有哪些计划？

企业产品或服务的市场前景和潜力是决定一个企业价值的重要因素，风险投资者对企业价值的评估首先是从企业的产品和服务开始的。因此在创业计划中，一定要提供所有与企业的产品或服务有关的细节,包括企业所进行的有关产品和服务的市场调查。

5. 行业与市场分析

(1) 行业分析:行业分析是对所进入行业的整体分析,包括产业规模、整个产业每年所产生的价值,分析如何使自身在该产业中生存与发展。在分析过程中,应该向创业计划书审阅者提供所在行业主要竞争者的情况;行业主要企业是以什么为导向,它们对环境的变化是如何反应的;同时,企业如何做好竞争准备,或者能否填补行业空隙。

此外,还要分析行业的发展趋势,包括环境趋势和业务趋势,环境趋势就是经济趋势、社会趋势、技术进步和政治与法规变革。业务趋势包括产业利润率的增减、投入成本的升降等方面。行业分析结尾部分,应该对行业长期前景进行预测和陈述。

(2) 市场分析:创业计划书的重要内容之一是市场分析,因为产品或服务只有市场才会有前景,企业的价值才能够不断提升。市场分析应当包括:① 产品的需求,需求的程度,企业所预计利益,新的市场规模,未来发展趋向及其状态,影响需求的因素等;② 市场竞争情况,企业所面临的竞争格局,主要竞争者,利于本企业产品的市场机会,市场预计占有率,本企业进入市场引起竞争者反应预期及其影响等;③ 市场现状,目标顾客与目标市场,本企业的市场地位、市场价格和特征。

没有市场,再好的产品或服务也无法实现其价值。创业计划应深入分析市场的潜力、目标市场的定位、市场目标,要细致而深入地分析经济、地理、职业、年龄以及心理等因素对消费者选择购买本企业产品的影响,以及各个因素所起的作用。

创业者要通过反复多次的调研来确定目标市场,并且对市场进行细分。大多数成功企业都是从细化的目标做起来的,也只有这样才能做到专业化与品牌化。企业必须进行准确的市场定位,这也是产品或服务能否在市场上生存的关键。

创业者需要根据产品(服务)的特性和企业的情况在细分市场中选择一个或几个目标市场,结合企业的目标、产品、优势、劣势、竞争者的战略等因素说明为何选择这种市场定位,顾客为什么会愿意购买企业的产品(服务)等。

在市场分析中,一定要结合调研报告来做分析。用数据说话,一定要避免主观臆断。如果企业已经掌握了一些订单或合同意向书,可以直接出示给投资者,因为这些材料会有力地证明产品的市场前景。

6. 选址

这部分通常由描述新企业位置开始。选址需要考虑合适可用劳动力、工资率、供应商和消费者、社区支持等。此外,当地的税负和地区需求量、当地银行对新企业的支持也应在考虑之中。其他考虑因素包括供应商的数量和距离远近、有关装运材料交通费用等。另外,还应提及劳动力供给、需要的技术配置。

7. 营销计划

营销计划主要描述产品或服务的分销、定价以及促销,是创业计划中的一个重要组成部分,本部分内容包括价格定位、促销手段、销售计划(如渠道、方式)等,主要侧重于阐明产品进入目标市场方式、广告渠道以及销售方式。应简述企业销售策略,如何使用销售代表或内部职员,如何使用代理商、分销商或是特许商。

(1) 总体营销战略。营销战略需要反映出如何使产品(服务)创造出预期的目标,是一套系统的营销理念,而非具体策略。要从战略的高度将产品(服务)进入目标市场、获取市场价值的思路理清。要结合产品(服务)的特点,找出进入市场的切入点,选择产品的"渗入"方向。把握好这一点才可能有后面的定价、分销以及促销战略。

(2) 产品战略。产品是营销"4P"的第一要素,是通过产品(服务)满足客户的需要并从中获取利润的重要方式。产品战略是整个营销战略的基础。与前文的产品(服务)部分相比,这部分着重说明产品战略的"营销"方面。

① 设计与产品定位相匹配的营销策略。产品在进入市场之前,创业者需要考察清楚任何目标消费者能够接触到产品信息的场所,再利用自身资源进行成本收益分析,选择最优的营销策略,同时要将产品(服务)进行分层分类,这样可以创造出不同的吸引力:在核心产品层次,能给客户提供哪些基本效用和利益;在稀缺产品层次,能为优质客户带来多大的额外价值和附加利益……明确了这些之后就要选择与之相匹配的营销策略。

② 产品组合策略向投资者说明企业的产品组合策略,主要是企业即将经营的产品类别,有多少产品线,产品线内有多少组产品项目,各种产品在功能、生产和销售方面的相互联系是否紧密,等等。对产品组合的阐述要着重让投资者确信其能够满足市场上的不同需求,同时也符合企业自身的效益。

③ 品牌策略的目的是使产品(服务)在顾客心中形成一种品牌文化。因此,如何形成这种品牌文化是策略的核心。在策略的选择上要思考使用品牌的策略使用何种品牌策略个别品牌策略、统一品牌策略、分类品牌策略、延伸品牌策略还是多品牌策略?

④ 产品开发策略这一部分要向投资者说明将采取怎样的新产品开发方式,要让他们相信,企业的开发策略是符合企业自身的实力和经济效益的。

(3) 定价战略。价格是营销策略中非常重要的方面,因为价格决定了企业能赚多少钱。价格也向目标市场传递着重要信息,如产品是高端的还是中低端的。

(4) 分销战略。这一部分需要说明两个问题销售渠道的长度和宽度。关于长度,要说明在产品和顾客之间经过多少环节——有代理商、批发商,零售还是直销。结合创业企业、市场、产品的特征来说明做出这种选择的原因。关于宽度,要说明企业的市场销售窗口到底有多大,销售点的分布是怎样的以及为什么要这样做。

（5）促销战略。促销就是促进销售，作用在于促进企业和顾客之间的信息交流以及销售或购买行为。其主要分为促销战略和促销方式两个层面。

在战略层面上，需要从促销的目标、产品的性质、生命周期以及市场等角度进行思考。要清楚地说明向谁促销——中间商还是顾客？根据产品的性质、产品所处的生命周期阶段以及市场特征，应采取怎样的促销方法才是最适合的？

在战略层面的基础上要说明促销的方式：是采取人员促销，还是求助于推销员或者营销机构，如果产品推销、市场开拓、信息沟通、市场调研或者提供咨询服务采取的是非人员促销方式，那么是否要做广告，用什么方式做广告，是否要做营业推广，如何做推广，是否要通过新闻宣传、展览会或者公益活动进行公关促销。

8. 法律形式

决定企业是自己创业，还是合伙创业。如果选择合伙创业，公司的起始资本额要如何分配等。选择哪种法律形式并没有一套可依循的准则，需要根据实际情况加以判断。因此，企业必须先了解各种公司法律形式的利弊及运营方式，再选择最适合的组合模式并配合企业的创业计划。虽然各种企业运营架构存在细微差异，但是需要注意的焦点是，企业运营出现状况时，企业内部将由谁负起最后法律上的财务责任。

9. 组织结构与创业团队

绘制企业组织结构图，明确部门职责分工、企业报酬体系、企业股东名单和董事会成员、职工工作绩效考核方式、企业的激励机制等内容。

科学精细的组织结构和人力资源管理设计能展示出创业管理团队的精干和素质水平，是投资者最为关注的重点之一。企业管理的好坏，直接决定了企业经营风险的大小，而高素质的管理人员和良好的组织结构则是管理好企业的重要保证。

一般而言，创业团队应该是互补型的，一个企业必须同时具备产品设计与开发、市场营销、生产作业管理、企业理财等方面的专门人才。这部分内容包括描述创业者团队所具备的才能、关键管理人员及其主要职责、董事会、所有其他投资者的股权状况、专业顾问和服务机构等。

另外，最好详尽展示企业创业团队的专业性和独特性，包括职业道德、能力与素质与众不同的凝聚力和团结战斗精神；人才济济且结构合理，在产品设计与开发，财务管理、市场营销等各方面均具有独当一面的能力，足以保证企业成长发展的需要等。

10. 财务计划

（1）成本预测。一般来说，新创企业要把成本分为不变成本和可变成本。下面对两大类成本分别加以描述。不变成本是指一定时期、一定业务范围内固定不变的成本，包括固定场所租金、企业开办费、保险费、工商管理费、折旧费等。可变成本是指随着生产或销售量的变动而变动的成本，包括原材料费、水电费、燃料费、销售费用等。预测成本时,可以先按类别划分测算,然后相加求得总成本。

(2)现金流量管理计划。给出特定时期计划销售和资本支出水平,现金流量管理计划应突出定时额外融资需要,表明营运资金的最高需求,详细说明预期现金流的进出金额和时间;预测必需的额外融资和时间,营运资金需要的高峰期,如何通过股权融资或银行贷款等方式获得额外融资,以及获得的条件和偿还方法;讨论现金流对各种企业因素假设的舒感度。

(3)营利情况预测。预测产品或服务的销售收入、成本费用及净利润描述未来若干年的资产损益表,表明为补偿所有成本所需要的销售和生产水平,包括变动成本(制造、劳动力、原材料、销售费)和固定成本(利息、工资、租金、折旧等),这是创业企业实现营利的现实检验。

(4)资产负债表。提供新企业拥有的资产和负债等方面的估价,反映某一时刻的企业状况,表明未来不同时期企业年度或半年度的财务状况,投资者可以用资产负债表中的数据得到的比率指标来衡量企业的经营状况及可能的投资回报率。

11. 风险管理

通常,企业在发展中面临着四大风险:生产风险(可能产生的市场风险因素对产品市场的影响和敏感度,如客源流失、市场疲软、价格波动等带来的市场影响)、竞争风险(主要竞争对手带来的竞争风险因素对竞争力的影响和敏感度,如经济实力、产品价格优势、市场认可度等)、管理风险(企业管理活动中可能产生的管理风险因素对产品开发和生产的影响和敏感度,如人事、人员流动、关键雇员等原因造成的企业不稳定因素)、环境风险(企业外部环境给企业带来的环境风险因素对产品的开发和生产的影响和敏感度,如国家产业调整政策、行业规章变化、国家商业环境变化等因素给企业带来的不利影响)。创业者在进行风险分析时,主要是向投资者分析企业可能面临的各种风险隐患,风险的大小及融资者将采取何种措施来降低或防范风险、增加收益等。其主要包括以下几个方面。

(1)你的公司在市场、竞争、技术、财务等方面都有哪些基本的风险?

(2)你准备怎样应付这些风险?

如果你的估计不那么准确,应该估算出你的误差范围到底有多大。如果可能的话,对你的关键性参数做最好和最坏的设定。对于企业可能面临的各种风险,融资者最好采取客观、实事求是的态度,不能因为其产生的可能性小而忽略不计,也不能为了增大获得投资的机会而故意缩小、隐瞒风险因素,而应该对企业所面临的各种风险都认真加以分析,并针对每种可能发生的风险做出相应的防范措施,这样才能取得投资者的信任,也有利于引入投资后双方的后续合作。

12. 风险资本退出

对于提交给投资者的商业计划书,如何保障投资者的退出是投资者所关注的重要问题。因此,这一部分中必须对企业未来上市公开发行股票、出售给第三者或者创业者回购投资者股份的可能性给予说明。为了使得投资者能够放心地把资金注入新创企业,所论述的退出方式应当详细具体,同时应当用客观数据来说明投资者可能获得的投资收益。这一部分可以尝试从以下几个方面进行论述。

(1) 投资者可能获得的投资回报。

(2) 公开上市可能,上市后公众会购买企业股份,投资人所持有的股份就可以售出。

(3) 兼并收购可能,通过把企业出售给其他公司,投资者也能够收回投资。

(4) 偿付协议,如果企业未来难以上市,也不准备被收购,那么创业者将按照怎样的条款回购投资者手中的股份。

二、如何撰写创业计划书

一份好的创业计划书往往能够引起潜在投资者的特别关注。如果创业计划书撰写专业、语言流畅,有严密的调查数据支撑,那么阅读者很容易把这些优点和创业者本人的能力联系起来。为了使创业计划书脱颖而出,并最终获得风险投资者的青睐,创业者应认真做到:① 确保新企业创意的价值性,并拥有高素质的管理团队;② 认真负责地按专业的商务格式进行编排和准备计划;③ 创业计划书的执行摘要应简洁,论之有据。因此,在将创业计划书递交给投资者或其他利益相关人员审阅前,要做到简明扼要、条理清晰、内容完整、文字流畅、表述精确。

(一) 计划书要简洁清晰

阅读创业计划的人会有意无意地通过你对自己企业的描述做判断。因此,创业者对新创企业的介绍务必做到简洁、结构清晰。

(二) 排版装订要整洁

目录、实施概要、附录、图表等各部分的合理编排及美观整洁,是高质量的创业计划的表现之一。也就是说,装订和排版印刷不能粗糙,切记不能出现语法、印刷及拼写错误。

(三) 捕捉读者兴趣点

要想在5分钟内激发阅读者的兴趣,让投资者产生欲罢不能的感受,就要在扉页和实施概要上下功夫,把它们写好。

(四) 计划要有美好愿景

创业者在撰写计划书时要善于使用鼓舞人心的词汇,描述企业的发展趋势和前景,描绘未来的打算,说明产品或者服务所蕴含的巨大潜力。

（五）避免言过其实

销售潜力、收入预测估算、增长潜力都不要夸大，好的创业计划书以其客观性说服阅读者。一份计划写得像一份煽情广告，会大大降低计划的可信度。最好的、最差的、最有可能的方案都要在计划中体现出来。

（六）防范关键风险因素

创业计划中涉及的关键风险是投资者、银行家最敏感、最关注的部分。在创业计划中既要陈述创业者的危机管理能力，也要让投资者察觉到这些风险，同时要说明对创业团队来讲这些风险是可以驾驭的。

（七）创业者团队要优秀

撰写创业计划的管理部分，一定要让阅读者接收到创业者团队具有较强管理能力和资源整合能力的信号，这个信号是潜在投资者最想收到的信息。

（八）准确描述目标市场

撰写目标市场评估分析时，应把如何区分目标市场的情况描述清楚，目标市场是企业利润的来源，这部分计划是营销、财务等计划能否表达清楚的基础和关键。

（九）不断检查完善计划书

创作出好的创业计划书的秘诀在于不断地修改，很少有人能够一气呵成。在修改过程中，应该认真征求创业计划小组以外人士及专业顾问的意见以增强计划的可读性和规范性。

三、创业计划的展示

当一份创业计划书写完之后，接下来需要做的就是向投资者或合作伙伴展示你的创业计划，引起他们的兴趣并使其接受你的创业计划，从而为你的企业提供资金或其他支持。

（一）展示前的准备工作

1. 再次熟悉创业计划书

在展示创业计划书之前，必须十分熟悉创业计划书的内容，做到胸有成竹，以备答辩不仅要熟悉创业计划书中所写的内容，更要熟悉计划书中的一些判断或预测的依据和证明材料，这样有利于说服投资者。

2. 重视创业计划书演练

在正式展示创业计划书之前，团队应该经过多次演练，尽可能找些不同的人来做你的听众,让他们从不同角度提出一些合理性的建议或意见。这样的演练和改进,不仅有利于提高展示效果,还有利于提高团队的自信心。

3. 准备合适的展示方式

最常用的展示创业计划书的方式就是幻灯片(注意 PPT 播放的是 4∶3 格式还是 16∶9 格式),可以有效地帮助你表达,尤其是销售预测、财务报表等这类数据性的部分内容,用表格、柱状图、饼状图或绘制的增长曲线图等方式更加形象有效。当然,还可以通过一些简短的音频或视频方式来展示。

4. 合理安排成员及分工

为了更有效地展示创业计划书,往往可以采用团队方式来合作展示。但人数一般不宜过多,3 人左右比较合适。这样也能体现出团队的合作精神。

5. 研究你要会见的对象

在展示创业计划书之前,尽可能通过各种渠道搜集一些你要会见对象的资料,充分研究你要会见的对象,从中推测到他的想法、感兴趣的方面并做到知己知彼,百战不殆。

(二)向投资者陈述计划书

陈述一般是由创业的主讲人按照幻灯片演示文件来向投资者介绍项目情况,还要准备好回答投资者的问题。通常情况下,所做的介绍应给出创业计划的关键要点。陈述的过程是宣传创意的机会,也是一个展示创业者自我的机会。应该抓住演讲的机会充分展示你的创业计划。演讲时要充满激情,语言要充满感染力。演讲的开头很重要,一定要选好合适的形式来开场以引起投资者的兴趣;演讲的过程中要适当运用肢体语言和音量的变化,来吸引投资者的注意力,演讲的结尾也要让投资者提起精神,建立投资信心。

(三)创业计划书模板

××公司(或××项目)创业(或商业)计划书

(公司资料)[①]

报 告 目 录

第一部分 摘要(整个计划的概括)

一、公司简单描述

二、公司的宗旨和目标

三、公司目前股权结构

四、已投入的资金及用途

---

① 此部分包含公司或项目的地址、邮政编码、联系人、电话传真、网址/电子邮箱等。

五、公司目前的主要产品或服务介绍

六、市场概况和策略

七、主要业务部门及业绩简介

八、核心经营团队

九、公司优势说明

十、目前公司为实现目标的增资

十一、融资方案(资金筹措、投资方式及退出方案)

十二、财务分析

1. 财务历史数据(前3~5年销售汇总、利润、成长)

2. 财务预计(后3~5年)

3. 资产负债情况

第二部分 综 述
第一章 公司介绍

一、公司的宗旨

二、公司的简介资料

三、公司的管理制度及劳动合同

四、公司的战略

五、公司的组织结构

六、各部门职能和经营目标

七、公司管理

1. 董事会

2. 经营团队

3. 外部支持(外聘人士/会计师事务所/律师事务所/顾问公司/行业协会等)

第二章 产品或服务

一、技术描述及技术持有

二、产品的基本状况

1. 主要产品目录

2. 产品特征及性能用途

3. 产品处于生命周期的哪一阶段

4. 产品为顾客提供的价值

5. 正在开发/待开发产品简介

三、产品的研发过程

四、产品的市场前景

五、产品的品牌和专利
1. 知识产权策略
2. 无形资产(品牌/商标/专利等)

第三章 市场分析

一、市场规模、市场结构与划分
二、目标市场的设定
三、产品消费群体、消费方式、消费习惯及影响市场的主要因素分析
四、目前公司产品市场状况、产品所处市场发展阶段、产品排名及品牌状况
五、市场趋势预测和市场机会
六、行业政策

第四章 竞争分析

一、有无行业垄断
二、从市场细分看竞争者市场份额产品情况(种类、价位、特点、包装、管销、市场占有率等)
三、主要竞争对手情况公司实力、广告营销、市场占有率等
四、潜在竞争对手情况和市场变化分析
五、公司产品竞争优势

第五章 管理团队

一、展示核心管理团队
1. 主要股东介绍
2. 董事会所有成员及高层管理人员介绍
3. 关键员工及其背景介绍
二、管理团队的知识结构和能力结构分析
三、激励与约束机制
1. 各职能部门的人员配备情况和薪资情况
2. 高层管理人员的职权分配情况
3. 主要股东的股权结构和红利分配原则

第六章 投资说明

一、资金需求说明(用量/期限)
二、资金使用计划及进度
三、投资形式(贷款/利率/利率支付条件/普通股、优先股/对应价格等)

四、资本结构

五、回报/偿还计划

六、资本原负债结构说明(每笔债务的时间/条件/抵押/利息等)

七、投资抵押(是否有抵押/抵押品价值及定价依据/定价凭证)

八、投资担保(是否有抵押/担保者财务报告)

九、吸纳投资后股权结构

十、股权成本

十一、投资者介入公司管理的程度说明

十二、报告(定期向投资者提供的报告和资金支出预算)

十三、杂费支付(是否支付中介手续费)

第七章 研发计划

一、公司研发计划的目标和方向

二、公司现有的研发力量

三、行业未来的技术发展趋势

四、公司研发新产品的成本预算及时间进度表

五、公司研发新产品的市场竞争力

第八章 生产经营计划

一、生产经营计划概述

二、公司现有的生产技术能力

1. 现有生产条件和生产能力

2. 扩建设施、要求及成本,扩建后的生产能力

3. 产品生产的过程

4. 产品生产的工艺复杂程度和成熟程度

三、设备、厂房和生产设施

四、基础配套设施(水、电、通讯、道路等)

五、资源及原材料供应

六、质量管理

七、生产经营的成本分析

八、包装与储运

第九章 市场营销计划

一、概念营销计划(区域、方式、渠道、预估目标,份额)

二、销售政策的制订(以往/现行/计划)

三、销售渠道、方式、营销环节和售后服务

四、主要业务关系状况(代理商/经销商/直销商/零售商等),各级资格认定标准政策(销售量/回款期限/付款方式/应收账款/货运方式/折扣政策等)

五、销售队伍情况及销售福利分配政策

六、促销和市场渗透

1. 主要促销方式

2. 广告、公关策略、媒体评估

七、产品价格方案

1. 定价依据和价格结构

2. 影响价格变化的因素和对策

八、销售资料统计和销售记录方式以及销售周期的计算

九、市场开发、规划销售目标(近期、中期预计销售额,3~5 年)、占有率及计算依据

第十章 人力资源计划

一、核心管理团队成员的职业发展与薪酬

二、公司的人力资源规划

三、工作分析与员工招聘

四、公司的绩效考评与奖酬制度

五、员工的培训与职业发展

第十一章 财务分析

一、财务分析说明

二、财务数据预测

1. 销售收入明细表

2. 成本费用明细表

3. 薪金水平明细表

4. 固定资产明细表

5. 资产负债表

6. 利润及利润分配明细表

7. 现金流量表

8. 财务指标分析

(1) 反映财务盈利能力的指标

A. 财务内部收益率(financial internal rate of return,FIRR)

B. 投资回收期(Pt)

C. 财务净现值(financial net present value, FNPV)
D. 投资利润率
E. 投资利税率
F. 资本金利润率
G. 不确定性分析、盈亏平衡分析、概率分析、敏感性分析

(2) 反映项目清偿能力的指标

A. 资产负债率
B. 流动比率
C. 速动比率
D. 固定资产投资借款偿还期

第十二章 风险分析

一、资源风险(原材料/供应商风险)
二、市场不确定性风险
三、研发风险
四、生产不确定性风险
五、成本控制风险
六、竞争风险
七、政策风险
八、财务风险(应收账款/坏账)
九、管理风险(包含人事/人员流动/关键雇员依赖)
十、破产风险

第十三章 投资报酬与退出策略

一、股票公开上市
二、股票协议转让
三、股权回购
四、股利

第三部分 附 录

一、附件
1. 营业执照复印本
2. 董事会名单及简历
3. 主要经营团队名单及简历
4. 专业术语说明

5. 专利证书生产许可证/鉴定证书等
6. 注册商标
7. 企业形象设计/宣传资料(标识设计、说明书、出版物、包装说明等)
8. 简报及报道
9. 场地租用证明
10. 工艺流程图
11. 产品市场预测图

二、附表

1. 主要产品目录
2. 主要客户名单
3. 主要供应商及经销商名单
4. 主要设备清单
5. 市场调查表
6. 预估分析表
7. 各种财务报表及财务预估表

第三节　目标市场的选择与企业创办

一、选择合适的市场

(一) 市场细分

市场细分和市场定位是决定新创企业能否成功运作的真正核心。新创企业所有重要决定和策略都主要取决于市场调查、市场细分、选择目标市场与市场定位。

1. 市场细分的概念

所谓市场细分,是指创业者通过市场调查,依据消费者的需求、购买力、购买行为、购买习惯、地区文化等方面的明显差异,把某一产品的整体市场划分为若干个消费者群的市场分类过程。简单来说即回答这样一个问题"哪是我们的目标市场?"

2. 市场细分的意义

企业对市场进行细分的意义在于:市场细分有助于企业深刻地认识市场。市场由消费者组成,而每一个消费者都是集多种特征于一体,每一种特征都可能与一部分消费者相一致,与另一部分的消费者不一致。消费者的不同特征和不同需求纵横交错,市场由此而极其复杂。不进行深入的分析,要深刻地认识如此错综复杂的市场整体是不可能的。市场细分为我们提供了极好的分析工具,按不同标准细分,就像按不同的角度把复杂的市场分开,再拼起来一样,能使创业者及企业经营者既清晰地认识每一部分,又了解各部分之间的联系。企业在市场细分的基础上,对市场整体有了既清晰又全面的把握。企业可以详细分析每一个细分市场的需求及其满足情况,以寻找适当的市场机会。

(1) 市场细分有助于企业发现最佳的市场机会。在市场供给看似已十分丰富,竞争者似乎占领了市场各个角落时,企业利用市场细分就能及时、准确地发现属于自己的市场机会。因为消费者的需求是无穷无尽的,总会存在尚未满足的需求。只要善于进行市场细分,总能找到市场需求的空隙。有时候,一次独到的市场细分就能为企业创造一个崭新的市场。

(2) 市场细分有助于企业确定经营方向,开展针对性的营销活动。面对极其广阔的市场,任何企业都不可能囊括所有的需求,而只能满足其中十分有限的部分。因此,慎重地选择自己所要满足的那部分市场,使企业的优势资源得以发挥是至关重要的。通过市场细分,企业把市场分解开来,仔细分析比较,及时发现竞争动态,避免将生产经营过度集中在某种畅销产品上,导致与竞争者一团混战;又可以将有潜力又符合企业资源范围的理想顾客群作为目标,有的放矢地进行营销活动,集中使用人力、物力和财力,将有限的资源用在刀刃上,从而以最少的经营费用取得最大的经营成果。

3. 市场细分的准则

要做好市场细分,必须遵循下列五点准则。

(1) 异质性。细分必须反映出市场中所存在的异质性,也就是经由细分后的市场,必须具有不同的偏好与需要。而且此种细分之间的差异越大,其意义越大。如果细分不能使营销管理人员掌握到这种市场中存在的异质性,其对目标营销便没有帮助,也就是无法设计不同的营销战略来针对不同的市场细分。所以,营销管理人员在选择细分标准时,必须选择最能反映市场异质性的细分标准。

(2) 足量性。好的市场细分所划分出来的每一细分市场都必须足够大,以保证其能发展和支持某一特定的营销组合。也就是说,营销管理人员尽管只是选择其中某一个单一细分,该细分市场也必须要有足量的潜在顾客,才有实质细分的意义。

(3) 可衡量性。细分市场必须可以清楚界定并加以区分,且每个细分市场内的规模大小及其购买力也应该可以清楚衡量。

(4) 可接近性。营销管理人员运用其营销组合,应该能有效地接触该细分市场和针对所形成的细分市场进行服务。

(5) 可回应性。以公司的资源和能力来看,营销人员应该至少能找到划分出的细分市场的其中一个进入,否则该细分市场的细分动作便失去意义。

4. 影响市场细分的因素

既然市场细分对企业营销具有重要意义,要使之付诸实践,就必须找到适当的、科学的细分依据。就消费者市场而言,这些影响因素归纳起来主要包括地理变数、人口统计变数、心理变数及行为变数。

和消费市场一样,对产品市场也必须进行市场细分,其细分变数可分为以下几类:地理位置、顾客类别、顾客购买数量、产品用途、主要的购买条件、购买战略、购买的重要性、顾客关系、顾客的购买习惯。

5. 市场细分的程序

市场细分是市场分析中的重要环节,市场细分作为一个过程,通常需要经过下列程序来完成。

(1)选择一种产品或市场范围以供研究。无疑,将要进行细分化的市场,应与企业任务企业目标相联系。

(2)选择市场细分的形式。市场细分的形式可以是一种,更多的是两种以上的结合,选择的根据通常是既往营销活动的结果与经验。

(3)在选定的细分形式中,挑选出具体的细分变量作为分析单位。

(4)调查设计并组织调查。目的是取得与已选细分变量有关的数据和其他相关资料当然,调查对象应是相关联的消费者或用户。

(5)分析、估量通过调查而确定的各个细分市场的规模和性质。

(6)选择目标市场,设计市场营销策略。

来看一个具体案例。

2014年,20岁刚出头的曾同学大学毕业后在舅舅家的小店里帮忙,在这期间,她与隔壁一家开胖人服装店的老板成了朋友。"我以前从没接触过胖人,也从没想过原来有这么多胖人需要买衣服。"

从那家生意红火的小店中,曾同学看到了商机。2015年1月,曾同学带着家里近15万元的全部积蓄,只身一人跑遍广州、上海大大小小的服装批发市场进货。"那时根本没有专为胖人设计的衣服,只要是大的肥的,我就当个宝贝一样往怀里搂。"

考虑到北京消费水平高,曾同学在大兴盘了个店,做起了生意。"本以为把衣服挂上就会有人来买的,结果前三个月一件衣服都卖不出去,我坐在店里天天哭,很着急。"无奈之下,她回到廊坊,向最开始启发她的那位胖衣店老板讨教。在老板的建议下,曾同学开始印发小名片,在上面标注衣服的腰围胸围,为小店做宣传,同时,增加了线下体验,线上下单。"很快,店里的电话就被打爆了,第二天起,大批的客人往店里涌,两个试衣间都试不过来。"

一天,一位教授开着车来到店里。"她叫导购把店里所有的衣服都拿过来试,最后试得导购都有点烦了。我们正纳闷这么多衣服里难道没有她中意的吗,最后她告诉我们,一种款式要一件。一次就卖了上万块钱的衣服,那天我真是乐疯了。"

顾客一多,要求也多了。有顾客提议要时尚漂亮一点的款式。顾客的这些提议启发了曾同学。2016年,靠着开小店挣到的30多万,曾同学的胖胖秀服装公司开张了。"因为我不懂设计,我只知道顾客需要什么,但与设计师一沟通,他们都觉得没法实现,所以做出来的衣服款式都是老年人穿的。"第一年里,曾同学赔光了所有家当。

然而,她依然十分看好胖人服装市场。在朋友的支援下,她重整旗鼓"我辞掉了原来的设计师,聘用了一批设计学院刚毕业的学生。他们做出来的东西非常时尚,超出了我们的预期和当时市场的接受程度。"

2017年,用借来的50万参加了一场服装博览会,曾同学靠着她亲手组建的一支胖人模特队的现场走秀赢得了满堂彩,也为她广开了财路。此外,她还成立了自己的"北京胖友俱乐部"QQ群。短短几年内,曾同学已经累积了上千万的财富。目前,胖胖秀服装公司的胖依秀品牌在北京已经开了6家直营店,外地加盟店增至300余家。

案例解析如下。

曾同学成功的关键在于找到并且抓住了一个"空当市场"。确实,空当市场是客观存在的,由于市场需求千差万别,新的需求不断产生,生产可能落后于需求,未被人发现或占领的空当市场不断产生,问题在于曾同学是怎样发现这一空当市场的。这恐怕要归功于现代营销的市场细分方法的采用。

先把服装销售的全部消费者看作一个整体市场,再根据消费者需求的差异性,把这一整体市场划分为普通消费者群和胖人消费者群。经过调查,发现胖人消费者群现有的和潜在的市场需求极富诱惑力,而且还一直是未被竞争者染指的"空当市场",于是曾同学新的目标市场就确定了。接下来要做的就是设计时尚漂亮一点的款式,迎合女性的审美需求。

看来要能在实际运作中对市场进行细分,一个前提性的条件是营销观念本身是可以细分的。创业经营者、决策者在营销观念上不能有先入为主的偏见,不能认为某一产品只能提供给某一消费群体。当你把视野拓展至全体消费者时,你就能进行市场细分,并且可能找到空当市场。

(二) 目标市场

1. 目标市场概念

所谓目标市场,是指企业营销活动所要满足的市场,是企业为实现预期目标而要进入的市场。

2. 目标市场的评价

一个企业可以从以下四个方面对目标市场做出评价。

(1) 目标市场的潜量。首先,目标市场应该有足够大的需求潜量。如果某一目标市场的潜量太小,则意味着该市场狭小,没有足够的发掘潜力,企业进入后发展前景黯淡;其次,目标市场的规模应恰当,唯有对企业发展有利的潜量规模才是具有吸引力的目标市场。要正确估测和评价一个市场的需求潜量,不可忽视消费者数量和他们的购买力水平这两个因素中的任何一个。

(2) 目标市场内的竞争状况。对于某一个目标市场,如果进入的企业有很多,就可能导致市场内的竞争。这种竞争可能来自市场中已有的同类企业，也可能来自即将进入市场的其他企业，企业在市场中可能占据的竞争地位是评估各个目标市场的主要方面之一。很显然，竞争对手实力越雄厚，企业进入的成本和风险就越大。而那些竞争者数量较小、竞争者实力较弱或市场地位不稳固的目标市场则更有吸引力。企业已经进入的市场也可能加入新的竞争者，这是企业的潜在对手。他们会增加生产能力并争夺市场份额。问题的关键是新的竞争者能否轻易地进入这个目标市场。根据行业利润的观点，最有吸引力的目标市场是进入壁垒高、退出壁垒低的市场。此外，是否存在具有竞争力的替代品也是评价目标市场的方面之一。替代品的存在会限制目标市场内价格和利润的增长，所以已存在替代品或即将出现替代品的目标市场吸引力会降低。当然，最终企业自身的竞争实力也决定了其对目标市场的选择。竞争实力强，对目标市场选择的自由度就大一些反之，受到的制约程度就高一些。

（3）目标市场所具有的特征与企业总目标和资源优势的吻合程度。企业的资源优势表现在其资金实力、技术开发能力、生产规模、经营管理能力、交通地理位置等方面。消费者需求的特点如能促进企业资源优势的发挥将是企业的良机，否则，会造成企业资源浪费，出现事倍功半的情况，严重时，甚至会对企业造成更大的损失。

（4）目标市场的投资回报水平。企业十分关心目标市场提供的盈利水平。高投资回报率是企业所追求的，必须对目标市场的投资回报能力做出正确的估测和评价。

（三）企业涵盖市场的方式

企业确定目标市场的方式有两种：一种是先进行市场细分，然后选择一至若干个细分市场即子市场作为自己的目标市场；另一种是不搞市场细分，而是以产品的整体市场作为目标市场。如果一种产品的市场是同质市场，则无须细分，创业者就以该产品的整体市场作为自己的目标市场。进行市场细分，可采用涵盖市场的方式，即"产品——市场矩阵方法"进行市场细分，此方法归纳起来主要有五种，如图8-7所示。

（1）产品市场集中化：企业的目标市场无论从市场还是从产品角度，都集中于一个细分市场。这种策略意味着企业只生产一种标准化产品，只供应某一顾客群体（A、B、C为产品，甲、乙、丙为顾客群体）。

（2）产品专业化：企业向各类顾客同时供应某种产品。当然，根据不同的顾客群，产品在档次、质量或款式等方面会有所不同。

（3）市场专业化：企业向同一顾客群供应性能有所区别的同类产品。

（4）选择性专业化：企业决定有选择地进入几个不同的细分市场，为不同的顾客群体提供不同性能的同类产品。采用这种策略应当十分谨慎，必须以这几个细分市场均有相当的吸引力并能使企业获得一定的利润为前提。

（5）全面覆盖化：企业决定全方位进入各个细分市场，为所有顾客群提供他们各自需要的有差异的产品。这是大企业为在市场上占据领导地位或力图垄断全部市场

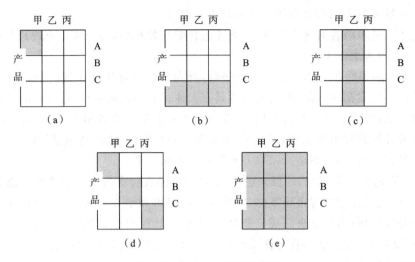

图 8-7 产品——市场矩阵图

时采取的目标市场范围策略。大学生新创企业基本不能采用此方式。

(四)目标市场选择策略

企业选择的涵盖市场的方式不同,营销策略也就不一样。归纳起来,有三种不同的目标市场选择策略可供企业选择:无差异营销、差异性营销、集中性营销。

1. 无差异营销

如果企业面对的市场是同质市场,或者企业推断即使消费者是有差别的,他们的需求也有足够的相似之处而可以作为一个同质的目标市场加以对待。在这两种情况下,企业就可以采用无差异营销。该策略的具体内容是企业把一种产品的整体市场看作一个大的目标市场,营销活动只考虑消费者或者用户在需求方面的共同点,而不管他们之间是否存在差异。因而企业只推出单一的标准化产品,设计一种营销组合,通过无差异的大力推销,吸引尽可能多的购买者。

2. 差异性营销

采用这种策略的企业把产品的整体市场划分为若干细分市场,从中选择两个以上乃至全部细分市场作为自己的目标市场,并为每个选定的细分市场制定不同的市场营销组合方案,同时多方位或全方位地分别开展针对性的营销活动。

3. 集中性营销

企业不是面向整体市场,也不是把力量分散于若干细分市场,而是集中力量进入一个细分市场(或是对该细分市场进一步细分后的几个更小的市场部分),为该市场开发一种理想的产品,实行高度专业化的生产和销售。采用这种策略通常是为了在一个较小或很小的细分市场上取得较高的,甚至是支配地位的市场占有率,而不追求在整体市场或较大的细分市场上占有较小的份额。

上述三种策略各有优点和缺点,企业选择哪一种策略,必须从企业的特点和条件出发,并充分考虑以下因素。

(1) 产品条件在选择目标市场策略时,首先要看企业生产经营的是同质产品还是异质产品。对某些产品,所有消费者具有大体相同的需求特征,这些产品尽管有质量上的差别,但消费者并不过分挑选,竞争焦点一般集中在价格上,对这种产品适合采取无差异性目标市场策略,如大米、小麦等。而对服装、化妆品、家用电器等消费者需求差异较大的产品,则适合采取差异性目标市场策略。

(2) 产品的生命周期:一般来说,企业的新产品在初次投入市场或处于成长时期时,宜采取无差异性目标市场策略,以探测市场需求和潜在顾客情况,也有利于节约市场的开发费用;当产品进入成熟期时,宜采取差异性目标市场策略,以开拓新的市场;当产品进入衰退期时,宜考虑采取集中性目标市场策略,以集中力量于少数尚有利可图的目标市场。

(3) 市场竞争状况:竞争对手是多还是少,是强还是弱,是集中还是分散。如果竞争对手较弱,企业可以考虑采用无差异性目标市场策略。此外,还应尽量避免同竞争对手采取相同的策略,以防止加剧竞争,两败俱伤。

(4) 企业资源情况:如果企业资源充足,可以采取差异性目标市场策略或无差异性目标市场策略;如果企业资源有限,就应当考虑采取集中性目标市场策略,以取得在小市场上的优势地位。

(五) 市场定位

1. 市场定位概念

所谓市场定位,是指根据竞争者现有产品在市场上所处位置,针对消费者或用户对该产品的某种特征或属性的重视程度,强有力的塑造出本企业产品与众不同的、给人印象鲜明的个性或形象,并通过一套特定的营销组合,把这种形象生动地传递给顾客,影响顾客对该产品的总体感觉。简单来说,即回答这样一个问题"人们在目标市场中为什么要买我的产品或服务而不是其他竞争者的?"换句话说就是,"与其他竞争者的产品相比,人们认为我所提供的产品有什么价值"。

2. 市场定位任务

为获得竞争优势而进行的市场定位包括以下主要任务:首先,明确企业可以从哪些方面寻求差异化;其次,找到企业产品独特的卖点最后,开发总体定位战略,即明确产品的价值方案。

1) 寻求差异化

(1) 产品差异化。实体产品的差异化可以体现在产品的诸多方面:形式差异,即产品在外观设计、尺寸、形状、结构等方面的新颖别致;特色,即对产品基本功能的某些增补;性能质量,即产品的主要特点在运用中可分为低、平均、高、超级等不同的水平。

(2) 渠道差异化。通过设计分销渠道的覆盖面,建立分销专长和提高效率,企业可以取得渠道差异化优势。

(3) 人员差异化。培养训练有素的人员,是一些企业,尤其是服务性行业中的企业取得强大竞争优势的关键。

(4) 形象差异化。有效的形象差异化需要做到建立一种产品的特点和价值方案,并通过一种与众不同的途径传递这一特点,借助可以利用的一切手段和品牌接触,传达触动顾客内心感受的信息。

2) 寻求独特的"卖点"

有效的差异化应该能够为产品创造一个独特的"卖点",即给消费者一个鲜明的购买理由。寻求有效差异化必须遵循以下七个基本原则。

(1) 重要性。该差异化能使目标顾客感受让渡价值较高带来的利益。

(2) 独特性。该差异化竞争者无法提供,或者企业以一种与众不同的方式提供。

(3) 优越性。该差异化明显优于消费者通过其他途径而获得的相似利益。

(4) 可传播性。该差异化能被消费者看到、理解并传诵。

(5) 排他性。竞争者难以模仿该差异化。

(6) 可承担性。消费者有能力为该差异化付款。

(7) 营利性。企业可通过该差异化获得利润。

3) 确定价值方案

开发总体定位战略消费者根据自身的价值判断进行购买决策,因而确定价值方案就成为企业总体定位战略的核心内容。所谓价值方案是指企业定位所依赖的所有利益组合与价格的比较。消费者往往以此作为价值判断的依据。其公式如下:

$$V = \frac{B}{P}$$

式中:V 为价值;B 为总利益;P 为价格。

3. 市场定位方式

市场定位是一种竞争策略,它显示了一种产品或一家企业同类似的产品或企业之间的竞争关系。定位方式不同,竞争态势也不同,下面分析三种主要的市场定位方式。

(1) 避强定位:企业力图避免与实力最强或较强的其他企业直接发生竞争,而将自己的产品定位于另一市场区域内,使自己的产品在某些特征或属性方面与最弱或较弱的对手有比较显著的区别。

(2) 迎头定位:企业根据自身的实力,为占据较佳的市场位置,不惜与市场上占支配地位的、实力最强或较强的竞争对手发生正面竞争,而使自己的产品进入与对手相同的市场位置。

(3) 重新定位:对销路少、市场反应差的产品进行二次定位,重新定位旨在摆脱困境,重新获得增长与活力。

企业使用上述基本策略制定某种具体的定位方案时,还应考虑企业自身资源、竞争对手的可能反应、市场需求特征等因素。

二、新创企业的法律形式

(一) 个人独资企业

个人独资企业,又称个人业主制企业或个体工商户,是指依法设立,由一个自然人投资,财产为投资者个人所有,企业名称不能使用"有限""有限责任"或"公司"字样,并以其个人全部财产(包括家庭财产)对企业债务承担无限责任的经营实体。

个人独资企业往往规模较小,可从事的行业有工业、交通运输业、建筑业、小型加工、商业、饮食服务业、修理业、科技咨询、文化娱乐等。

1. 个人独资企业的法律特征

(1) 个人独资企业的出资人是一个自然人,并且具备权利能力和行为能力。我国法律、行政法规禁止从事营利性活动的人不能作为独资企业的出资人,如国家公务员等。

(2) 个人独资企业在法律上是非法人企业,不具备法人资格,因而又可称为自然人企业。

(3) 企业主对企业享有全部权利,企业主个人就代表企业,对企业的财产拥有所有权并可直接控制支配,企业主负责企业的全部生产经营活动,其他人不能干涉企业经营,体现了所有权、控制权、管理权的完全合一。

(4) 企业主对企业债务承担无限责任,不仅要以投入企业的财产为企业清偿债务,而且还要以个人的其他财产为企业清偿债务,企业主个人的信用就是企业的信用,风险较大。

2. 个人独资企业的优点

(1) 企业设立、转让、解散等行为手续非常简便,仅需向登记机关登记即可。

(2) 企业主独资经营,制约因素较少,经营方式灵活,能迅速对市场变化做出反应。

(3) 利润归企业主所有,不需要与其他人分享。

(4) 在技术和经营方面易于保密,利于保护其在市场中的竞争地位。

(5) 若企业主因其个人努力而使企业获得成功,则可以满足个人的成就感。

3. 个人独资企业的缺点

(1) 当个人独资企业财产不足以清偿债务时,企业主将依法承担无限责任,必须以其个人的其他财产予以清偿,因此经营风险较大。

(2) 个人独资企业受信用限制不易从外部获得资本,如果企业主资本有限或者经营能力不强,则企业经营规模难以扩大。

(3) 如果企业主发生意外事故或者犯罪、转业、破产,则个人独资企业也随之不复存在。

4. 成立个人独资企业应提交的材料

个人独资企业的设立、变更、注销,应当依照《个人独资企业法》和《个人独资企业登记管理办法》的规定,在所在地的工商行政管理部门办理企业登记。个人独资企业经登记机关核准登记,领取营业执照后,方可从事经营活动。

大学生登记应提交的材料有以下几个方面。

(1) 大学生本人签署的个人独资企业设立申请书。

(2) 大学生身份证明,即大学生本人身份证和学生证。

(3) 企业住所证明。大学生创业多以租房为主,租房者注册登记时需向工商部门出示租房合同、房主身份证、房主的房产证。

如果新创企业从事(如烟酒经营、书报刊经营等)的业务是我国法律、行政法规规定须报经有关部门审批的,应提交有关部门的批准文件,即"前置审批"。

如果委托代理人申请设立登记,应提交大学生投资人的委托书和代理人的身份证明或者资格证明。

5. 个人独资企业的利润分配、风险承担和纳税管理

个人独资企业可以采取两种形式管理企业事务投资人自行管理企业事务委托或者聘用其他具有民事行为能力的人管理企业事务。这两种形式获取的利润都由投资人自己拥有。

投资人委托或者聘用其他人管理企业事务的,应当与委托人或者被聘用人签订书面合同,明确委托的具体内容和授予的权利范围及薪酬。受托人或被聘用人应当按照所签订的合同内容来管理企业事务。

我国税务机关对个人独资企业会计核算要求不高,税款一般按照定期定额的方式征收,实际税负也不高。所谓"定期定额"税收方式,就是无论企业营业额多少,都按规定的一个额度征收,此种形式非常适用于个人独资企业。不过,个人独资企业也有许多显而易见的缺陷,如规模小、贷款难、信誉难有保证、缺少社会认同感等。

(二) 合伙制企业

1. 合伙企业法律特征

合伙企业是指依法设立的,由两个或两个以上合伙人订立合伙协议,共同出资、合伙经营、共享收益、共担风险,并且对合伙企业债务承担无限连带责任的营利性组织。

（1）合伙企业必须有两个或两个以上具有完全民事行为能力的合伙人，并且都是依法承担无限责任者。我国法律、行政法规禁止从事营利性活动的人（如国家公务员等），不能作为合伙企业的合伙人。

（2）合伙协议是合伙企业成立的基础。合伙人可以根据他们之间的协商，在合伙协议中规定各自的权利与义务关系。合伙企业利润分配和亏损承担的比例、合伙决议的表决方法、退伙人的财产退还办法等都可以由合伙人在合伙协议中自行约定，只有在合伙协议没有约定或约定不明的情况下，才适用《合伙企业法》中的规定。

（3）合伙企业不具有法人资格，具有典型的人合性特点。其人合性表现为合伙人都有平等参与生产经营的权利，合伙企业在进行重大决策时，合伙人意见必须一致，合伙企业的生产与发展依赖于合伙人之间的信任关系当合伙人需要退出投资时，易受到资金的限制，不能立即退出，不像公司的股票，销售或转让即可。而合伙人想增加投资更麻烦，需要得到全体合伙人的同意，因此，国外有学者称之为"投资冻结"。

（4）合伙企业合伙人的投资方式具有多样性。合伙企业因不具有法人资格，且合伙人要负连带责任，故法律对它并无注册资本的要求。依照我国《合伙企业法》的规定，合伙人可以用货币、实物、土地使用权、知识产权或者其他财产权利出资，经全体合伙人协商一致，合伙人也可以用劳务出资。在现实中，有的合伙人还出现以时间、技术或个人信用作为对企业出资的形式，但在利润、风险承担、经营管理决策上，享受的权利与义务有差别。

（5）合伙企业的合伙人对企业债务承担无限连带责任，合伙企业结束或清理时，合伙企业财产不足以抵偿企业债务的，合伙人应以其在合伙企业出资以外的财产清偿企业债务每一个合伙人对企业的债务都有清偿的义务，企业债权人可以合伙企业财产不足的理由，向任何一个合伙人要求偿还债务。

2. 合伙企业的事务执行

小规模的合伙企业合伙人共同执行企业事务，而规模较大的合伙企业则因合伙人较多难以共同执行企业事务。因此，法律许可其经全体合伙人同意委托少数合伙人执行企业事务，受委托执行合伙事务的合伙人称为执行事务合伙人。执行事务合伙人产生后，其他合伙人不再执行合伙企业事务，但有权监督检查执行合伙事务的情况。执行事务合伙人不得自营或者同他人合作经营与本企业相竞争的业务。执行事务合伙人如有损害合伙企业或全体合伙人利益的行为，其他合伙人有权撤销其委托。

合伙人依法或者按照合伙协议对合伙企业有关事项做出决议时，除法律另有规定或合伙协议另有约定外，一般实行一人一票的表决方法。合伙企业的下列事务须经全体合伙人同意：处分合伙企业的财产；改变合伙企业名称；转让或者处分合伙企业的知识产权或其他财产权利；以合伙企业名义为他人提供担保；向企业登记机关申请办理变更登记手续；聘任合伙人。

3. 成立合伙企业应提交的材料

依照《合伙企业法》规定，合伙企业的设立、变更、注销，都需要到所在地工商局（所）办理手续。大学生成立合伙企业需要向工商局（所）提交的材料有以下几个方面。

（1）合伙企业设立登记申请表去工商局（所）领取，或在工商局（所）网站下载。

（2）合伙人登记表。

（3）住所、经营场所证明。

（4）全体合伙人和执行合伙企业事务的合伙人名单。

（5）合伙企业设立登记审核意见表。

（6）合伙企业合伙协议。

（7）合伙人身份证复印件。

（8）产权证明复印件。

4. 合伙企业的利润分配、风险承担和纳税管理

（1）利润分配按照《合伙企业法》第11条，合伙人可以用货币、实物、土地使用权、知识产权或者其他财产权利出资上述出资应当是合伙人的合法财产及财产权利。

对货币以外的出资需要评估作价的，可以由全体合伙人协商确定，也可以由全体合伙人委托法定评估机构进行评估。经全体合伙人协商一致，合伙人也可以用劳务出资，其评估办法由全体合伙人协商确定。

合伙企业的利润或亏损，由合伙人依照合伙协议约定的比例分配或分担，合伙协议并未约定利润分配和亏损分担比例的，由各合伙人平均分配和分担。

（2）风险承担按《合伙企业法》规定，合伙企业解散后应当进行清算，并通知和公告债权人，清算人由全体合伙人担任；未能由全体合伙人担任清算人的，经全体合伙人过半数同意，可以自合伙企业解散后15日内指定一名或者数名合伙人，或者委托第三人担任清算人。15日内未确定清算人的，合伙人或者其他利害关系人可以申请人民法院指定清算人。

清算人在清算期间执行下列事务：清理合伙企业财产，分别编制资产负债表和财产清单；处理与清算有关的合伙企业未了结的事务；清缴所欠税款；清理债权、债务；处理合伙企业清偿债务后的剩余财产；代表合伙企业参与民事诉讼活动。

合伙企业财产在支付清算费用后，按下列顺序清偿：合伙企业所欠招用的职工工资和劳动保险费用；合伙企业所欠税款；合伙企业的债务；返还合伙人的出资。

合伙企业财产按上述顺序清偿后仍有剩余的，由合伙人依照合伙协议约定的比例分配合伙协议未约定利润分配的，由各合伙人平均分配和分担。

合伙企业清算时，其全部财产不足以清偿其债务的，由合伙人依照合伙协议约定的比例承担清偿责任，合伙协议未约定亏损分担比例的，由各合伙人平均分担，以其在合伙企业出资以外的财产承担清偿责任。合伙人由于承担连带责任，所清偿数额

超过其应当的数额时,有权向其他合伙人追偿。

合伙企业解散后,原合伙人对合伙企业存续期间的债务仍应承担连带责任,但债权人在五年内未向债务人提出偿债要求的,该责任消失。

(3) 纳税管理根据我国的具体情况,我国从 2000 年 1 月 1 日起,对合伙企业停止征收企业所得税,而是根据每个合伙人的投资所得,比照个人独资企业的生产、经营所得征收个人所得税。

合伙企业不征收企业所得税,不存在所得税的重复征税的问题;合伙企业所得税的征收方式为先分后税,如果投资人多,势必降低个人所得税适用税率。合伙企业的合伙税收负担的高低取决于分得红利的金额大小,金额大,适用的税率就高。

我国现行法尚不承认自然人以外的合伙,但是实践中个人与法人组成的非法人企业却并不少见。所以,大学生在创业初期选择合伙企业这种法律形式的时候,要确保合伙协议的条款完整且有效,同时,司法机关在遇到此类案例时,也应该从实际情况出发对合伙协议的效力进行判断。

(三) 公司制企业

1. 有限责任公司

(1) 有限责任公司的法律特征有限责任公司是由股东共同出资设立的法人组织,股东以其全部出资额作为公司全部资产,对公司承担全部责任,股东人数在 50 人以下。一般适合中小企业。

有限责任公司不能清偿到期债务,就要依法宣布破产。这就从制度上保护了投资者、经营者和债权人的合法权益,在分担风险的同时,加速了资本集中。

有限责任公司实行"资本三原则",即资本确定原则、资本维持原则和资本不变原则。资本确定原则是指公司在设立时,必须在章程中对公司资本额做出明确规定,并由全部股东认可,否则公司不能登记成立。我国《公司法》规定,有限责任公司的注册资本为在公司登记机关登记的全体股东实缴的出资额。资本维持原则是指公司在存续过程中,应经常保持与其资本额相当的财产,以防止资本的实质减少,保护债权人的利益,同时也防止股东对盈利分配的过高要求,确保公司业务活动的正常开展。资本不变原则是指公司的资本一经确定,就不得随意改变,如需增减,必须严格按照法规程序进行资本金投入就不能像企业贷款那样到期还本付息,只能通过利润分配形式取得回报。

有限责任公司不能公开募集股份、发行股票;不能募集设立,只能采取发起设立方式。但由于有限责任公司是以出资人的出资额为限承担公司的经营风险,这就促使投资人敢于分散投资,通过优化投资组合取得最佳的投资回报;从公司的角度而言,也可以吸引多个投资人,促使资本的有效集中,而且产权主体多元化,必然促使公司形成有效的公司治理结构,促使决策科学化、民主化。有限责任公司由股东选举和更换董事,由董事会聘任或解聘公司经理。公司财产所有权和经营权的分离,有利于公司经营稳定,有利于企业扩张。

有限责任公司当然也有劣势,首先是双重纳税,即公司盈利要上交企业所得税;当利润作为股息派发给股东后,股东还要上交投资的所得税或个人所得税。由于不能公开发行股票,筹集资金的范围和规模一般不会很大,难以适应大规模的生产经营需要;由于产权不能充分流动,企业的资产运作也受到限制。

(2) 有限责任公司的设立条件:根据《公司法》第23条的规定,设立有限责任公司,应当具备下列条件——股东符合法定人数(1~50人);有符合章程规定的全体股东认缴的出资额;股东共同制定公司章程;有公司名称,建立符合有限责任公司要求的组织机构;有公司住所。

① 股东条件:我国《公司法》规定,有限责任公司由50个以下股东出资设立,取消了原有限责任公司股东最少2人的下限,允许设立一人公司。

② 出资条件:目前《公司法》没有对最低出资额明确规定,股东可以用货币出资,也可以用实物、知识产权、土地使用权等可以用货币估价并可以依法转让的非货币财产作价出资;但是,法律、行政法规规定不得作为出资的财产除外。对作为出资的非货币财产应当评估作价,核实财产,不得高估或者低估作价。法律、行政法规对评估作价有规定的,从其规定。

股东应当按期足额缴纳公司章程中规定的各自所认缴的出资额。股东以货币出资的,应当将货币出资足额存入有限责任公司在银行开设的账户;以非货币财产出资的,应当依法办理其财产权的转移手续。股东不按照前款规定缴纳出资的,除应当向公司足额缴纳外,还应当向已按期足额缴纳出资的股东承担违约责任。

股东认足公司章程规定的出资后,由全体股东指定的代表或者共同委托的代理人向公司登记机关报送公司登记申请书、公司章程等文件,申请设立登记

③ 公司章程应当载明下列事项:公司名称和住所;公司经营范围;公司注册资本;股东的姓名或者名称;股东的出资方式、出资额和出资时间;公司的机构及其产生办法、职权、议事规则;公司法定代表人;股东会会议认为需要规定的其他事项。股东应当在公司章程上签名、盖章。

2. 股份有限公司

(1) 股份有限公司的设立条件:我国《公司法》第76条规定,设立股份有限公司,应当具备下列条件。

① 发起人条件:我国《公司法》规定,发起人为2人以上200人以下,其中须有半数以上的发起人在中国境内有住所。

② 财产条件:有符合公司章程规定的全体发起人认购的股本总额或者募集的实收股本总额。

③ 组织条件:股份有限公司的设立需要有相应的名称、住所,这与有限责任公司

的要求相同。

④ 股份发行、筹办事项符合法律规定。

⑤ 发起人制订公司章程,采用募集方式设立的经创立大会通过。

⑥ 有公司名称,建立符合股份有限公司要求的组织机构。

⑦ 有公司住所。

(2) 股份有限公司的设立方式:根据我国《公司法》规定,股份有限公司可以采取发起设立或者募集设立方式设立。

(3) 股份有限公司的设立程序根据股份有限公司设立方式的不同,其设立程序也略有不同,即募集设立还需要经过向社会公开招募股份等相关程序,其他程序与发起设立方式的程序相同。

(4) 股份有限公司的组织机构与有限责任公司的组织机构基本相同。

该部分主要讨论新创企业法律形式的选择。企业组织经营的形态和方式反映了企业的性质、地位、作用和行为方式。大学生投资创办经济实体可选择的法律形式有:个人独资企业、合伙企业或公司企业。

在决定创办企业的法律形式时,须了解每种法律形式的法律特征、设立条件、利润分配、风险承担、纳税管理等重要的相关信息。

大学生创业者可以选择个人独资企业、合伙企业、有限责任公司、股份有限公司等法律形式。大学生创业因受资金限制,大多成立个人独资企业或合伙企业,这两种法律形式要求创业者承担无限责任。目前,国家对大学生创业提供优惠政策,准许零资本创立有限责任公司,所以有限责任公司越来越受到大学生创业者的欢迎。由于股份有限公司对其设立手续复杂,故不为大学生创业者所采用。

我国法律规定,个人独资企业和合伙企业不具有法人地位,公司是独立的法人。不论何种企业,确立其法律地位和合法经营资格,都需在工商行政部门注册登记。

三、企业开办实务

(一) 企业办理工商注册登记

进行工商注册登记是企业正式确立的法律程序。任何一个企业只有进行工商注册登记之后,才能正式挂牌进行生产经营活动,成为名副其实的企业。企业办理工商注册登记前必须掌握企业注册登记的基本知识,掌握如何办理企业名称登记、如何办理特殊行业许可证、如何办理高新技术企业认证、如何进行注册资本验资、如何进行企业注册地点的选择、如何进行工商注册登记等相关信息。

1. 企业登记注册的基本知识

拟通过取得"××市创华伟业信息技术有限公司"企业法人营业执照,分析企业登记注册的基本知识。

新创立的企业必须在取得"企业法人营业执照"之后,才能够正常进行企业生产经营活动,否则,视为违法行为。因此,新创立的企业为了取得"企业法人营业执照",必须掌握以下相关知识,如什么是企业名称、企业法定代表人、企业的经营范围、注册资本、公司章程、营业执照等。只有掌握了企业登记注册的相关概念以及如何确定这些内容,才不会在企业登记注册环节中出现失误,才能少走弯路。

(1) 企业名称命名 企业名称即企业的名字、字号,是企业区别于其他企业或其他社会组织,被社会识别的标志。如案例中"××市创华伟业信息技术有限公司"的名称结构如下:行政区划＋字号＋行业特点＋组织形式。

(2) 法人、企业法人及法定代表人 法人是指具有民事权利能力和民事行为能力,依法独立享有民事权利和承担民事义务的组织。根据我国民法通则的规定,法人必须具备四项条件:① 依法成立;② 有必要的财产或者经费;③ 有自己的名称、组织机构和场所;④ 能够独立承担民事责任。从法人的设立性质上讲,我们日常接触的法人主要包括企业法人、事业法人、机关法人等。

企业法人是具有国家规定的独立财产,有健全的组织机构、组织章程和固定场所,能够独立承担民事责任,享有民事权利和承担民事义务的经济组织。

确立企业法人制度的好处使具备法人条件的企业取得独立的民事主体资格,真正成为自主经营、自负盈亏的商品生产者和经营者,在法律上拥有独立的人格,像自然人一样有完全的权利能力和行为能力。

法定代表人是按《民法通则》规定"依照法律或者法人组织章程规定,代表法人行使职权的负责人,是法人的法定代表人。"这就是说,作为法定代表人必须是法人组织的负责人,能够代表法人行使职权。法定代表人可以由厂长、经理担任,也可以由董事长、理事长担任。

法定代表人的权力,是由法人赋予的,法人对法定代表人的正常活动承担民事责任。但是代表人的行为超出法人授予的权利范围时,法人就不为其承担责任。

(3) 企业住所、经营场所:企业法人住所指企业法人的主要办事机构所在地,其中,主要办事机构是指首脑机构或主要管理机构。经营场所指企业法人主要业务活动、经营活动的处所。

企业法人住所和经营场所的法律意义是不同的,但实际工作中,企业法人住所和经营场所往往是同一地点。

(4) 经营范围:国家允许企业法人生产和经营的商品类别、品种及服务项目,反映企业法人业务活动的内容和生产经营方向,是企业法人业务活动范围的法律界限,体现企业法人民事权利能力和行为能力的核心内容。

《民法通则》规定"企业法人应当在核准登记的经营范围内从事经营。"这就从法律上规定了企业法人经营活动的范围。经营范围一经核准登记,企业就具有了在这个范围内的权利能力,企业同时承担不得超越范围经营的义务,一旦超越,不仅不受法律保护，而且要受到处罚。核定的企业经营范围是区分企业合法经营与非法经营的法律界限。

（5）注册资本和实收资本：注册资本是公司的登记注册事项之一，是投资人对企业的永久性投资，是经国家确认的公司独立财产的货币形态，包括流动资金和固定资产以及无形资产，也叫法定资本公司的实收资本，是全体股东或者发起人实际交付并经公司登记机关依法登记的出资额或者股本总额。最新修订的《公司法》中对有限责任公司注册资本的最低限额没有具体金额的限制了。

（6）营业执照：工商行政管理机关发给工商企业、个体工商户的准许从事某项生产经营活动的凭证。其格式由国家工商行政管理局统一规定，内容主要包括：企业名称、地址、负责人姓名、筹建或开业日期、经营性质、生产经营范围、生产经营方式等。没有营业执照的工商企业或个体工商户一律不许开业，不得刻制公章、签订合同、注册商标、刊登广告且银行不予开立账户。

根据创办企业不同的法律形态，企业的营业执照分别为《个体工商户营业执照》《个人独资企业营业执照》《合伙企业营业执照》《企业法人营业执照》等。

"电子执照"是指各类经济组织的营业执照副本（网络版），是根据《中华人民共和国公司法》《中华人民共和国企业登记管理条例》《中华人民共和国公司登记管理条例》等有关登记注册法律、法规，由依法成立的具有认证资格的认证机构认证，以数字证书为基础，由工商行政管理部门制作、核发，载有企业注册登记信息的电子信息证书。

"电子执照"是企业营业执照副本（网络版），是企业营业执照的表现形式之一，用于办理网上名称查询、网上注册登记、网上信用查询、网上年检、网上广告数据填报、网上投诉、法律法规咨询、工商业务表格下载等工商业务，还可以享用与税务、质监部门的证照互动、网上报税、网上报关、网上采购、网上竞标等其他服务。

（7）企业年报是指市场监督管理局依法按年度对企业进行检查，确认企业继续经营资格的法定制度，企业应当按年度在规定的期限内，通过市场主体信用信息公示系统向市场监督管理局报送年度报告，并向社会公示。目前，企业年度检验制度已改为企业年度报告公示制度。企业应当按年度在规定的期限内，通过市场主体信用信息公示系统向工商行政管理机关报送年度报告，并向社会公示，任何单位和个人均可查询。其主要内容：企业登记事项执行和变动情况；股东或者出资人的出资或提供合作条件的情况；企业对外投资情况；企业设立分支机构情况；企业生产经营情况。

（8）公司章程：关于公司组织和行为的基本规范。公司章程不仅是公司的自治法规，而且是国家管理公司的重要依据。公司章程的作用如下。

① 公司章程是公司设立的最主要条件和最重要的文件。公司的设立程序以订立公司章程开始，以设立登记结束。我国《公司法》明确规定，订立公司章程是设立公司的条件之一。审批机关和登记机关要对公司章程进行审查，以决定是否给予批准

或者给予登记。公司没有公司章程者，不能获得批准公司没有公司章程者，也不能获得登记。

② 公司章程是确定公司权利、义务关系的基本法律文件。公司章程一经有关部门批准，并经公司登记机关核准即对外产生法律效力。公司依据公司章程，享有各项权利，并承担各项义务，符合公司章程的行为受国家法律的保护；违反章程的行为，有关机关有权对其进行干预和处罚。

③ 公司章程是公司对外进行经营交往的基本法律依据。由于公司章程规定了公司的组织和活动原则及其细则，包括经营目的、财产状况、权利与义务关系等，这就为投资者、债权人和第三人与该公司进行经济交往提供了条件和资信依据。凡依公司章程而与公司经济进行交往的所有人，依法可以得到有效的保护。

2. 办理企业名称登记

（1）企业名称预先核准由全体股东指定的代表或者共同委托的代理人，向公司登记机关申请公司名称预先核准。

（2）企业名称预先核准的目的是保证企业名称独一性，名称不能在同一经营范围内相近或相同。

3. 办理专项审批

创业企业的经营范围中属于行政法规限定的项目，在进行企业登记之前，必须依法经过批准作为企业登记的专项审批（前置审批或后置审批）条件，如生产食品卫生许可证、音像制品经营许可证、网站经营许可证、新民办学校办学许可证等。例如，"××市创华伟业信息技术有限公司"通讯产品生产许可证，该公司必须通过"××市经济和信息化管理委员会"的行业审批，符合规定才能取得通讯产品生产许可证。

（二）企业刻制印章

印章是公司权力和信用的证明，在公司的对内对外活动中，印章是必不可少的。因此，公司一旦成立就必须要有印章。印章是一个统称，包括公章、财务章、税务章、合同章、法人代表章、印鉴等。

1. 公章

公章是单位用的，具行政效力，一般只有单位名称。公章是单位处理内外部事务的印章，单位对外的正式信函、文件、报告使用公章，盖了公章的文件具有法律效力。若单位没有合同专用章则可以使用公章（刻制公章必须通过公安部门备案）。

2. 财务章

财务章主要用于财务结算，开具收据、发票（有发票专用章的除外）给对方及银行印鉴必须留财务专用章。盖了财务章则能够代表公司承担所有财务相关的义务，享受所有财务相关的权利。财务章一般由企业的专门财务人员管理，可以是财务主管或出纳等（刻制财务章必须通过公安部门备案）。

3. 税号章（发票专用章）

税号章一般指增值税专用发票销货单位税号章，是刻有公司税务登记证上的税号的印章（刻制税号章必须通过当地税务部门备案）。

4. 合同章

合同章是企业签订合同用的章，分为中文和英文两种，可以是圆的也可以是椭圆的（刻制合同章必须通过公安部门备案）。

5. 法人代表章

法人代表章就是法定代表人的签名章（刻制法人代表章不用备案）。

6. 印鉴

印鉴是预留银行的，是开设账户用的章，用来办理银行收付款业务，但不能用公章作为预留印鉴。一般以财务章和企业法人代表章作为一套印鉴章。没有印鉴章，是不能办理银行付款业务的。

（三）开设银行账户及进行税务登记

企业通过银行办理转账结算，有一个先决条件，那就是必须到银行开立账户，办理开户许可证。

1. 银行账户及其种类

（1）银行账户各单位为办理结算和申请贷款在银行开立的户头，也是单位委托银行办理信贷和转账结算以及现金收付业务的工具，它具有监督和反映国民经济各部门、各单位活动的作用。

（2）银行账户种类根据《银行账户管理办法》，银行账户分为基本存款账户、一般存款账户、临时存款账户和专用存款账户，上述各类账户均有不同的设置和开户条件。

① 基本存款账户存款人办理日常转账结算和现金收付的账户。存款人的工资、奖金等现金的支取，只能通过本账户办理。

② 一般存款账户存款人在基本存款账户以外的银行借款转存、与基本存款账户的存款人不在同一地点的附属非独立核算单位开立的账户。存款人可以通过本账户办理转账结算和现金缴存，但不能办理现金支取。

③ 临时存款账户存款人因临时经营活动需要开立的账户。存款人可以通过该账户办理转账结算和根据国家现金管理规定办理现金收付。

④ 专用存款账户存款人因特定用途需要开立的账户。专用存款账户设置的条件是根据《银行账户管理办法》的规定，存款人对特定用途的资金，由存款人向开户银行出具相应证明即可开立该账户。特定用途的资金范围包括基本建设的资金、更新改造的资金，以及其他特定用途，需要专户管理的资金。

2. 税务登记

税务登记是纳税人履行纳税义务的法定手续，是纳税人的一项基本法律义务，是税务机关依据税法的有关规定，对纳税单位和个人的生产经营活动进行登记管理的一项基本管理制度。而且，企业在日常生产经营过程中，还必须依法接受税务机关的税务检查，准备好有关证件、凭证、账册、报表及其他纳税资料，如实反映情况并给予税务机关必要的协助与配合。

目前，各地都在不断深化"放管服"改革，持续打造市场化、法治化、国际化营商环境，已经全面推广企业开办一网通办。进一步深化线上线下融合服务。依托一网通办平台，推行企业登记、公章刻制、申领发票和税控设备、员工参保登记、住房公积金企业缴存登记可在线上"一表填报"申请办理；实现相关申请人一次身份验证后，即可一网通办企业开办全部事项。在这样的大环境下，开办企业和程序将会越来越便捷。

纵然在创业的道路上并不是一帆风顺的，有时还会面对很多未知的困难，但作为充满朝气和时代担当的大学生们，必然是未来创新创业的主力军，相信你们定能"长风破浪会有时，直挂云帆济沧海。"

参考文献

[1] 程思. 中华人民共和国第一届职业技能大赛在广州开赛[EB/OL][2022-8-28]. https://baijiahao.baidu.com/s?id=1685683481487896399&wfr=spider&for=pc.

[2] 中华人民共和国中央人民政府. 国务院关于印发《中国制造2025》的通知[EB/OL][2022-9-5]. http://www.gov.cn/zhengce/content/2015-05/19/content_9784.htm.

[3] 董晓峰. 技能中国[M]. 上海：上海教育出版社，2019.

[4] 胥郁，雷世平. 技能型社会建设中职业教育的功能承载与实现路径[J]. 职业技术教育，2022，43(10)：6-12.

[5] 葛道凯. 增强职业教育的适应性[J]. 中国党政干部论坛，2022，(9)：76-77.

[6] 王文静，张卫. 产学知识耦合的协同创新效应——基于创新系统的视角[J]. 中国科技论坛，2019，(7)：61-68.

[7] 程晓农，杨娟，袁志钟，等. 以"产教融合"为内涵的"全素质链"人才培养模式探索与实践[J]. 中国高等教育，2018，(Z1)：63-65.

[8] 高晟星，陶丽萍. 数字经济时代职业教育产教融合新内涵、演进与关键策略[J]. 教育与职业，2022，(13)：42-47.

[9] 王玲玲. 现代职业教育产教融合模式构建及实施途径[J]. 湖北社会科学，2015，(8)：160-164.

[10] 胡昌送，张俊平. 高职教育产教融合：本质、模式与路径——基于知识生产方式视角[J]. 中国高教研究，2019，(4)：92-97.

[11] 马良. 英国"学位学徒制度"及"产教融合型企业"浅析[J]. 中国高等教育，2019，(10)：63-64.

[12] 王洁琳. 产教融合协同创新生态系统人才培养模式构建[J]. 环境工程，2022，40(5)：282.

[13] 夏雯婷，苏炜. 基于KPO的高职院校产教融合模式创新的逻辑、机制与实施[J]. 教育与职业，2021，(3)：42-47.

[14] 吕海舟，杨培强. 应用型跨界人才培养的产教融合机制设计与模型建构[J]. 中国大学教学，2017，(2)：35-39.

[15] 李玉倩，陈万明，蔡瑞林. 交易成本视角下产教融合平台治理研究[J]. 高等工程教育研究，2020，(5)：71-77.

[16] 高锡荣,董文轩.创业型大学产教融合机制构建——基于英国华威大学的个案研究[J].重庆高教研究:1-14.

[17] 贺书霞,冀涛.职业教育产教融合多中心治理机制研究[J].教育与职业,2022,(20):38-42.

[18] 周凤华,杨广俊.产教融合型企业建设培育的若干思考[J].中国职业技术教育,2019,(18):5-10.

[19] 欧阳河,戴春桃.产教融合型企业的内涵、分类与特征初探[J].中国职业技术教育,2019,(24):5-8.

[20] 刘晓,段伟长.产教融合型企业:内涵逻辑与遴选思考[J].中国职业技术教育,2019,(24):9-14.

[21] 曹靖.产教融合型企业的孕育、生成和成长——基于企业生产要素变革的视角[J].职教论坛,2020,36(11):24-30.

[22] 周凤华.建立产教融合型企业认证制度 推动职业院校和行业企业形成命运共同体[J].中国职业技术教育,2019,(7):86-92.

[23] 刘晓.产教融合型企业遴选的几点思考[J].职业教育研究,2019,(6):1.

[24] 滕颖,王利华.产教融合型企业建设的现实要义、动因与关键点[J].教育与职业,2020,(1):13-19.

[25] 崔发周.基于现代学徒制的产教融合型企业标准与实施策略[J].职教论坛,2019,(11):6-12.

[26] 王辉,陈鹏.产教融合型企业评定特征及理性审思——基于教育部先期重点培育企业的分析[J].中国职业技术教育,2019,(18):21-27.

[27] 李克.建设培育产教融合型企业——以吉林省为例[J].宏观经济管理,2020,(2):80-85.

[28] 杨广俊,周凤华.从企业参与职业教育现状谈产教融合型企业建设——基于广东、浙江等地企业的调查分析[J].职业技术教育,2020,41(28):52-57.

[29] 甄佳君.地方产教融合型企业政策实施:基于试点企业的分析——以嘉兴市教育型企业为例[J].中国职业技术教育,2020,(19):39-43.

[30] 刘林山.职业教育深化产教融合机制建设——基于布迪厄社会实践理论的视角[J].成人教育,2022,42(8):73-79.

[31] 潘建华.建设职业教育产教融合型企业的逻辑基础与基本策略[J].现代教育管理,2019,(11):101-105.

[32] 董树功,艾頔.产教融合型企业建设的影响因素:表征解析与应对策略[J].职业技术教育,2020,41(13):42-46.

[33] 多淑杰.制度逻辑视域下企业参与产教融合行为机理分析——基于扎根理论研究[J].中国职业技术教育,2022,(4):64-70.

[34] Whittle J,Hutchinson J. Mismatches between industry practice and teaching of model-driven software development[J]. Models in Software Engineering,2012,7167:40-47.

[35] Green E K. Employee volunteer and employer benefits from business-education partnerships as perceived by employee volunteers[D]. Mississippi:The University of Southern Mississippi,2012:72-75.

[36] Chanapai S,Suttawet C. Cooperation between public and private sectors in providing work forces and development of labor efficiency in the motorcycle industry[J]. Kasetsart Journal of Social Sciences,2018,3:1-6.

[37] Franco M,Haase H. University-industry cooperation:researchers motivations and interaction channels[J]. Journal of Engineering and Technology Management,2015,36:41-51.

[38] Lee Y S. The sustainability of university-industry research collaboration:an empirical[J]. Journal of Technology Transfer,2000,25(2):111-112.

[39] Pengal L H,Wu Y P. Research of youth community education and development of localcultural industries[J]. Social and Behavioral Sciences,2016,217:414-420.

[40] Afonso A,et al. University-industry cooperation in the education domain to fostercompetitiveness and employment[J]. Social and Behavioral Sciences,2012,46:3947-3953.

[41] Lambrechts W,MulàI,Ceulemans K,et al. The integration of competences for sustainabledevelopment in higher education:an analysis of bachelor programs in management[J]. Journal of Cleaner Production,2013,48:65-73.

[42] Shaidullina A R,Masalimova A R,Vlasova V K,et al. Education,science and manufactureintegration models features in continuous professional education system[J]. Life Science Journal,2014,11(8):478-485.

[43] Tsukamto K. The interconnection between Australian international education industryand its skilled migration programs[C]. Education Across Borders,2009:49-60.

[44] Iskander M. Innovations in E-learning,instruction technology,assessment,and engineering education[M]. Springer Netherlands,2007.

[45] Beránek,Ladislav. The Attitude of the College Students to Entrepreneurial Skills Development inthe Subject E-Commerce.[J]. Informatics in Education,2015,2015(1):1-12.

[46] Jianying Cai,Deyi Kong. Study on the Impact of Entrepreneurship Education

in Colleges and Universities on Students'Entrepreneurial Intention. [J]. 2017: 111-112.

[47] Chen L. IT Entrepreneurial Intention among College Students: An Empirical Study[J]. Journal of Information Systems Education,2013,24(3):233-242.

[48] Osorio,Arturo E,Settles,et al. The Influence of Support Factorson Entrepreneurial Attitudes and Intentions of College Students[J]. 2017:14-27.

[49] Mathews R D. Entrepreneurship Education:Effect of a Treatment in Undergraduate College Courses on Entrepreneurial Intent and Ideation. [J]. Proquest Llc,2017. 23-37.

[50] Baloglu N. The Effects of Family Leadership Orientation on Social Entrepreneurship,Generativityand Academic Success of College Students. [J]. Educational Research&Reviews,2017,12(1):36-44.

[51] He J. Research on the Mechanism of Entrepreneurial Education Quality,Entrepreneurial Self-efficacy and Entrepreneurial Intention in Social Sciences,Engineering and Science Education[J]. EURASIA Journal of Mathematics,Science and Technology Education,2017,13-15.

[52] Ghina A. Effectiveness of Entrepreneurship Education in Higher Education Institutions[J]. Procedia-Social and Behavioral Sciences, 2014, 115: 332-345.

[53] Clarysse B, Tartari V, Salter A. The impact of entrepreneurial capacity[J]. experience and organizational support on academic entrepreneurship. Research policy, 2011,40(8): 1084-1093.

[54] Bulgacov Y,De Camargo D, De Meza M, et al. Conditions for female and young Brazilian entrepreneurs: Common aspects for guiding public policies for innovative ventures[J]. African Journal of Business Management, 2014, 8 (3): 89-100.

[55] Morris, Michael H. A competency-based perspective on entrepreneurship education: conceptual and empirical insights[J]. Journal of Small Business Management,2013, 51(3):352-369.

[56] Man T, Lau T, Chan K F. The competitiveness of small and medium enterprises: a conceptualization with focus on entrepreneurial competencies[J]. Journal of Business Venturing, 2002, 17(2):123-142.

[57] Ahmad N H, Halim H A, Zainal S R. Is entrepreneurial competency the Silver Bullet for SME success in a developing nation[J]. International Business Management, 2010, 4(2):67-75.

[58] Koryak O, Mole K F, Lockett A, et al. Entrepreneurial leadership, capabili-

ties and firm growth[J]. International Small Business Journal, 2015, 33(1): 89-105.

[59] 金昕. 当代大学生创业能力结构及其现状的实证研究[J]. 东北师大学报(哲学社会科学版), 2016, (3): 204-209.

[60] 范蔚. 大学生创业能力现状及培养策略研究[D]. 南京:南京邮电大学, 2016.

[61] 陈先强. 大学生创新创业教育体系研究与实践[J]. 劳动保障世界, 2015, (26): 6, 11.

[62] 邓淇中, 周志强. 大学生创新创业教育体系的问题与对策[J]. 创新与创业教育, 2014, 5(1): 33-35.

[63] 万力. "中国梦"视域下大学生创新创业教育体系探究[J]. 教育与职业, 2017, (20): 80-84.

[64] 谈晓辉, 张建智, 关小舟, 等. 大学生创新创业教育体系研究与探索[J]. 创新与创业教育, 2015, 6(5): 25-27.

[65] 赵会利. 高校大学生创新创业教育体系研究[J]. 中国成人教育, 2016, (13): 29-32.

[66] 赵丽, 陈曦. 大学生创新创业教育体系研究[J]. 当代教育理论与实践, 2016, 8(5): 114-118.

[67] 唐靖, 陈小波, 刘筱韵. 国际创业对我国企业绩效的影响研究[J]. 创新与创业教育, 2012, 3(2): 18-21.

[68] 王占仁, 孔洁珺. 中国高校创新创业价值观教育研究[J]. 国家教育行政学院学报, 2019, (10): 23-30.

[69] 高桂娟, 李丽红. 高校创业教育实效性的评价与提升策略研究[J]. 华东师范大学学报(教育科学版), 2016, 34(2): 22-29, 112.

[70] 杨道建, 陈文娟, 徐占东. 创业动机在创业成长影响因素中的中介作用研究[J]. 高校教育管理, 2019, 13(6): 103-112.

[71] 杨晓慧. 就业育人:时代价值、内涵意蕴及实践进路[J]. 中国大学生就业, 2022, (17): 5-9.

[72] 刘畅. 大学生多维创业能力培养模型研究[J]. 沈阳师范大学学报(自然科学版), 2018, 36(5): 468-476.

[73] 王洪才. 创新创业能力的科学内涵及其意义[J]. 教育发展研究, 2022, 42(1): 53-59.

[74] 王洪才, 郑雅倩. 大学生创新创业能力测量及发展特征研究[J]. 华中师范大学学报(人文社会科学版), 2022, 61(3): 155-165.

[75] 徐美燕. 高职院校"产教、专创"双融合的人才培养模式探索[J]. 中国高等教育, 2022, (Z1): 75-77.

[76] 王雪梅,许志强."产教融合"视域下创新型传媒人才的培养认知与实践方略[J].传媒,2020,(16):80-83.

[77] 卢卓,吴春尚.专创融合改革的理论逻辑、现实困境及突围路径[J].教育与职业,2020,(19):74-78.

[78] 廖彩霞,周勇成.技能型社会视域下高职学生创新创业能力提升的挑战与路径[J].教育与职业,2022,(18):67-71.

[79] 李颖.创新创业教育育人幸福的四重维度[J].河北大学学报(哲学社会科学版),2020,45(5):81-88.

[80] 赵策,董静,余婕.主观幸福感、社会责任与企业创新——基于中国农村创业者的经验证据[J].外国经济与管理,2022,44(9):103-120.

[81] 于文明.中国公立高校多元利益主体生成与协调研究——构建现代大学制度的新视角:辽宁省哲学社会科学获奖成果汇编[2009-2010年度][C].沈阳:辽宁人民出版社,2013.

[82] 戴永玉.S大学创新创业教育对大学生创业意向的影响研究[D].宜昌:三峡大学,2021.

[83] 沈兵虎,王兴,顾佳滨.增强职业教育适应性的若干关键问题[J].中国职业技术教育,2022,(1):60-66.

[84] 王亚鹏,唐柳.高职教育适应性:内涵、目标、逻辑及机制[J].职业技术教育,2021,42(28):37-43.

[85] [美]沃尔特·W.鲍威尔,保罗·J.迪马吉奥.组织分析的新制度主义[M].姚伟译.上海:上海人民出版社,2008.

[86] [美]理查德·W.斯科特.制度与组织——思想观念与物质利益[M].姚伟,王黎芳译.北京:中国人民大学出版社,2010.

[87] 罗汝珍.职业教育产教融合政策执行成效的监测指标体系研究[J].成人教育,2021,41(2):60-64.

[88] 刘晓,石伟平.职业教育集团化办学治理:逻辑、理论与路径[J].中国高教研究,2016,(2):101-105.

[89] 郭国侠,梅波,李浩.职业教育集团化办学功能的研究[J].中国职业技术教育,2013,(15):5-8,25.

[90] 梁裕,史洪波.职业教育集团的现代化治理现状及对策[J].中国职业技术教育,2019,(3):48-52.

[91] 马骏,陈文珊,郑静姝.职教集团实体化内涵发展与建设策略[J].教育与职业,2020,(19):46-50.

[92] 徐国庆.我国职业教育现代学徒制构建中的关键问题[J].华东师范大学学报(教育科学版),2017,35(1):30-38,117.

[93] 高鸿,赵昕. 职业教育现代学徒制试点:先行突破与实施策略[J]. 职教论坛,2016,(3):10-13.

[94] 关晶. 西方学徒制研究[D]. 上海:华东师范大学,2010.

[95] 孙佳鹏,石伟平. 现代学徒制:破解职业教育校企合作难题的良药[J]. 中国职业技术教育,2014,(27):14-18.

[96] 周红利,张万兴. 人力资本理论视域的德国现代学徒制研究[J]. 高教探索,2014,(4):48-52.

[97] 杨敏. 简论英国现代学徒制及对我国职业教育的启示[J]. 中国职业技术教育,2010,(18):16-18.

[98] 陈明昆,贾铃铃,王耀燕. 英国现代学徒制中企业参与激励机制研究[J]. 现代教育管理,2020,(2):102-109.

[99] 刘育锋. 英国学位学徒制:内容、原因及借鉴[J]. 中国职业技术教育,2020,(36):58-64.

[100] 孙翠香,毕德强. 困囿与突破:企业现代学徒制试点实施困境与解决策略——基于17家现代学徒制企业试点的分析[J]. 职教论坛,2019,(3):31-39.

[101] 李朝敏. 企业参与现代学徒制的交易费用及补偿策略[J]. 职教论坛,2020,36(5):36-40.

[102] 郭素森,杨张欣,张成宽. 我国职业教育混合所有制改革探索进展情况分析——基于全国职业教育混合所有制办学研究联盟平台[J]. 中国职业技术教育,2019,(34):23-29.

[103] 张艳芳,雷世平. 论混合所有制产业学院的内涵、地位及属性[J]. 中国职业技术教育,2018,(34):50-55.

[104] 郭雪松,李胜祺. 混合所有制高职产业学院人才培养共同体建设[J]. 教育与职业,2020,(1):20-27.

[105] 刘澍. 混合所有制多元办学主体的利益诉求与整合[J]. 职教论坛,2018,(12):12-17.

[106] 王烽. 职业教育混合所有制办学的制度基础和突破路径[J]. 中国职业技术教育,2021,(12):82-86.

[107] 赵小东. 营利何以正当:混合所有制职业院校法人属性再探[J]. 职业技术教育,2018,39(13):51-55.

[108] 赵昕,许进军. 欧盟国家企业参与职业教育的经验及对我国产教融合型企业建设的启示[J]. 中国职业技术教育,2019,(18):11-16,75.

[109] 庄西真. 产教融合的内在矛盾与解决策略[J]. 中国高教研究,2018,(9):81-86.

[110] 王占仁.《"广谱式"创新创业教育通论》简介[J]. 思想政治教育研究,2016,

32(4):130-134.

[111] 王秦,李慧凤.基于合作博弈的校企合作长效机制构建[J].中国职业技术教育,2014,(36):24-29.

[112] 保慧,孙兵.依托产教融合型企业提升高职学生职业素养的路径研究[J].教育与职业,2022,(6):84-89.

[113] 王宏.高校大学生创新创业能力培养研究[M].长春:吉林人民出版社,2017.

[114] 杨秀冬.当代高职大学生创新创业能力培养研究[M].北京:九州出版社,2018.

[115] 王洪才.创新创业教育必须树立的四个理念[J].中国高等教育,2016,(21):13-15.

[116] 王洪才.论创新创业人才的人格特质、核心素质与关键能力[J].江苏高教,2020,(12):44-51.

[117] 王洪才.创新创业能力培养:作为高质量高等教育的核心内涵[J].江苏高教,2021,(11):21-27.

[118] Joff PE,Bast BA. Coping and defense in Relation Among a sample of blind men.[J] Nerv Men Dis,1978,166:537-552.

[119] Ray C, Lindop J. The concept of coping[J]. Psychological Medicine,1982,12:385-393.

[120] Lazarus A A, Neale J M. New measure of daily coping:Development and preliminary results[J]. Journal of Personality and social Psychology,1984,46:892-906.

[121] Matheny K B,Aycock D W,Pugh J L,et al. Stress Coping A qualitative synthesis with implications for treatment[J]. Counseling Psycologist,1986,14:499-549.

[122] Eisenberg N,Fabes R A,Guthrie I K,et al. The relations of regulation and emotionality to problem behavior in elementary school children[J]. Development and Psychopathology,1996,8:141-162.

[123] Compas B E. Coping with Stress During Childhood and Adolescence:Problems,Progress,and Potential in Theory and Research[J]. Psychological Bulletin,2001,127(1):87-127.

[124] Parker G, Brown L. coping Behaviors as Predictors of the course of Clinical Depression[J]. Arch Gen Psychiatry,1986,43:561-565.

[125] Parker G B, Brown L B. coping behaviors mediate between life events and depress[J]. Arch Gen psychiatry,1982,39:1386-1391.

[126] 郑成华.大学生创新创业能力培养与实践教程[M].西安：西安交通大学出版社，2021.

[127] 黄兆信，曾尔雷，施永川，等.以岗位创业为导向：高校创业教育转型发展的战略选择[J].教育研究，2012，33(12)：46-52.

[128] 付加术，陈小红，胡向梅.工匠精神与职业素养[M].北京：中国农业科学技术出版社，2020.

[129] 冯俊科.西方幸福论[M].长春：吉林人民出版社，1992：5-26.

[130] Andrews F M，Withey S B. social indicators of well-being[M]. New York：Plenume Press，1976.

[131] 郑彦云.大学生创新创业能力培养[M].广州：暨南大学出版社，2017.

[132] 周苏，褚赟.创新创业：思维、方法与能力[M].北京：清华大学出版社，2017.

[133] 郑成华.大学生创新创业能力培养与实践教程[M].西安：西安交通大学出版社，2021.

[134] 朱文章.新工科人才创新创业能力培养[M].厦门：厦门大学出版社，2019.

后　　记

职业教育与普通教育是两种不同教育类型，具有同等重要的地位和意义，这是新时代党和国家对职业教育战略定位做出的明确制度安排，确立了职业教育在整个教育体系中的独特的重要价值。即将踏上工作岗位的职业院校大学生朋友们，国家不断强调要增强职业教育适应性，就是要让我们能够快速适应工作岗位，就是让我们不断提升自己的创新创业能力。我想对大家说：创新创业能力需要我们立足本职岗位来激发，也并不是自主创业了才代表有创新创业能力，只要是我们爱自己的工作和生活，在个人的工作或是生活中做出成绩，实现了个人价值，这也是创新创业能力展现。

"干一行爱一行"是我们事业有成的基础，也是我们创新创业能力提升的关键。无论从事什么行业，我们首先要热爱自己的工作，《论语》中有这样一句话："知之者不如好之者，好之者不如乐之者。"乔布斯曾说"工作将占据你生命中相当大的一部分，从事你认为具有非凡意义的工作，方能给你带来真正的满足感。而从事一份伟大工作的唯一方法，就是去热爱这份工作。"这句话不仅提醒人们工作在人生命中的重要意义，更说明工作的伟大，很多时候来自你是否热爱它。不可否认，现实生活中，你可能很不喜欢你眼下的工作，你从工作中得不到丝毫的乐趣，也毫无创造性可言。但你必须学会爱上自己的工作、以自己的工作为快乐，否则，你很难取得事业的成功。

当一个人真正做到爱上自己的工作，心中就会有潮涌的激情和坚如磐石的信念，就会有对工作的极度狂热，就会有"衣带渐宽终不悔，为伊消得人憔悴"的追求和执着。

人不能在理想和幻想中生活，如果真的找不到自己心仪的工作，就应该明智地接受现实，这就是"不能改变环境，就要改变自己"，适应环境是人生存的本能。你不去干这一行，又怎么知道自己就一定不会爱上它呢？不论是什么样的岗位、什么样的环境，你身处其中就应该努力地去适应，所谓适者生存！在生存中求发展，为社会做贡献，实现自己的人生价值才是最理智的选择。

总而言之，全心全意地热爱自己的工作，热爱自己的岗位，即使有荆棘，有羁绊，即使苦些累些，只要"心跟事业一起走"，一定能在追求与付出中体验到奋斗的快乐与慰藉。